산해화

연광강

연　산
광　해
강　화

펴낸날 2022년 10월 21일

지은이 이경수
펴낸이 주계수 ┃ **편집책임** 이슬기 ┃ **꾸민이** 김소은·김태안

펴낸곳 밥북 ┃ **출판등록** 제 2014-000085 호
주소 서울시 마포구 양화로7길 47 상훈빌딩 2층
전화 02-6925-0370 ┃ **팩스** 02-6925-0380
홈페이지 www.bobbook.co.kr ┃ **이메일** bobbook@hanmail.net

© 이경수, 2022.
ISBN 979-11-5858-724-6 (03910)

강화를 매개로 새롭게 만나는 연산과 광해, 비운의 역사

연 산
광 해
강 화

이경수

100년의 시차로 태어나 폐위되고 강화로 유배된 두 사람
유배지 강화의 흔적을 더듬으며 떠나는 연산과 광해 역사 여행

밥북
B·OO·K

연산군, 광해군.

100년의 시차를 두고 태어난 두 사람.

한 사람은 조선의 열 번째 임금, 한 사람은 열다섯 번째 임금.

27명 조선의 군주 가운데 '반정'으로 폐위된 비운의 주인공.

이들의 공통점 가운데 하나. 강화에 유배되었다는 것.

성공한 사람보다 실패한 사람에게서 배울 점이 더 많은 법.

역사에서 배운다는 것은 살아낼 교훈을 얻는다는 것.

하지만, 교훈을 목적으로 역사를 읽는다는 건 좀 권태로운 일.

그냥 읽으며 산 숲에서 밤알 줍듯, 알아가는 재미도 소중하다.

독서 후, 딱히 교훈 같은 게 남지 않아도 아무 문제 없고.

읽다가 문뜩 멈추고

저 사람, 흉내라도 내고 싶다.

저 사람 마음을 이해한다.

저 사람처럼 살지는 말아야지.

내 속엔 저 사람 닮은 구석 없을까.
생각하게 된다면, 그것도 공부.

이제 연산군과 광해군의 삶의 길을 찬찬히 들여다본다.
그들과 한 시대를 함께 했던 주변인들도 만나게 된다.
비 내리는 흙탕길, 벚꽃 날리는 오솔길, 피비린내 안갯길.
함께 따라가 보자.

2022.10.21.
강화도에서
이경수

목
차

연산군

광해군

연산군

그늘에 살다

창후리 포구에서

후욱, 갯내가 바람에 실려 온다.

오랜만이라, 반갑다. 오랜 세월 북적이던 포구가 이제는 쓸쓸하다.

그래도 향수 찾아 발걸음한 이들로 갈매기는 외롭지 않다.

젓은 거, 말린 거, 이런저런 해산물 파는 가게들도 여전하다.

강화군 하점면 창후리 포구. 여기서 배 타고 교동도에 들었었다. 선착장에서 20분 정도 가면 교동에 닿았다. 섬에서 또 다른 섬으로, 아주 먼 곳으로 여행하는 기분에 설레곤 했었다.

2014년에 교동대교가 열리면서 창후리 포구는 추억의 공간이 되었다. 배 떠나던 그 자리, 낚시하는 이 몇이 서서 망둥이를 기다린다.

저 앞 교동도를 바라본다. 나지막한 산들 길게 이어진 모습으로 그렇게 떠 있는 섬. 연산군 유배되어 갇혀 있던 곳. 묵직한 역사의 숨결 배어있는 교동도와 마주한다.

연산군이 여기 창후리 포구에서 교동 가는 배에 올랐을까? 그렇지는 않다. 그때 교동 오가는 포구는 저 북쪽, 교동대교쯤에 있었다.

무태돈대에서 본 창후리 바다

6·25전쟁 후에 남쪽 창후리로 배터를 옮겼다. 남북한 대치 상태, 북쪽 포구가 위험해졌기 때문이다.

그래도 교동도에 가기 전에 여기 한번 와보고 싶었다. 온 김에 포구 옆에 있는 무태돈대에 들렀다. 병자호란 이후 강화도 해안에 쌓은 54개 돈대 가운데 하나인데 역시나 경관이 좋다. 해 떨어질 때 더 좋다. 저 위로 날렵한 교동대교가 훤히 보인다.

자, 이제 연산군을 따라 떠나보자.

▌파란만장, 왕비 윤씨

1476년성종 7 11월 6일 깊은 밤. 궁궐 안에 아가 울음이 퍼졌다. 성종과 왕비 윤씨의 아들, 연산군이 태어났다. 이름은 이융이다. 임금의 적장자! 정통성에서 전혀 기죽을 일 없는 원자! 출신은 흠잡을 데 없었다.

조선의 왕위는 적장자가 잇는 것이 당연하거늘, 연산군이 적장자인 게 대단한 일인가? 원칙은 그러했으나 실제로 적장자 출신 왕이 많지 않다. 후궁이 낳은 서자 출신 왕이 많았고 반정으로 왕이 된 이들도 있고 왕의 대가 끊겨 종실로서 즉위한 이들도 있었다.

조선 27명의 임금 가운데 적장자는 문종, 단종, 연산군, 인종, 현종, 숙종, 순종, 이렇게 7명뿐이었다. 연산군 이전 임금의 적장자는 세종의 아들 문종과 문종의 아들 단종뿐이다. 그런데 문종은 세종이 세자로 책봉되기 전에 태어났다. 출생 당시 그냥 충녕대군의 적장자 신분이었다. 단종 역시 문종이 세자일 때 태어났다. 조선에서 임금의 원자로 태어난 이는 연산군이 처음이었다.

연산군이 백일 갓 지났을 때 심하게 앓았다. 성종은 종묘, 사직, 소격서는 물론 삼각산 등 여러 산에서도 원자의 쾌유를 비는 기도를 올리라고 명했다. 그렇게 애지중지했다. 하지만 어린 연산군네 가족은 평온하지 않았다. 불구덩이 같았다. 왕비 윤씨 사건 때문이다.

고故 판봉상시사 윤기견의 딸을 숙의로 맞아들였다.[1]

성종 재위 4년 때인 1473년 3월, 17세 성종은 윤기견의 딸을 후궁으로 맞았다. 윤기견은 홍문관 부수찬, 사헌부 지평 등을 지내고, 봉상시의 판사로 있다가 사망했다. 청렴했던 윤기견이 세상을 떠나자 남은 식구들은 몹시 가난하게 살아야 했다. 대사헌 채수가 성종에게 올린 글에 그 가정 형편이 적혀 있다.

"윤씨가 대궐에 들어오지 않았을 때 신이 항상 윤기견의 집을 지나가다 보면, 그 집이 매우 퇴락하였습니다… 만일 부유하였으면 그 집이 어찌 이 모양에 이르렀겠습니까? 그리고 또 '윤씨가' 대궐에 들어온 뒤에 길거리의 아이들과 동네 아낙네들이 말하기를, '윤씨가 매우 가난하여 일찍이 스스로 반포斑布, 무명를 짜서 팔아서 어머니를 봉양했는데, 이제 이런 데까지 이르렀으니, 팔자가 좋아진 것이 어찌 우연이겠는가?' 하였습니다."2

옷감 짜서 팔아 어렵게 홀어머니 모시다가 후궁이 된 윤씨. 마을 사람들은 윤씨가 효녀라서 복을 받아 후궁이 되었다고 여겼다. 그 윤씨가 바로 연산군의 어머니이다.

숙의? 궁궐 여인들에게도 벼슬이 있었다. 후궁 가운데 제일 높은 품계는 빈정1품이다. 장희빈의 그 '빈'이다. 빈 아래로 귀인종1품, 소의정2품, 숙의종2품, 소용정3품, 숙용종3품, 소원정4품, 숙원종4품, 이렇게 있었다. 윤기견의 딸 윤씨는 종2품 숙의로 궁에 들었다.

윤씨가 입궁하고 1년여 뒤인 1474년성종 5에 성종 왕비 공혜왕후 한씨가 세상을 떠났다. 12살에 11살 자산군성종과 혼인했던 한씨는 한명회의 딸이다. 오래도록 아팠던 그녀는 자식 하나 남기지 못하고 열아홉 꽃다운 나이에 생을 마감했다.

이제 누군가, 새로운 왕비, 계비가 되어야 한다. 1476년성종 7에 윤씨가 계비로 뽑힌다. 당시 성종의 후궁은 윤씨와 윤씨보다 석 달 정도 뒤에 입궁한 또 다른 윤씨윤숙의, 중종의 생모 그리고 정소용, 엄숙의가 있었다. 아마도 후궁마다 왕비가 되고 싶은 욕망에 서로 신경전이 치열했을 것이다.

성종은 후궁 윤씨가 '정숙하고 신실하며 근면하고 검소한 데다 몸가

짐에 있어서는 겸손하고 공경하였으므로'[3] 왕비에 책봉한다고 밝혔다. 그런데 이때 윤씨는 임신 중이었다. 뱃속에 왕의 자식이 자라고 있다는 게 왕비 책봉에 큰 영향을 주었을 것이다. 3개월 뒤 그 아기가 태어나니, 연산군이다.

후궁으로 입궁해서 3년 만에 왕비가 되고 또 순조롭게 왕의 아들까지 낳았으니 이제 향기로운 꽃길만 걸을 것 같았는데, 아니었다. 성종과 윤씨의 사이가 급격하게 나빠졌다. 왕비가 되고 불과 수개월 만에 폐비 얘기가 나올 정도였다.

왕비 윤씨와 후궁들 간의 갈등이 아주 심했다. 출산 전후의 그 힘겹고 고통스러운 시기에 성종이 다른 후궁들을 가까이했다. 배신감, 섭섭함. 왕비는 바람피우는 남편 갈구는 여염집 아낙처럼 행동했다. 투기질投는 칠거지악의 하나라는데, 그녀의 투기가 꽤 도드라졌던 것 같다.

그렇지만 왕비 윤씨 역시 후궁들의 시기 대상이었다. 왕비는 성종의 사랑이 식고, 그 사랑이 다른 후궁에게 가면 자신과 자신의 아기도 안전하지 못할 것이라고 걱정했다.

좀 느긋하게 대처했으면 좋았을 것을 왕비는 그러하지 못했다. 원자까지 낳은 중전마마인데 도무지 자신감을 갖지 못했다. 다른 후궁들과 달리 집안이 한미하고 아버지마저 일찍 돌아가셔서 의지할 곳도 없었다. 믿음을 주지 못한 남편, 성종에게도 분명히 책임이 있다.

결국, 왕비는 일을 저지르고 말았다. 정소용과 엄숙의가 서로 짜고 원자와 왕비를 죽이려 한다는 거짓 투서질을 했다가 적발된 것이다. 더해서 왕비의 방에서 숨겨 보관하던 비상砒霜, 독약이 나왔다. 그래서 정소용 등을 독살하려 했다는 혐의까지 받게 되었다.

폐비 그리고 죽음

1477년성종 8 3월 29일 조정. 분위기가 심상치 않다. 의정부, 육조판서, 대사헌, 대사간에 전직 정승들까지 불려왔다. 대왕대비가 내린 글이 전해졌다. 왕비 윤씨의 죄상을 밝히는 내용이었다. 대왕대비는 글 마지막에 이렇게 썼다.

'종묘와 사직에 관계됨이 있어서 경들을 불러 의논하는 것이다. 내가 당초에 사람을 분명하게 알아보지 못했음을 부끄럽게 생각한다. 중궁이 이미 국모가 되었고 또한 원자가 있는데, 장차 어떻게 처리해야 하겠는가?'[4]

사실상 폐비 여부를 논의하라는 것이다. 대부분 신하가 반대했다. 신중하게 결정해야 한다고 했다. "원자가 지금은 비록 어리지만, 장성한 후에 어떻게 하겠습니까?"

신하들은 물었다. 나중에 후회할 일을 만들지 마시라 요청했다. 성종은 반박하며 왕비를 폐하여 친정으로 내보내겠다고 했다. 신하들이 간곡하게 말렸다.

다음날 3월 30일, 성종은 왕비 윤씨를 폐위하여 후궁 지위인 '빈'으로 내렸다. 하지만 신하들의 절절한 설득에 응해서 바로 취소한다. 윤씨는 일단 왕비의 지위를 유지해 간다. 그래도 부부의 관계가 회복되기는 그른 것 같다.

하지만, 반전이 일어났다. 윤씨가 또 임신한 것이다. 성종의 아들, 연산군의 동생이 태어났다. 성종과 왕비 윤씨 둘의 관계가 호전됐기에 가능한 일이었다. 그런데 둘째 아이를 낳고 성종과 윤씨의 관계가 오

폐비 윤씨 묘를 지키는 석수

히려 더 나빠졌다. 윤씨의 질투와 악행이 심해졌기 때문이다. 성종의 생명을 위협하는 듯한 막말도 서슴지 않았다고 한다. '부부싸움'하다가 성종의 얼굴을 할퀴어 상처를 냈다는 이야기도 전한다.

왜 아이만 낳으면 윤씨는 그렇게 거칠어지는 걸까. 심각한 산후 우울증과 그에 따른 히스테리가 원인이 아니었을까 싶다.[5] 윤씨의 정서 상태를 양극성 장애조울증로 추정한 연구도 있다.[6] 윤씨는 악한 여자라기보다 치료가 필요한 환자에 가까웠던 것 같다.

1479년성종 10 6월, 윤씨가 결국 폐위되어 친정으로 쫓겨났다. 연산군 4살 때 벌어진 일이다. 대개 신하들이 반대했으나 성종은 '말이 많으면 버린다多言去, 순종하지 않으면 버린다不順去, 질투하면 버린다妬去'[7]는 칠거지악을 언급하면서 또 반대하는 승지들을 좌천시키면서 윤씨 폐위를 강행했다. 성종은 교서를 내려 말했다.

"성화 15년1479 6월 2일에 윤씨를 폐하여 서인庶人으로 삼는다."[8]

다음 해, 1480년성종 11 11월 8일에 성종은 윤숙의를 새로운 왕비로 책봉했다. 중종의 생모인 윤숙의는 이후 정현왕후로 불리게 된다. 윤숙의가 입궁할 당시 그녀의 아버지 윤호는 이미 정3품 병조참지였다.

연산 광해 강화

정현왕후릉 선릉(서울 강남구)

폐비 윤씨 집안과 달랐다.

한편 대비들도 성종보다 더 적극적으로 왕비 폐출을 원했다. 사실 대비들은 처음부터 윤씨가 탐탁지 않았을 것이다. 이왕이면 번듯한 집안의 여식을 중전으로 삼고 싶었을 것 같다.

대비가 아니고 대비들이라고 하면? 당시 왕실에 세 분의 대비가 있었다. 대왕대비인 세조비 정희왕후와 왕대비인 예종비 안순왕후 그리고 성종의 생모인 대비 소혜왕후인수대비다.

연산군이 7살 된 해, 1482년성종 13 8월 16일, 폐출된 윤씨의 집으로 성종이 보낸 사약이 왔다. 폐비 윤씨는 그렇게 죽임을 당했다. 윤씨가 사약을 받게 된 경위는 이러했다.

윤씨가 폐출됐을 때 조정 신료들이 성종에게 청했었다. 폐비의 안전한 거처를 마련해주고 생계를 이어갈 수 있도록 지원해주자, 그게 원자의 생모에 대한 최소한의 예우다. 이런 의견이었다.

성종은 따르지 않았다. 오히려 그런 주장하는 이들을 벌주며 입을 막으려 해서 신하들과 갈등을 겪었다. 평상시에 융통성과 포용력을 보이던 성종이 윤씨 문제에 대해서는 강퍅했다. 결국, 윤씨의 목숨을 거둘 작정까지 했다. '내가 오죽하면 그러겠냐고!' 신하들에게 하소연도 했다.

"윤씨가 흉험하고 악역惡逆, 도리에 어긋나는 극악무도한 행위한 것을 이루 다 말할 수 없다. 당초에 마땅히 처벌해야 했지만, 우선 참으면서 개과천선하기를 기다렸다. 기해년1479에 이르러 그의 죄악이 매우 커진 뒤에야 폐비하여 서인으로 삼았지만, 그래도 차마 법대로 처리하지는 아니하였다."9

차마 법대로 처리하지는 아니하였다! 법대로라면 죽음을 내렸어야 하는데 참았다는 얘기다. 그러면서 성종은 신하들에게 명했다.

"경들이 각기 사직을 위하는 계책을 진술하라."

폐비를 죽일 것인가? 말 것인가? 신하들의 의견을 물은 것이다.

예조판서 이파가 대답했다.

"'폐비 윤씨가' 독약을 가지고 시기하는 자를 제거하고 어린 임금을 세워 자기 마음대로 전횡하려고 한 죄는 하늘과 땅 사이에 용납할 수 없습니다."

어린 임금을 세워? 성종이 있는데?

성종은 그동안 신하들에게 이런 식으로 말했었다. 폐비 윤씨가 자신을 죽이려고 할지도 모른다, 그런 위협적인 말을 자주 했고 자신을 저주했으며 상복을 입고 지내기도 했다 윤씨가 궁궐에서 상복을 입었다는 것은, 성종이 빨리 죽기를 바라는 저주로 해석될 수 있다.

또 대비전에서 신하들에게 내린 글에 따르면, '윤씨가 주상에게 말하기를, 그 눈을 빼고, 발자취까지도 없애버리며, 그 팔을 끊어버리고 싶다'[10]라고도 했다.

성종은 자기가 죽으면 윤씨가 어린 연산군을 왕으로 세우고 수렴청정하면서 조정을 농단할 것이라고 우려했다. 이파는 성종의 말을 사실로 받아들여서 폐비 윤씨가 용납할 수 없는 죄를 저질렀다고 발언했던 것이다. 결국, 성종은 좌승지 이세좌를 폐비 윤씨의 집으로 보내 사약을 내렸다. 그래도, 사약은 너무 심했던 것 아닐까? 이에 성종의 결정에 영향을 주었을 법한 사연이 전한다.

윤씨는 폐위되자 밤낮으로 울어 끝내는 피눈물을 흘렸는데 궁중에서는 훼방하고 중상함이 날로 더하였다. 임금이 내시를 보내어 염탐하게 하였더니, 인수대비가 그 내시를 시켜, '윤씨가 머리 빗고 낯 씻어 예쁘게 단장하고서 자기의 잘못을 뉘우치는 뜻이 없다'고 대답하게 하였다. 임금은 드디어 그 참소를 믿고 벌을 더 주었던 것이다.[11]

왕비를 내친 성종, 마음이 무겁다. 그래도 원자의 생모인데… 미운 정 고운 정 다 든 여인. 미웠고 때로 증오했지만, 또 한편으론 가엾다는 생각도 들고. '내 잘못도 있지' 후회되는 구석도 있고. 아마도 성종의 심정이 이러했을 것이다.

친정으로 쫓겨간 폐비가 진실로 반성하고 있으면, 이제는 용서하리라! 성종은 내시를 은밀히 보내 윤씨를 살피고 오게 했다. 윤씨는 밤낮으로 울어 피눈물을 흘릴 만큼 자책하고 후회하고 있었던 것 같다.

내시가 본 대로 전했으면 좋으련만, 인수대비가 시키는 대로 거짓 보고를 올렸다. 외모치장이나 하고 있더라고, 전혀 뉘우치는 기색이 없더라고. 허! 성종의 실망감, 배신감. 최종 결정은 사약이었다.

윤씨가 정말 성종을 죽일 생각까지 했을까? 알 수 없다. 만약 그러했다면, 이는 역모가 된다. 그런데 성종의 '변명'만 들을 수 있을 뿐, 윤씨의 '해명'을 우리는 들을 수 없다.

『연려실기술』은 성종의 잘못을 지적했다. '성종이 한 번 집안 다스리는 도리를 잃게 되자 중전의 덕도 허물어지고 원자도 또한 보전하지 못하였으니 뒤 세상의 임금들은 이 일을 거울삼을 것이다.'

7살에 엄마 잃은 연산군. 그때는 아무것도 몰랐던 연산군이 20여 년 흐르고 나서 자신의 시각으로 어머니 사건을 정리했다.

"어머니께서 참소를 만나고 소인들에게 시달리게 되고, 정유년1477에는 폐위되려다가 중지되어 도로 금슬의 화목이 있고 아들을 보는 경사가 있게 되었으니, 만일 참으로 덕을 잃었다면 어찌 이 일이 있었겠는가? 그 뒤 꾸미고 얽어맴이 날로 심하여져 스스로 밝히지 못하고 폐위되어 사삿집에 계시다가 그만 큰 변을 만나셨다."[12]

연산군 즉위하다

　폐비 윤씨를 죽인 이듬해, 1483년_{성종 14} 2월, 성종은 8살 된 연산군을 세자로 책봉한다. 온 나라가 경하할 날, 그러나 성종은 미리 명했다.

"왕세자를 책봉한 뒤 백관이 세자에게 축하하는 예를 올리지 말라."[13]

　연산군은 어린 시절 궁궐 밖에서 자랐다. 2살 때 병을 앓아 강희맹_{1424~1483}의 집으로 보내졌다. 궁궐로 나쁜 기운이 들어와서 원자 연산군이 아픈 것으로 여겨서 궁 밖으로 피접_{避接}하게 한 것이다. 강희맹의 부인 안씨는 지성으로 원자를 돌봤고 그 덕에 원자는 건강을 회복했다. 그런데 성종은 원자를 계속 강희맹 집에 있게 했다. 원자의 친모인 왕비 윤씨 폐출 문제로 궐내가 어수선할 때였다. 차라리 궐 밖에서 자라는 것이 좋다고 여겼을 법하다.

　연산군 어느덧 5살, 원자를 이제 궁궐 안으로 모시자는 신하들의 요청이 있었으나 성종은 듣지 않았다. 세자로 책봉할 무렵에야 연산군을 궁궐로 들인다. 한편, 원자 연산군이 한동안 영응대군_{세종의 여덟째}

창덕궁 대조전

성종왕릉 선릉 수복방(서울 강남구)

아들 집에서도 지냈던 것 같다.[14]

성종은 애초 어린 연산군을 영응대군 집으로 보낼 생각이었다. 그런데 우승지 박숙진이 반대의견을 냈다. 영응대군 집은 호화로운 데다가 아이를 직접 기르지 않고 유모에게 맡겨 키웠기에 실제 양육養育에 서툴 것이다, 그러니 '대신 가운데 본디 검소하고 자손이 아주 많아서 양육하는 적절한 방도를 미리 알고 있는 자를 찾아 그 집으로 보내자, 그렇게 원자에게 검소함을 익히게 하자.[15] 성종이 박숙진의 말을 따랐고, 그래서 원자 연산군이 강희맹의 집으로 가게 됐다.

세자 되기 전, 강희맹 집에 살며 어쩌다 한 번씩 입궐하여 아버지를 보고 나왔을 어린 연산군, 어머니의 정은 물론이고 아버지의 정도 별로 느껴보지 못하며 성장한 것이다. 어리광이라는 말조차 몰랐을 것이다.

세자 되어 궁궐로 돌아온 연산군, 내내 마음이 휑했을 것이다. 마음의 의지처가 세자빈이었을 것이다. 성종은 1488년성종 19에 13살 연산

연산 광해 강화

군의 배필로 병조판서 신승선의 딸을 세자빈으로 책봉한다.

성종은 혼례도 올려주기 전에 신승선의 딸을 궁궐에 들어와 살게 하려고 했었다. 전례 없는 일이라며 예조에서 반대하는 바람에 그렇게 하지는 않았으나 아들의 외로움을 달래주려는 아버지의 마음이 읽힌다.

며느리를 봤으니 이제 손자 보기를 기다렸으나 소식이 없다가, 혼례 6년 만에야 세자빈이 아들을 낳았다. 세자 연산군의 아들, 그러니까 원손이 탄생한 것이다. 그때가 1494년성종 25. 성종은 참으로 기뻤다. 그런데 원손을 몇 번이나 안아봤을까?

"하늘이 돕지 아니하여 지금 원손을 잃었으니, 슬픔을 어찌 다하겠는가?"[16]

원손이, 죽었다. 2월 23일에 태어나 3월 29일에 세상을 떠났으니, 한 달 겨우 넘게 살았을 뿐이다. 나이 열아홉에 아들을 얻고 기쁨 채 가시기도 전에 그 아들을 잃은 세자 연산군, 가슴을 쥐어뜯었을 것이다. 원손이 사망한 그해 12월, 성종도 눈을 감는다. 실록은 이렇게 적었다.

'오시에 임금이 대조전에서 훙薨하였는데, 춘추는 38세이다.'[17] 조선 제9대 임금 성종1457~1494, 재위:1469~1494. 13세에 즉위해서 25년간 나라를 통치하고 38세에 하늘의 부름을 받았다.

『예기』에 따라 '천자'중국 황제의 죽음을 붕崩이라 하고 제후 국왕의 죽음을 훙薨이라고 했다. 양반 관료의 죽음은 졸卒이요, 일반 서인의 죽음은 사死라고 썼다. 그래서 실록에 성종의 죽음을 '훙'으로 기록했다. 양반 관료의 죽음을 '졸'이라고 했다. 주요 신하가 죽으면 실록에 그의 일생을 간단히 정리하여 기록하는데, 이를 졸기卒記라고 한다.

성종이 '훙'하고 조선 제10대 임금으로 연산군1476~1506, 재위:1494~1506

이 즉위했다. 이때 나이 19세였다. 이제 성종의 시대가 가고 연산군의 시대가 열린다.

교동대교 건너며

강화대교를 건너서 우회전하면, 신호등 많은 읍내를 거치지 않고 새 길 따라 바로 교동에 갈 수 있다. 송해면, 하점면, 양사면을 거친다. 노래 몇 곡 듣다 보면 저 앞으로 교동대교가 보인다. 북한 땅과 가까운 민간인 통제구역이다.

교동대교 아래, 거기쯤에 교동 들어가는 포구가 있었다. 『신증동국여지승람』에 따르면, 포구의 이름이 인화석진寅火石津이었는데 인화진이라고도 불렀다. 이후 인화성나루, 인진나루 등으로 호칭했다. 이 동네 행정구역 명칭은 강화군 양사면 인화리이다.

500여 년 전 그때, 인화석진쯤에서 교동 가는 배에 몸을 싣던 사내가 있었다. 한창나이 서른한 살, 하얀 얼굴에 병색이 완연했다. 붉은 옷을 입고 갓을 쓴 사내의 얼굴은 쉬 읽어낼 수 없게 복잡해 보였다. 회한, 체념, 분노 그리고 목숨 부지한 안도. 그 사내가 연산군이다.

연산군 배로 건넌 바다를 우리는 차 타고 달려 건넌다. 교동대교는 길이가 2㎞ 조금 더 된다. 강화대교의 세 배 정도다. 다리 건너며 보는 오른쪽 풍경, 넘실대는 물결 너머 거기 산들이 북한 땅이다. 처음 보는 이들은 '북한이 저렇게 가까워?' 실감하지 못한다.

남해안에 사는 친구가 강화에 온 적이 있다. 코앞 북한 산야를 보

봉소리 해안 철책 틈으로 본 교동대교

민통선 출입증

교동대교 입구에서 해병대 검문을 거친다. 신분증을 제시하고 간단한 인적
사항을 말하면 민통선 임시 출입증을 준다. 나올 때는 검문 없이 바로 교동대
교를 건넌다. 곧 QR코드 출입 시스템을 도입한다고 한다.

고 하는 말. "이런 데서 무서워서 어떻게 살아?" 대답 대신 내 어린 시
절을 얘기해주었다. 맨날 낮이나 밤이나 북한에서 틀어대는 대남방송
들으며 살았다고, 심심하면 산에 올라 북한에서 날려 보낸 '삐라'를 주
워다 딱지 접어 놀았다고, 그때는 산에 눈 쌓인 듯 '삐라'가 하얗게 깔

려있었다고. 친구는 실실 웃었다.

조금 더 달리면 좋았을 걸, 어느새 교동 땅이다. 다리가 끝나고 도로가 시작되는 곳, 교동면 봉소리이다. 여기 봉소리 해안에 호두포라는 포구가 있었다. 아마도 연산군은 호두포에 내렸을 것이다.

연산군이 갇혀 있던 유배 장소는 어디일까? 명확히 알 수 없지만, 전해지는 곳은 있다. 한 곳이라야 하는데 어인 일인지 세 곳이나 된다. 그중 하나가 여기 봉소리이다.

학문의 길

세종, 성종, 정조 등 칭송받는 임금의 공통점, 학문이 높았다는 점이다. 학문이 깊을수록 훌륭한 군주가 되는 것은 아니지만, 그렇게 될 가능성은 더 커진다. 늘 군주를 가르치려 드는 신하들에게 꿀리지 않고 당당하게 자기 뜻을 펼칠 힘이 학문력에서 나온다.

신하들이 임금의 언행을 비판할 때 임금 학문이 부족해서 그렇다는 식으로 말하기도 했다. 연산군이 폐위되고 즉위한 중종도 신하들의 힐난을 피하지 못했다.

홍문관 부제학 권민수는, 중종이 즉위 전에 공부가 부족했고 즉위하고 몇 년이 지나도 학문이 늘지 않는데 경연까지 종종 빼먹는다며 뭐라고 했다.[18] 홍문관에서는 중종이 시비를 제대로 분별하지 못하는데 그것은 임금의 학문이 정밀하지 못해서 그런 것 같다는 상소를 올렸다. 중종은 분통이 터졌을 테지만, 대답은 이러했다.

"소疏에 역력히 나의 잘못된 일과 시비를 분명히 가리지 못한 일을 말했는데 이는 모두 마땅하다."[19]

신하들의 학문 수준에 뒤지지 않을 때 왕의 권위도 바로 선다. 왕이 학문이 얕으면 자신감을 갖기 어렵다. 신하들에게 끌려다니거나 거꾸로 폭압적으로 신하들을 억누를 가능성이 있다. 그런데 학문은 머리만 연마하는 것이 아니다. 가슴도 키운다. 왕으로서 반듯한 인격과 성품은 그냥 갖춰지는 게 아니다. 진실한 학문은 곧 수신修身의 과정이기도 하다.

경연經筵이라는 게 있다. 임금이 매일 행해야 할 사실상의 의무다. 경연은 한마디로 임금의 공식적인 '수업 시간'인데 하루에 세 번 시행하는 게 원칙이다. 홍문관을 중심으로 학식 갖춘 신하들이 선생님이 되고 임금이 학생이 된다. 듣고 읽고 묻고 답하면서 임금의 학문이 익어간다.

경연 자리에서 공부만 하는 것이 아니다. 나라의 정책 등을 구체적으로 논하고, 신하들이 임금의 잘못을 지적하며 개선을 청하기도 한다. 군주의 역량을 강화하는 프로그램이 바로 경연이다. 물론 경연 제도에는 신하들이 왕권을 견제하려는 정치적 의도도 스며있다.

더위가 심해지자 한 신하가 성종에게 권했다. 당분간 경연의 주강晝講, 낮 공부을 중단하고 하루에 두 번만 하시라고 했다. 그랬더니 성종이 "내가 촌음을 아끼는데 어찌 주강을 정지할 수가 있겠는가?" 거절했다.[20] 오히려 밤늦도록 신하들 붙들고 '보충수업'까지 받으려고 했다.

성종은 정말 열심히 공부했다. 그래서 '경서와 사서에 통달하였는데 더욱 성리의 학문에 이해가 깊었으며, 백가의 글과 역법, 음악에 이르기까지 널리 통달'했다. 비단 열심히 한 것에 그치지 않고 공부를 즐겁게 여겼다.

성종이 쉬지 않고 글 읽는 것을 보고, 대비가 물었다.

"피로하지 않으시오?"

성종이 대답했다.

"읽고 싶어서 읽으니 피곤한 줄 모르겠습니다."[21]

공부를 하고파 하는 성종, 공부가 즐거운 성종, 게임 끝이다. 하지만 아들 연산군은 아니었다. 어릴 때부터 공부가 싫었다.[22] 학문에 관심이 없었다. 노는 게 좋았다. 사실, 아이들은 이게 정상이다. 오히려 성종이 정상적이지 않은 것이다.

임금의 공식적인 수업이 경연이고 세자의 수업은 서연이다. 어린 연산군이 서연에 나왔다. 공부가 즐겁지 않지만, 아버지의 꾸지람이 겁나서 억지로 나왔다. 마음은 콩밭에 두고 껍데기만 와 있으니 학습 효과는 그냥 그랬다. 가르치는 사람들은 복장이 터질 터다. 세자 연산군의 교육을 담당했던 선생님 가운데 두 사람, 허침과 조지서를 보자. 어린 연산군을 가르치던 허침, 그저 답답하다. 한숨만 토해내면서도 세자를 부드럽게 달랬다. 화를 낼 때도 "저하, 그러면 아니 되지요' 식으로 말하며 달랠 정도로 성격 자체가 온화한 사람이었다.

몇 년 흐르고, 성종은 강직한 조지서를 서연관으로 삼았다. 조지서는 세자에 대한 예우를 일단 접어두고, 스승으로서 엄히 가르쳤다.

"저하께서 학문에 힘쓰지 않으시면 신은 마땅히 임금께 아뢰겠습니다."

세자 연산군이 이런 글을 벽에 써 붙였다고도 한다.

연산 광해 강화

'조지서는 큰 소인이요, 허침은 큰 성인이라.'

세자의 치기 어린 행동으로 이해할 수 있다. 그런데 연산군은 세월 흘러 즉위한 뒤에도 조지서에 대한 미움을 고스란히 간직하고 있었다. 성종은 갑갑했다. 커가는 연산군이 미덥지 않았다. 너무 답답해서 아들에게 싫은 소리 했다.

"생각해 보라. 네가 어떤 몸인가? 어찌 다른 왕자들과 같이 노는 데만 힘을 쓰고 학문에는 뜻이 없어 이같이 어리석고 어둡느냐."

연산군의 선택은 반성, 성찰이 아니라 회피였다. 아버지를 보지 않으려고 했다. 부르면 아프다고 핑계하여 가지 않았다. 이런 일이 있었다고 한다. 어느 날 성종이 나인을 시켜 연산군이 얼마나 아픈지 보고 오라 했다. 나인이 와서 세자가 몹시 아프다고 고했는데 이는 거짓말이었다. 연산군이 나인에게 "만약 병이 없다고 아뢰면 뒷날 너를 마땅히 죽이겠다"고 협박했기 때문이다. 성종은 나인이 거짓말하는 걸, 연산군이 멀쩡한 걸 알아챘지만, 그냥 모르는 척했다.[23] 아비의 무기력감이 느껴진다. 왕에게도 어려운 자식 농사다.

▌성종의 자식 교육

학교 다닐 때 공부 잘했던 부모가 자녀교육도 잘하는 것은 아니다. 자식의 관심 분야와 역량을 고려하지 않고 자기를 기준으로 판단하고 밀어붙이는 경향이 있기 때문이다. "도대체, 이런 걸 왜 못 푸는 거니?" 하며 화만 내기 십상이다. 성종의 연산군 교육도 일정 부분 그러

성종 태실(창경궁)

했던 것 같다. 세자 연산군 8살 때다. 사헌부 집의 김수광이 성종에게 아뢨다. 대략 이런 내용이다.

"세자가 어린데도 날마다 서연에 나와 빡빡한 공부 일정 따라가느라 지친 것 같습니다. 적절히 여가를 주어서 몸과 마음을 휴양할 수 있게 하는 것이 좋겠습니다."

옳은 말이다. 나이 이제 8살 아닌가? 아무리 영양가 높고 맛난 음식이라도 무한정 먹일 수는 없다. 소화를 시키지 못한다. 배고플 시간을 줘야 음식의 맛을 알고 즐길 수 있다. 제 양에 맞게 먹여야 탈이 안 난다. 성종은 다른 신하들에게 김수광의 의견을 어떻게 생각하는지 물었다. 홍문관 응교 김종직이 대답했다.

"이 말은 매우 옳지 않습니다. 학문하는 방법은 조금이라도 폐지해서는 안 되니, 잠시라도 그치게 되면 태만함에 익숙해져 습관적으로 보통 있는 일이라고 여길 것이므로, 신은 그르다고 생각합니다."

노는 맛을 들이게 되면 더 공부 안 하게 되니 쉼 없이 시켜서 공부 습관을 잡아줘야 한다는 주장이다. 그러자 김수광은 김종직의 말을 "국가의 중보重寶, 세자를 소중히 여기는 바가 아닙니다"라며 반박했다. 열띤 토론이 이어졌다. 성종이 결정을 내렸다.

연산 광해 강화

"김종직의 말이 옳다."[24]

공부 습관을 잡아줘야 한다는 김종직의 의견대로 세자 연산군은 강요된 공부로 끌려들어 간다. 소학을 시작으로, 논어, 맹자, 시경, 상서, 춘추….[25] 성종은 책 한 권 뗄 때마다 서연관들에게 상을 내리고, 또 서연관의 수를 더 늘리면서 연산군의 학업을 독려했다. 그렇다고 숨 쉴 틈도 안 주고 공부만 시킨 것은 아니다. 더울 때는 서연에서 조강朝講만 하게 했다. 낮공부와 저녁공부는 중단해서 연산군 몸에 무리가 가지 않게 했다.

연산군이 14살 되었을 때, 성종이 사복시에 명했다.

"세자가 점차 장성해 가니, 행행行幸**할 때 수가**隨駕, 임금을 모시고 따름**하지 않을 수 없다. 다만 궁중에서 생장하였으니 어찌 말 타는 것을 알겠는가? 내승**內乘**으로 하여금 순하고 잘 길들여진 말을 가려 대궐 안으로 들여와서 장차 후원에서 말 타는 것을 연습시키도록 하라."[26]

성종이 대궐 밖으로 행차할 때 세자 연산군도 따라나서야 하는데, 그러려면 말을 탈 줄 알아야 한다. 그러니 가르치라는 것이다.

지금으로 치자면, 공부 잘했고 재산도 아주 많은 유능한 아버지 성종이 아들 연산군 교육을 위해 '일타강사'들을 과목별 가정교사로 붙여주고 더하여 승마까지 배우게 한 것이다.

'가정교사'서연관 처지에서 볼 때 성종은 꽤 까다롭고 피곤한 '학부모'였을 것이다. 성종은 수시로 연산군의 '진도'를 확인했고 교재 선정에도 적극적으로 개입했다. 서연관이 『명신언행록』은 굳이 필요 없다고 하는데 성종은 그걸 가르쳐야 한다고 한다. 다음날에 배울 내용을 미리 제시해서 세자가 예습하고 서연에 임할 수 있게 하라고 지시하는 등 교수 방법에도 깊게 관여했다.

한번은 세자 연산군이 말 타다 다칠 뻔한 일이 있었다. 세자가 잘못해서 그랬을 수 있다. 그런데 성종은 말 관리하는 이들이 잘못해서 그런 거라며 그들을 벌주게 했다.[27] 자식만 생각하는 부모가 범하기 쉬운 실수다.

서연관들은 세자를 제대로 가르치기보다 임금 성종에게 보이기 위한 '진도 빼기'에 급급했을 개연성이 있다. 괴로웠을 것이다. 그런데 책을 몇 권 읽었는가는 크게 중요하지 않다. '열 권 읽었다, 스무 권 읽었다!'는 것은 자기만족일 뿐이다. 한 권을 읽어도 제대로 소화하는 게 중요하다.

그래도 성종 때의 서연관들이 태종 때의 서연관들보다는 처지가 나았다. 태종도 세자 양녕대군 교육에 열정이었는데 양녕대군은 공부를 제대로 하지 않았다. 태종은 서연관들을 직접 압박하는 방법으로 양녕대군을 밀어붙였다. 아랑곳하지 않아 서연관들 스트레스가 장난이 아니었다.

태종은 내시들도 닦달했다. 양녕대군이 서연에 가지 않자 내시 김문후가 눈물을 뚝뚝 떨어뜨리며 '서연에 나가시라고' 간청했다. 안 가면 내시가 곤욕을 당할 터, 양녕대군은 그날 서연에 참석했다.

실제로 태종은 양녕의 내시인 노분을 곤장 치게 한 적이 있다. 세자가 반성하고 자극받고 공부에 열중하기를 바라는 조치였지만, 세자는 아버지에 대한 반감만 키웠다. 좀 치사한 교육 방법이다. 매 맞은 내시

연산 광해 강화

도 보통이 아니었는지 양녕에게 직접 따졌다.

"이것이 어찌 소인의 죄입니까?"[28]

결국, 태종의 세자 교육은 실패였다. 태종은 양녕대군을 폐하고 셋째 아들 충녕대군을 새로운 세자로 삼았는데 충녕대군이 그 유명한 세종이다.

생각해보면 사대부 자제의 공부와 세자의 공부법은 좀 달라야 할 것 같다. 양반은 현실적으로 과거 시험을 목표로 공부한다. 진정한 학문의 의미는 일단 접어두고 정답 찾기에 골몰한다. 세자는 과거를 보는 게 아니다. 얼마나 많이 알고 있는가보다는 그릇을 키우고 품성을 가꾸는 바탕 교육을 중시해야 한다. 그런데 태종도 성종도 세자를 과거 준비하는 유생 다루듯 했던 것 같다.

그러면 연산군의 학문 성취는 어느 정도였을까? 읽어낸 책을 보면 표면적으로는 꽤 많이 공부한 것 같다. 하지만 제대로 이해하지 못하고 외우기에 급급했을 뿐, 학문을 체화하지 못했을 가능성이 크다. 아는 데서 끝나는 게 아니라, 느껴야 하는데 연산군은 제대로 알지 못했고 느끼지도 못했다.

연산군 16살 때, 특진관 이칙이 "세자의 학문이 이미 진취進就하여, 구두句讀를 떼고 훈의訓義를 해석함이 지극히 상세하고 분명하십니다"라고 보고했지만, 이는 기초적인 수준에 대한 의례적인 칭찬이다.

성종은 초조했던 것 같다. 그래서 임금에게 문안 올리고 수라상을 돌보는 등, 세자가 수행해야 할 일상의 일들을 줄여주고 그 시간에 공부를 더 하게 한다. 그렇지만, 성종은 이런 보고를 들어야 했다.

"세자께서 바야흐로 학문이 더욱 진보하여야 할 때인데도 강습講習

을 게을리하고 있습니다."[29]

연산군, 공부가 즐겁지 않은 데다가 아버지의 지나친 기대와 지나친 관심에 늘 스트레스를 받았을 것이다. 연산군에게 서연은 성장하는 발판이 아니라 어찌할 수 없는 질곡이었을 것이다.

가정해 본다. 대학 레벨을 상, 중, 하, 셋으로 나눌 수 있다고 치자. 아들 연산군은 하급 대학 수준이다. 아버지 성종은 자기가 상급 대학 갔으니 아들도 그래야 하고, 그렇게 할 수 있다고 여긴다. 아들이 왜 공부하기 힘들어하는지 이해하지 못한다.

그냥 열심히 가르친다. 그게 아비 된 자의 도리라고 여긴다. 덕분에 아들이 중급 대학에 갈 실력이 되었다. 유의미한 성취이지만, 아버지는 만족하지 못한다. 아들은 기껏 성취를 이루고도 칭찬받지 못한다. 아들은 아버지가 최상급 대학 나온 게 전혀 자랑스럽지 않다. 때로 원망스럽기도 하다. 그나저나, 성종은 심란하다.

"세자가 지금 17살인데 아직도 문리文理를 이해하지 못하고 있으니, 내 심히 이를 근심하고 있다."[30]

성종은 연산군이 동년배에 비해 학문이 떨어진다며 걱정했다. 연산군 나이 19살 때까지도 성종은 세자의 학문이 아직 해박하게 통하지 못하였다고 우려한다.[31] 서연관들도 안다. 그렇다고 "당신 아드님 수준이 이 정도밖에 안 됩니다." 성종에게 말하기가 참으로 어렵다. 그래도 말한 이들이 있었다.

"세자의 서연에서 『대학집주』를 또한 진강進講**하게 하는데, 신이 생각건대, 집주는 한만**汗漫**해서 여러 사람이 의논하는바 뜻이 다르므로, 진실로**

문리에 크게 통달한 자가 아니면 그 귀취歸趣를 파악할 수가 없습니다. 청컨대 집주를 강講하지 말게 하소서."[32]

세자를 가르치는 성현이 한 말이다. 에둘러 표현했고, 쓰인 한자 용어들도 낯설지만, 핵심은 이거다. "세자는 여전히 문리가 트지 않아서 『대학집주』처럼 어려운 책은 무리다. 그러니 과감하게 포기하자."

이때 연산군 나이 18세이다. 성현의 말을 듣고 성종이 대답했다. "가可하다." 그렇게 하라는 소리다. 그래도 포기는 없다. 성종은 서연을 통한 세자 교육에 여전한 열정을 보인다. 그랬는데, 1494년성종 25, 성종 재위 마지막 해, 연산군 나이 19세, 이때 사헌부 장령 유빈이 아뢰었다.

"신이 서연에서 엎드려 세자께서 글 읽으시는 것을 들어보았습니다. 읽는 소리가 머뭇머뭇 자꾸 더듬는 것으로 보아 다 통달하지 못하신 것 같았습니다. 또 들으실 때도 질문하여 알려고 하지 않았습니다. 세자의 춘추가 이미 장성하시니, 평범한 사람인 경우에 있어서도 또한 글을 통하고 이치를 통달할 때인데, 이제 바로 이와 같으시니, 향학向學하는 마음이 아마도 지극하지 않은 듯합니다."

성종이 대답하였다.

"장령의 말이 진실로 옳다."[33]

연산군을 세자로 세워 십여 년, 자식 교육에 그렇게 힘을 쏟았는데…. 착잡해 하는 성종의 얼굴이 그려진다. '내가 혹시 과욕을 부린 걸까?' 생각했을지도 모른다.

자산군·자을산군·잘산군

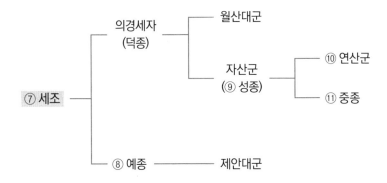

세조, 예종, 성종, 연산군, 중종으로 이어지는 왕위. 그런데 성종은 예정된 왕위 계승권자가 아니었다. 위 표를 따라가 보자 세조의 적장자 의경세자가 나이 겨우 스무 살에 사망했다. 그때 의경세자의 장남 월산대군은 4살, 자산군성종은 1살이었다. 둘 다 너무 어렸다.

그래서 의경세자의 동생 예종이 즉위했다. 어인 일인지, 예종도 앓고 앓다가 즉위 1년여 만에 세상을 떠났다. 이제 왕위는 예종의 아들 제안대군이 이어야 하는데 나이가 겨우 4살이라 여의치 않았다.

세조 왕비 정희왕후는 다음 임금으로 의경세자의 둘째 아들 자산군을 지명했다. 본디 예종의 아들 제안대군이 어려서 즉위하기 어렵다면, 의경세자의 장남 월산대군이 왕위를 물려받아야 하는 게 순리였다. 하지만 지명권자의 선택은 월산대군의 동생인 자산군이었다.

"원자제안대군**는 바야흐로 포대기 속에 있고, 월산군은 본디부터 질병이 있다. 자산군이 비록 나이는 어리지만, 세조께서 매양 그의 기상과 도량을**

연산 광해 강화

일컬으면서 태조에게 견주기까지 하였으니, 그로 하여금 주상하게 하는 것이 어떻겠는가?"[34]

실록에 기록된 대비 정희왕후의 물음이다. 제안대군은 어리고 월산대군은 병이 있어서 곤란하니 세조가 이뻐한 자산군을 새 왕으로 정하자는 얘기다. 이에 신숙주 등이 대답했다.

"진실로 마땅합니다."

월산대군 묘 문인석(경기 고양)
입꼬리가 살짝 내려간 모습이다. 뭔가 아쉽고 우울한 느낌. 월산대군의 실제 표정도 이렇지 않았을까, 생각하게 한다.

임금은 타고난 자질이 총명하고 기국과 도량이 웅걸하였으므로 세조가 특별히 사랑하였다. 일찍이 같은 어머니 소생의 형인 월산군과 함께 궁중에 있을 때, 마침 뇌성이 진동하여 비가 갑자기 쏟아졌다.

내시 백충신이 곁에 있다가 벼락을 맞아 죽으니 좌우에 있던 사람이 모두 넘어지고 넋을 잃었으나 성종은 전혀 얼굴빛 하나 변하지 않았다. 세조는 더욱 이상히 여겨 일찍이 이르기를, "이 애의 기국과 도량은 우리 태조를 닮았다" 하였다.[35]

곁에 있던 이가 벼락 맞아 죽어도 얼굴빛 하나 변하지 않았다는 얘기는 실록에서도 여러 곳에 나온다. 성종을 훌륭하게 평가하는 사례로 언급된 것이다. 그게 그렇게 훌륭한 것인지는 모르겠으나 세조가 성종을 유독 귀히 여긴 것은 사실이다. 하지만 세조가 '특별히 사랑'했다고 해서 그게 왕위계승의 이유로 말해지는 것은 설득력이 부족하다. 월산대군은 왕위를 도둑맞은 셈이다. 세월 흘러 어느 날엔가, 월산대군이 읊었다.

"추강秋江에 밤이 드니 물결이 차노매라, 낚시 드리우니 고기 아니 무노매라, 무심한 달빛만 싣고 빈 배 저어 오노라."

월산대군을 제치고 자산군이 선택될 수 있었던 진짜 이유는 자산군의 장인이 조정 실세 중의 실세 한명회1415~1487였기 때문이다. 정희왕후와 한명회가 미리 다음 왕으로 자산군을 결정해 두었던 것 같다. 덕분에 즉위한 성종, 그때 나이 13살이었다. 나라를 이끌어갈 군주로서는 어린 나이다. 그래서 왕실 최고 어른인 정희왕후가 수렴청정을 펼치게 된다. 물론 조정은 한명회 등 대신들이 장악했고.

즉위 전 성종의 군호를 자산군으로 썼으나, 자을산군과 잘산군이라는 군호도 함께 쓰이고 있다. 어느 것이 옳고 어느 것이 그르다고 규정할 필요는 없을 것 같다.

세조가 1461년세조 7에 의경세자덕종으로 추존의 다섯 살 된 둘째 아들을 자산군者山君으로 봉했다. 이후 자산군의 군호가 자을산군者乙山君으로 변경된다. 1464년세조 10 8월에 자을산군이라는 호칭이 실록에 처음 등장하는 것으로 보아 이 무렵에 군호 변경이 있었던 것 같다. 하지만 자을산군으로 개봉改封한 뒤에도 자산군이라는 군호가 여전히 쓰였다. 세조 대와 예종 대에는 주로 자을산군으로 썼는데 성종 대에 와서 다시 자산군으로 표기했다.

예를 들면, 대비가 자산군을 예종의 후계자로 지명하는 기사가 『예종실록』과 『성종실록』에 모두 실려 있는데 『예종실록』은 자을산군으로 표기했고 『성종실록』은 자산군으로 썼다. 성종의 즉위 사실을 중국에 알리는 글에도 자산군이라고 적어서 보냈다.

그런데 자을산군者乙山君의 자者 자와 을乙 자를 한 글자로 합해서 잘산군乽山君으로 칭하기도 한다. '잘산군'이 조선 후기에 이규경이 편찬한 『오주연문장전산고』 등에 보이지만, 실록에는 나오지 않는다. 실록에는 자산군과 자을산군이라는 군호만 나온다.

군호를 자산군에서 잘산군으로 바꿔 부르게 된 이후에 공식적인 기록으로 자을산군을 쓴 것이 아닐까 싶다. 입으로 부를 때는 '잘산군'이라고 하고 글로 남길 때는 자을산군이라고 썼던 것 같다. 잘乽 자는 중국에 없는, 조선 고유의 한자다.

▌넘어야 할 산

어린 왕 성종은 배우고 익히며 수렴청정 이후를, 자신이 친정親政할 그때를 준비했다. 왕권을 안정시키고 군주의 권위를 회복할 방법도 다각도로 궁구했을 것이다. 그러자면 막강한 대신大臣 세력을 넘어서야 하는데…. 성종의 생각은 이랬을 것이다.

'폭력적인 방법으로 왕권을 강화하고 싶지 않다. 그건 패도다. 왕도정치의 이상을 실현하고 싶다.'

1476년_{성종 7} 성종이 스무 살 된 해, 드디어 수렴청정이 끝났다. 이제 친정이다. 성종은 오래도록 구상해왔을 왕권 강화 정책을 펼쳐나간다. 대신들의 힘이 너무 세지지 않도록 견제하는 시스템을 갖추는 일이 중요했다. 그래서 사헌부와 사간원을 확 키워줬다.

사헌부는 대신을 비롯한 모든 관리의 비위를 적발하고 탄핵하는 기구인데 간쟁도 할 수 있었다. 간쟁이란 임금의 잘못을 지적하고 비판하는 권한이다. 사간원은 간쟁을 주로 행하는 기구다. 임금을 '공격'하는 권한을 가진 이들이니 대신들을 탄핵하는 건 당연지사다.

사헌부의 관원을 대관이라고 하고 사간원의 관원을 간관이라고 했기에 이 두 기관 소속 관원을, 대관과 간관의 첫 글자를 따서, 대간이라고 불렀다. 아울러 사헌부와 사간원 두 기관을 합해서 양사兩司라고 했다. 젊고 개혁적인 인재들이 포진한 양사는 대신들의 비리와 잘못을 찾아내 비판하며 궁지로 몰았고 성종의 의도대로 대신들이 상당히 위축되게 된다. 그러다 보니 양사 대간이 너무 강해졌다. 성종은 그들에 대한 견제의 필요성을 느낀다. 그래서 학문 기구였던 홍문관에도 간쟁 등의 권한을 부여하고 지원한다. 이제 홍문관이 양사를 압박하는 역할도 하게 된다.

양사는 당연히 불만을 느꼈다. 사간원 소속 봉원효가 성종에게 상소한 글에 홍문관에 대한 그들의 불편한 심사가 담겼다.

'대간을 시비是非하고 대간을 진퇴하게 하는 게 모두 홍문관에 있는 것이므로… 신은 장차 대간은 천해지고 권력이 홍문관에 있게 될까 두렵습니다.'[36]

그렇지만 양사와 홍문관이 대립 관계에 머문 것은 아니다. 조정의 언론기관으로서 문제의식을 공유하고 함께 뜻을 모아 활동하게 된다 사헌부와 사간원도 사안에 따라 서로 대립하고 충돌하기도 했다. 그래서 사간원·사헌부·홍문관을 묶어 삼사三司로 부르게 된다.

대신들의 힘이 너무 빠지면 그것도 성종에게 좋지 않다. 성종은 때로 양사 대간을 억누르고 대신들의 위신을 세워주며 도닥인다. 그렇게 성종은 대신과 양사의 적절한 균형을 추구하며 왕권의 안정을 이루고 조정을 리드하게 된다.

균형! 예나 지금이나, 개인이나 사회나, 균형을 잡는다는 게 몹시 어려운 일이다. 성종에겐 웬만큼 가능했을지 몰라도 연산군에겐 지난한 일이었다. 대간들이 공개적으로 왕을 까대도 성종은 '그래, 그래, 알겠다' 할 수 있는 그릇이었다. 애초 성종은 무소불위의 왕권을 꿈꾸지 않았다. 칼이 아니라 도덕으로 왕의 권위를 드러내고 싶어 했다. 그런데도 자신이 '키워 놓은' 대간이 때로 버거웠다.

이런 일이 있었다. 성종이 홍문관에 지시하기를 내시에게 『좌전』을 가르치라고 했다. 홍문관에서 글을 올려 그럴 수 없다고 하자 성종이 타일렀다. 그래도 홍문관이 싫다는 글을 또 올렸다. 이에 성종이 다시 설득한다.

"내가 내관을 가르치고자 하는 것은, 학문을 알면 예법을 알고 사체事體를 알기 때문이다."[37]

그래도 홍문관은 거절의 뜻을 밝혔다. 그러자 성종이 말했다.

"가르치든 말든 너희 마음대로 해라."

아마 속으로는 '이느므시끼들' 했을지도 모르겠다. 성종은 간쟁이 임금을 더 성숙하게 하고 나라를 건강하게 하는, 입에 쓴 약이라고 여겼다. 그래서 입에 써도 웬만하면 꾹꾹 눌러 삼켰다. 하지만 연산군은 아니었다. 대신이건 대간이건 임금에게 무조건 순종하는 그런 왕권을 꿈꿨다.

왕권을 바라보는 관점이 연산군은 차라리 단순하고 솔직했다. 성종은 삐딱하게 말하면 '내 손에 묻히지 않고 코 풀자!' 이런 정치 기술자 같은 면이 없지 않았다. 그나저나 거대해진 삼사가 버티고 있는 조정에서 연산군은 어떤 길을 갈 것인가?

모두 숙여라!

봉소리 신골에 들러

교동도.

대룡시장, 교동읍성, 교동향교, 박두성 생가…. 수없이 드나들었지만, 오늘 나선 길은 처음이다. 생활 공간 안에서도 가보지 않은 길이 얼마나 많은가. 가끔 가보지 않은 길로 들어서 보는 것도 괜찮다.

교동대교 건너 처음 닿은 땅 봉소리. 우회전해서 북쪽 마을로 들어가 본다. 야트막한 봉황산 아래 신골신곡마을이 있다. 마을 뒤편이 연

교동면 봉소리 신골

산군 유배지 중 한 곳으로 전해지기에 가는 길이다. 흔적이 남아있지 않고 위치도 미상이나 그냥 바람이라도 느끼며 한 바퀴 돌아볼 요량이다.

처음이지만, 그래도 낯설지 않은 시골 마을이다. 아, 이런 동네가 있었구나. 밭에서 고추가 익고 들에서 벼가 익는다. 농로엔 코스모스와 억새가 하늘거린다. 어느 작가가 그랬다.

"한 동네를 만난다는 건 가끔 안부를 물어야 할 친구가 한 명 생긴 다는 의미인지도 모르겠다."[38]

고추 따는 노부부에게 연산군 유배지를 물으니 부부가 함께 손을 들어 가리키며 저기라고 알려주신다. 그렇게 여전히 전해지고 있을 뿐, 눈으로 확인할 수 있는 것은 없다.

연산군이 내렸을 포구는 어디쯤일까? 바닷가로 나가 본다. 그냥 다 통제구역이다. 눈앞에 촘촘하고 견고한 철책이 끝없이 이어진다. 해안엔 나서보지 못하고 철책에 기대어 거센 물소리를 듣는다.

아무래도 여기는 연산군 유배지일 가능성이 없어 보인다. 봉소리가 어떻게 유배지로 알려지게 되었을까? 이 마을에 연산군 사당이 있었다는 구전이 있으나 확인할 방법은 요원하다. 만약 한때 사당이 있었다면, 그 사당이 유배지로 와전되었을 가능성은 있겠다.

이 동네가 유배지가 아니라고 보는 이유는 무엇인가?

유배인 연산군은 최고 요주의 인물이다. 감시와 통제가 철저해야 한다. 그렇다면 수령이 근무하는 치소治所 안에 유배지가 있어야 적절하다. 봉소리는 읍치에서 꽤나 먼 곳이다. 뭍으로 나가는 포구가 있는 외곽 마을이다. 가두어 둘 위치로 적합하지 않다.

연산 광해 강화

그래도 처음에는

연산군 즉위 초부터 대간의 '지적질'이 시작됐다. '허니문'도 없었다. '초장에 기선 제압!' 이게 양사의 의도였는지도 모르겠다. 대신에 대한 탄핵과 임금에 대한 간쟁이 지나친 측면이 있었다. 사헌부 정언 조순은 영의정 노사신의 살을 씹어먹고 싶다는 극언까지 한다.[39] 벼가 익을수록 고개 숙이듯, 대간들도 힘이 강해질수록 진중하고 겸허해야 하는데 그렇지가 않았다.

연산군이 막 즉위했을 때다. 아버지 성종이 저세상에서 평안하시기를 비는 제례를 올리려는데 대간의 반대가 심했다. 수륙재라고 하는 불교 의식이었기 때문이다. 사실 수륙재는 왕실의 관례처럼 이어져 온 의식이었다. 연산군이 유난스러웠던 게 아니다. 그런데도 대간이 모질게 반대해서 연산군을 답답하게 했다.

1497년 연산군 3, 연산군이 아버지가 되었다. 원자가 태어난 것이다. 얼마나 기뻤으리오. 3년 전, 세자 시절에 자식을 잃어본 연산군이다. 그래서 더 각별했을 것이다. 연산군은 원자 이황孝, 1497~1506을 '금돌이'라 부르며 애지중지했다.

원자 금돌이 태지석[출처:국립고궁박물관]
연산군 원자의 태를 묻은 내용을 기록했다. 아명을 금돌이(金乭伊)라고 새겼다.
원자는 세자 이황이다.

원자가 건강하게 세상에 나올 수 있게 도와왔던 내의원 소속 관원들의 벼슬을 올려주었다. 그랬더니 대간들이 내의원에 대한 포상이 지나치다며 비판하고 취소하라 청했다. 연산군은 "지금 경 등의 말이 이러하니 이는 나의 신하가 아니다. 죄가 베어도 용서되지 않으니, 마땅히 극형을 받아야 한다" 화를 토해냈다. 그러나 으름장일 뿐인 것을 알았는지 대간은 물러나지 않았다. 작상爵賞, 상으로 벼슬을 주거나 올려줌을 남용하는 임금의 부당한 처사가 역사에 기록되어 남을 것이라고 위협했다. 연산군도 '비록 천지가 뒤집혀도 또한 들을 수 없다'고 맞섰다.

일촉즉발. 연산군은 대간을 벌하지 않고 다시 물러섰다. 그들을 달래고 설득했다. "평상시에 이러한 은혜를 베푼다면 외람된 일이라 해도 가하지만, 지금은 국본國本, 원자을 위해서 그런 것이 아닌가?"[40] 양해해 달라는 요청이었다.

그 전에는 이런 일이 있었다. 1496년연산군 2에 홍문관 직제학 표연말 등이 글을 올려 아뢰었다. 봉보부인奉保夫人에 대한 연산군의 대우가 너무 후하고 은사恩賜에 절도가 없다며 '전하의 과실이 이보다 클 수 없습니다'라고 했다. 그리고 어서 빨리 내린 명령을 거두시라 요구했다.

연산군이 자신의 봉보부인에게 노비를 여러 명 하사했고 봉보부인의 천인 친척 여러 명을 양인으로 올려주었는데 표연말 등이 그게 지나치다며 문제 삼은 것이다. 봉보부인은 세자의 유모에 대한 공식 호칭이다. 연산군뿐 아니라 다른 세자들도 젖 먹이고 씻기고 재우고 안아 키우는 이는 어머니왕비가 아니다. 유모가 그 일을 한다. 유모에 대한 사적인 정이 낳아주신 어머니보다 더 클 수도 있다. 연산군은 "내가 유모의 공이 아니었다면 오늘에 이를 수 없었다"라며 표연말 등의 요구를 겨우 거절했다.[41]

조선에서 드물게 유명했던 여인, 어우동. 그녀는 성종 때 죽임을 당했다. 그때 연산군은 5살 꼬마였다. 22살 된 청년 임금 연산군이 어찌 알았는지 어우동에 관심을 보였다. 어느 날 연산군은 어우동이 시를 잘 지었다는데 그게 사실이냐고 묻고는 당시의 심문 기록을 가져오라고 승정원에 명했다.[42] 그랬더니 승지들이 단박에 거절했다.

"이러한 더러운 사실을 상께서 보신다는 것은 부당합니다."

승정원은 오늘날의 대통령비서실이요, 승지는 비서다. 그런데도 망설임 없이 주군의 명령을 거부했다. 연산군은 "가져오지 마라" 하며 바로 물러섰다. 그런데 여기서 끝이 아니었다. 연산군이 순순히 꼬리를 내렸는데도 승지는 계속 연산군을 윽박지른다. 어우동 얘기를 누구에게 들었는지 밝히시라고 다그친 거다. 그러면서 임금에게 어우동을 말한 이를 잡아서 처벌해야 한다고 했다.

연산군은 변명 급급이다. 세자 시절부터 이미 알고 있었는데 오늘 문득 기억나서 그랬다고 했다. 그러면서 겨우 이 한마디 던졌다.

"그대들이 나를 심문하듯 몰아붙이는데, 너무 심한 거 아니요?"

대간은 그렇다 쳐도 승지들까지 호락호락하지 않았다. 그나마 대신들이 연산군을 따르고 있었다. 신하들에게 무시당한다는 생각에 불쾌했을 테지만, 연산군은 그래도 그들을 이해하려고 했다. 즉위 전반기 연산군은 꽤 상식적인 군주였다.

1499년연산군 5에 연산군이 대략 이런 내용의 명령을 내렸다.

"죄인 중에 심문받다가 죽는 이들이 많다. 이는 심문하는 관리가 죄인을 불쌍하게 여기지 않고 오로지 죄상만을 밝히려고 지나치고 모질게 고문하기 때문이다. 누구의 목숨이든 다 소중한 법이니 앞으로는 심문에 지나침이 없게 하라!"[43]

우리가 떠올리는 그의 이미지와 어울리지 않는 모습이다. 정서적으로 안정되지 못하고, 마음 저 깊은 곳에 뭔가 뜨거운 게 꿈틀거리고, 강력한 전제군주를 꿈꿀지라도 그래도 처음에는 임금의 무게감을 온전히 견디려고 했던 연산군이다.

알았나, 몰랐나

"판봉상시사 윤기견이란 이는 어떤 사람이냐?"

1495년연산군 1 봄, 연산군이 성종의 묘지문을 읽다가 승정원에 물었다. 연산군이 읽고 있던 부분이 여기다.

처음 잠저에 계실 때에 영의정 ① 한명회의 따님을 맞이하여 즉위하자 비
妃**로 봉하였는데 아들이 없이 훙하였으므로 시호를 공혜라 하였고, ② 숙의 윤씨를 올려서 비로 삼으니 바로 판봉상시사 윤기견의 따님인데, 금상 전하**연산군**를 탄생하였다. 또 ③ 숙의 윤씨를 올려 비로 삼으니, 바로 영돈녕부사 윤호의 따님이다.**[44]

① 한명회의 따님은 성종 왕비 공혜왕후 한씨이고, ② 숙의 윤씨는 연산군의 생모 폐비 윤씨이며, ③ 숙의 윤씨는 중종의 생모 정현왕후이다. 윤기견이 누구냐고 했던 연산군이 이어서 물었다.

"혹시 영돈녕 윤호를 기견이라 잘못 쓴 것이 아니냐?"

윤기견은 연산군의 외조부이다. 그런데 연산군은 외조부의 이름을 몰랐다. 윤호를 윤기견으로 잘못 쓴 게 아니냐고 물은 것으로 보아 여태 자기 외조부를 윤호로 알고 있었던 것처럼 보인다.

승지들이 아뢰기를, "이는 실로 폐비 윤씨의 아버지인데, 윤씨가 왕비로 책봉되기 전에 죽었습니다" 하였다. 왕이 비로소 윤씨가 죄로 폐위되어 죽은 줄을 알고, 수라를 들지 않았다.[45]

승지들이 알려주었다. 윤기견은 폐비 윤씨의 아버지가 맞다, 딸이 왕비로 책봉되기 전에 세상을 떠났다. 비로소 연산군은 외조부가 윤호가 아니라 윤기견임을 알았다. 어머니가 폐위되어 죽었다는 것도 알았다. 물론 세세한 상황까지는 몰랐어도 말이다. 밥을 넘기지 못했다.

지금껏 연산군은 정현왕후를 생모로 알고 있었다고 한다. 그러다가 즉위하고서야 진짜 엄마가 폐비 윤씨인 걸 알게 되었다. 그런데 정말 몰랐을지 미심쩍다.

폐비 윤씨가 죽임을 당할 때 연산군은 7살이었다. 항상 같이 있던 것은 아니라도 가끔 모자가 만나보았을 것이다. 연산군에게 엄마에 대한 기억이 당연히 있을 것이다. 강희맹의 집에서 자랐기 때문에 생모 만날 일이 없었다? 그렇지 않을 것이다. 폐비 윤씨가 궁궐에서 사제로 쫓겨난 때가 연산군 나이 4살 때인 1479년성종 10이다. 사약을 받은 것은 3년 뒤이다. 이때 폐비 윤씨도 연산군도 궁궐 밖에 기거했다. 생각보다 엄마와 아들이 자주 만났을 수 있다. 그렇다면 제 엄마를 똑똑히 기억했을 것이다.

세자로 책봉되어 궁궐에서 지내는 연산군이 어느 날 성종에게 요청했다. 궁궐 밖에 나가보고 싶다고 했다. 성종이 허락했다. 어두워 돌아온 세자에게 뭐 특별하게 본 게 있느냐고 물었다. 연산군이 이렇게 대답했다고 한다.

"송아지 한 마리가 어미 소를 따라가는데, 어미 소가 소리를 하면 송아지도 문득 소리를 내어 응하여 어미와 새끼가 함께 살아있으니 이것이 가장 부러운 일이었습니다."[46]

어미와 새끼가 함께 살아있는 게 제일 부럽다! 이런 말을 한 것이 사실이라면, 연산군이 세자 시절에 이미 폐비 윤씨가 사망했다는 걸 알고 있던 것이 된다. 그때는 아마도 단순 병사病死 정도로 알았을 개연성이 높다. 그러다가 병사가 아니라 죽임을 당했음을 알게 된 것이다.

그런데 왜 외조부를 윤호로 알고 있던 것인가? 연산군이 윤호를 진짜 외조부로 알고 있었다기보다는, '새엄마' 정현왕후의 아버지가 윤호이니, 자기 외조부 이름도 윤호로 적어야 하는 게 적절하지 않겠느냐, 이런 정도의 의견 개진이 아니었을까? 그렇게 슬쩍 운을 떼서 어머니 죽음에 대한 진실을 알아보려는 의도가 있었던 것은 아닐까?

이후 연산군은 "유사有司로 하여금 윤기견과 신씨의 내외 피붙이를 탐문하여 성명을 모두 기록해서 아뢰라"[47] 명하면서 외가 쪽에 대한 정보 수집에 나선다.

버리고 말 것이지

부글부글, 어머니 죽인 아버지에 대한 미움이 끓어올랐을 것이다.

연산 광해 강화

폐비 윤씨 묘, 회묘(경기 고양)

서삼릉 영역 안에 있는데 비공개 지역이다. "조선왕릉(http://royaltombs.cha.go.kr) -참여마당-서
삼릉 태실 관람 예약" 단계를 거치면 약속한 일시에 입장이 가능하다.

나중에 연산군은 공개적으로 이런 말을 토해낸다.

"칠거의 법_{칠거지악}이 있으니, 만일 그런 죄라면 버리고 말 것이지 하
필 죽여야 했는가?"[48]

관련해서 『연려실기술』에 두 가지 이야기가 실려 있다. 폐비 윤씨가
사약을 마시고 토한 피를 수건에 받아 어머니 신씨에게 주며 말했다.

"우리 아이가 다행히 목숨이 보전되거든 이것을 보여 나의 원통함을
말해주세요."

사실상의 복수를 부탁한 것이다.

또 한 가지 이야기는 이러하다. '윤씨가 죽을 때 약을 토하면서 목숨이
끊어졌는데, 그 약물이 흰 비단 적삼에 뿌려졌다. 윤씨의 어미가 그 적삼
을 전하여 뒤에 폐주에게 드리니 폐주는 밤낮으로 적삼을 안고 울었다.'

폐비 윤씨는 말없이 세상을 떠났는데 윤씨의 어머니가 토한 약물로 얼룩진 옷을 연산군에게 전했다는 것이다. 연산군이 그 옷을 안고 밤낮으로 울었다고 했다. 극적인 요소가 두드러진 이 이야기들의 사실 여부는 확인하기 어렵다. 사실이라고 했을 때 언제 어떤 경로로 연산군에게 전달됐는지도 명확하지 않다.

밥을 넘기지 못하고 괴로워하던 연산군은 어머니 사건의 전말을 하나하나 파악해 나간다. 그러면서 어머니의 억울함을 풀어드리고 왕비로서 명예도 회복시켜드리리라, 마음먹는다. 연산군은 그렇게 하는 것이 자식 된 도리요, 효의 실천이라고 여겼던 것 같다.

연산군은 어머니의 지위를 되찾아드려야 자신의 정통성도 다져진다고 생각했을 것이다. 폐비 윤씨가 모함에 의한 억울한 죽임을 당했다고 해도 결과적으로 죄인으로 처벌받은 것이다. 해석에 따라 대역죄가 될 수도 있다. 그러면 연산군은 대역죄인의 아들이 된다. 어머니에게 씌워진 죄인의 굴레를 벗겨야 자신도 당당해진다.

연산군은 방치된 어머니 묘를 이장하고 사당을 세워 신주 모시는 일에 착수한다. 아울러 추숭追崇, 즉 왕비의 지위를 회복시켜드릴 계획도 세운다. 그런데 너무도 어려운 일이었다. 조정에서 반대가 심했다. 특히 삼사가 끈질기게 반대했다.

즉위 초, 연산군은 각종 사안에 대해서 삼사 등이 반대하면 물러설 줄 아는 융통성을 보였다. 하지만 어머니 문제만큼은 강하게 맞섰다. 1496년연산군 2에 연산군이 말했다.

"대간의 말도 들을 만해야 듣는 것이지 반드시 다 좇을 것이 없다. 근자에

대간의 형세를 살펴보니, 비록 들어줄 수 없는 일일지라도 굳이 말하여 그치지 않고, 만약 청한 대로 되지 않으면 반드시 간하는 것을 내가 거절한다고 하여, 내가 즉위한 지 겨우 1년인데, 매양 언로가 막힌다고 말하거니와… 대간 역시 신자臣子인데, 꼭 임금이 그 말을 다 듣도록 하는 것이 옳은가? 그렇다면 권력이 위에 있지 않고 대각臺閣, 사헌부와 사간원에 있는 것이다."[49]

담담한 투로 말했지만, 내용은 예리하다. 대간이 임금 머리 꼭대기에 올라와 앉았다는 지적이다. 연산군은 덧붙여 말했다. 권력이 아래로 옮겨질 때, 임금이 힘을 못 쓰고 신하들 특히 삼사가 힘을 휘두를 때, 나라가 위태로워지는 거라고.

연산군에게는 대신들이 있었다. 그들은 왕의 뜻을 지지했다. 삼사는 왕을 지지하는 대신들을 탄핵하면서 연산군을 거듭 압박했다. 연산군은 삼사의 반대를 무릅쓰고 밀어붙였다. 1497년연산군 3, 드디어 어머니 사당을 세우고 신주를 모셨다. 사당 이름을 효사묘孝思廟라 했고 이장한 묘를 회묘懷墓로 이름했다. '회懷'는 '품다' 또는 '품'이라는 뜻이다.

연산군이 몸소 회묘에 제사 올리려 할 때 대사헌이 반대하고 대사간이 막았다. 홍문관 부제학 허집 등은 이렇게 아뢰었다.

"전하께서 이미 선왕先王의 유교遺敎를 무너뜨리고 신주를 세우고 사당을 세웠으니 추모하여 효도하는 것은 지극하여 다시 더할 것이 없습니다. 친제親祭는 대의에 어긋나니, 거행하지 말기를 청합니다."

그러자 연산군이 대답을 내렸다.

"경 등이 다만 대의에 구애되고 인정의 간절함은 헤아리지 않고서 여러 날 동안 중지하기를 간하니, 그 마음의 고집을 알지 못하겠다…

나도 모르게 슬픔이 마음속에 핍박하여 극히 눈물이 두 눈에서 뚝뚝 떨어졌다. 내가 어찌 간언諫言을 물리쳤다는 이름을 두려워하여 자친慈親, 어머니을 잊어버리겠는가."[50]

연산군은 갔다. 효사묘孝思廟에 가서 제를 올리고 어머니 품에 안겼다. 그리고 시를 지었다.

> 어제 사묘思廟에 나아가 어머님을 뵙고
> 술잔 올리는데 눈물이 자리를 가득 적셨도다
> 간절한 정회情懷 한이 없으니
> 영령도 응당 이 정성을 헤아려주시리[51]

▌아니 되옵니다

삼사가 폐비 윤씨 사당 건립 등을 강하게 반대했던 이유가 무얼까?
성종이 1489년성종 20에 대신들과의 논의를 거쳐 명령했었다.

"나는 지금도 옛날 일을 생각하면 한밤중까지 두려워하며 홀로 앉아 잠 못 이룬 날이 얼마나 되는지 모른다. 비록 영원토록 제사를 지내지 않는다고 하더라도 혼령에게 어찌 원통함이 있겠으며, 내가 어찌 불쌍한 생각이 들겠는가.

다만… 세자의 정리를 돌아볼 때 어찌 측은하지 않겠는가? 지금 특별히 그 묘를 이름하여 '윤씨지묘尹氏之墓'라 하고 묘지기 2인을 정해주며, 이어

소재지의 수령이 속절俗節마다 제사를 지내도록 해서 자식의 마음을 위로
하고 혼령이 감응하게 하라. 그러나 내가 죽은 뒤에도 영원토록 고치지 말
고 아비의 뜻을 지키도록 하라."[52]

지금도 밤이 두려워 잠 못 잔다는 소리는 윤씨에게 죽임을 당할지
모른다는, 과거 기억을 말한 것이다. 윤씨를 사사하고 7년의 세월이 지
나고서도 성종은 여전히 윤씨를 용서하고 싶지 않았다. 그런데도 성종
은 윤씨에 대한 제사를 허용했다. 왜? 세자 연산군이 딱해서다.

윤씨의 묘 이름도 정했다. 윤씨지묘! 그러면서 단단하게 못 박았다.

"내가 죽은 뒤에도 영원토록 고치지 말고 아비의 뜻을 지키도록 하라."

그 전에는 폐비 윤씨를 추숭하지 말라고, 추숭은 결단코 불가하다
고 명했었다.[53] 임금의 명령이 곧 '법'인 세상이다. 그런데 연산군이 즉
위하자마자 성종의 명령을 어기고, '법'을 거역하고, 어머니 명예 회복
에 나선 것이다. 그래서 삼사가 반대한 것이다. 사간원 정언 이세걸의
주장을 들어보자.

"『중용』에 이르기를, '효는 아버지의 뜻과 일을 잘 계승하는 것이다'
하였습니다. 전하께서 성종의 자리를 이어받아서 성종의 정치를 행하
시면서, 유독 성종의 유교成宗之敎를 어기어 비례非禮인 예를 거행하시
니, 뜻을 계승하고 일을 본받는다고 하겠습니까."

그러면서 이세걸은 사당 세우는 걸 그만두라고 촉구한다.

"신주와 사당을 세우는 것은 효도가 되는 것 같으나 실은 효가 아닙
니다… 전하께서는 대체를 따르고 사적인 정을 억제하시어 신주를 세
우고 사당을 세우라는 명령을 철회하여 제왕帝王의 효를 온전하게 하

소서."[54]

홍문관도 상소했다.

"출모에게 은정恩情대로 하는 것이 효가 되는 것만 알고, 아버지의 명을 어김이 불효가 되는 줄을 알지 못하시는 것은, 아! 말로 차마 할 수 없는 것인데, 전하께서 차마 행하십니까?"[55]

원칙과 예禮를 중시하는 삼사가 성종을 거역하는 연산군의 불효를 비판했다면, 대신들은 어머니에 대한 자식 된 자의 정情과 도리를 인정하여 연산군을 지지했다. 그러자 삼사는 지금 대신들이 성종 때의 그 대신인데, 성종 때는 성종의 뜻에 찬성하더니 이번에는 연산군의 뜻에 따른다고 비판했다. 명분으로 따지면 삼사의 주장이 맞는 것 같다. 하지만 그들도 순수하지는 않았다. 표면적으로는 성종이 죽은 지 얼마되지도 않아서 성종의 유교遺敎를 어기는 게 잘못이라는 지적이지만, 그들의 반대 주장에는 왕권을 억누르려는 정치적 의도도 담겨 있다.

성종이 윤씨를 폐비할 때 그리고 사사할 때 삼사는 적극적으로 반대했었다. 왕비를 폐위해도 안 되고 죽여서도 안 된다고 했다. 그랬던 삼사가 이번에는 폐비 윤씨의 명예 회복을 극렬하게 반대하고 나섰다. 연산군을 견제하려는 의도가 엿보인다.[56]

▌무오사화

고대 중국이 여러 나라로 쪼개져 경쟁하던 춘추전국시대. 그 수백 년 분열의 시대를 마감하고 통일을 이룬 이가 진시황이다. 진시황이

이목 사당, 한재당(경기 김포)

한재 이목(1471~1498)은 김일손과 함께 김종직의 가르침을 받았다. 윤필상 등 훈구 대신들을 치
열하게 탄핵했다. 무오사화 때 참형 당했고 갑자사화 때 부관참시 되었다.

죽은 후 진나라는 급격히 무너지고 한나라가 새로운 통일 왕조로 등
장하게 된다.

진·한 교체의 격변기에 천하의 패권을 두고 다투던 이들 가운데 마
지막 '결승전'에 오른 이가 항우와 유방이다. 최종적으로 항우는 졌고
유방이 이겼다. 유방이 곧 한 고조이다.

항우는 초나라 의제의 신하였다. 그런데 자신이 모시는 군주 의제를
죽였다. 1,600여 년 뒤 조선, 김종직1431~1492이 의제의 죽음에 대한
글을 지었으니, 그게 바로 조의제문弔義帝文이다. '조-의제-문'으로 띄어
읽으면 말뜻이 풀린다. '의제를 애도하는 글' 정도로 번역할 수 있겠다.
이 조의제문이 무오사화의 기폭제가 된다.

조선 전기에 사화라고 불리는 핏빛 사건이 크게 보아 네 번 벌어졌
다. 무오사화1498, 연산군 4, 갑자사화1504, 연산군 10, 기묘사화1519, 중종 14,

을사사화1545, 명종 1이다. 네 번 중에 두 번이 연산군 때다. 사화는 조정을 중심으로 생각과 처지가 다른 두 세력이 충돌한 사건이다. 물론 최종 결정권자로서 왕이 개입했다. 통설에 따르면 사화는 훈구파와 사림파의 대결이다. 주로 사림파가 패하고 큰 화禍를 당했기에 사화士禍로 부르게 되었다고 설명된다.

그런데 짐작과 달리 훈구와 사림의 구분이 명료하지는 않다. 대토지를 소유한 중앙의 고관들이 훈구勳舊이고, 사림士林은 지방의 중소지주 출신으로 성종 무렵부터 조정에 새롭게 진출한 이들이라고 설명하는데, 이게 통설인데, 빈틈이 적지 않다.

사림파로 분류되는 이들 가운데 조선 개국공신의 후손들이 많고, 한양 출신들도 많고 심지어 친형제 중에 한 사람은 훈구파, 한 사람은 사림파로 행동하는 경우도 있다. 고민이 좀 필요한 부분이다. 편의상 조정의 기득권층 그러니까 고관을 훈구로, 성종 때 두드러지게 활동하는주로 삼사에서 신진 세력을 사림으로 이해하고 이야기를 풀어간다.

이들의 정치관 또는 역사관의 차이는 세조가 왕이 된 것을 어떻게 보는가에 있다고 할 수 있다. 세조에 협조했던 훈구는 당연히 정당한 계승으로 인식한다. 사림은 왕위 찬탈이요, 불의不義라고 본다. 성종이 사망하고 연산군이 즉위했으니 이제 『성종실록』을 내야 한다. 실록청이 설치되고 편찬 작업이 시작됐다. 성종 당시의 사관들이 기록해 둔 사초史草를 모았다. 사초를 바탕으로 여러 자료의 첨삭이 이루어지면서 실록이 완성된다.

실록 편찬자로 뽑힌 이들 가운데 이극돈1435~1503이 있었다. 의정부 좌찬성 이극돈이 실록청의 지관사知館事를 맡아 사초를 검토하다가,

한순간, 가슴이 덜컹했다.

"이게 뭐야."

사림 김일손이 쓴 사초에 이극돈 본인의 비리를 기록한 게 있는 거다. 대비가 돌아가신 국상國喪 기간에, 각별히 근신하고 자중해야 할 때, 기생을 안고 즐겼던 내용 등이다.

이극돈은 자신의 비행이 실록에 기록되는 끔찍함을 피하고 싶었다. 김일손의 사초를 없애고 싶었다. 그러나 될 일이 아니었다. 이제 김일손의 약점을 잡으려고 다른 사초들을 두루 살핀다. 그렇게 찾아낸 것이 김일손의 스승인 김종직이 쓴 조의제문이었다. 김일손이 김종직의 글을 실록에 실으려고 사초로 기록해 놓았던 것이다. 이극돈은 조의제문 등을 유자광에게 보이고 대책을 논의한다.

유자광은 노사신, 윤필상 등에게도 알렸다. 유자광은 개인적으로도 김종직에 대한 반감을 품고 있었다고 한다. 예전에 유자광이 함양에 머물면서 시를 지어 판에 새겨서 걸게 했었다. 나중에 김종직이 함양 군수로 와서 유자광의 시를 떼어내 불태우게 했다.

"유자광이 무엇이기에 감히 현판을 한단 말이냐."

김종직의 호통이었다. 이에 유자광이 속으로 이를 갈았다고 한다.[57] 결국, 조의제문은 세조를 비판하는 글이라는 해설까지 곁들여져서 연산군에게 보고된다. 의제는 단종을, 의제를 죽인 항우는 세조를 의미한다고 했다. 세조는 연산군의 할아버지로 연산군이 롤 모델로 삼았을 법한 임금이다.

연산군은 김종직의 조의제문을 반역으로 규정했다. 윤필상 등 훈구대신들 대개가 적극적으로 동조하고 조장했다. 그래서 김종직과 김일손·이목 등 그의 제자들이 죽임을 당했다. 이때 김종직은 이미 저세상에 있었다. 하여 내려진 형벌은 부관참시剖棺斬屍이다. 관을 부수고 시신의 목을 베는 야만적인 형벌, 이게 부관참시다.

김종직과 그를 따르던 사람들 외에 삼사 관원들도 한데 엮어 처벌받았다. 연산군은 대간과 홍문관의 관원들을 김종직 일파와 한통속으로 몰았다. 그래서 적지 않은 이들이 귀양 등 처벌을 받고 조정에서 추방됐다. 삼사가 이 사건에 어떻게 엮였는지 보자.

연산군이 3품 이상 관리와 삼사에 명하기를, 김종직에게 어떤 형벌을 내릴지 의논해서 고하라고 했었다. 대개 "부관참시하옵소서", "극형이 마땅하옵니다" 대답했다. 그런데 삼사는, 김종직이 잘못했으나 이미 죽은 사람이니 시신엔 손대지 말고 그에게 내렸던 작호爵號를 박탈하는 선에서 그치자고 했다. 이에 연산군은 명했다.

"종직의 대역大逆이 이미 드러났는데도 이 무리삼사가 논의를 이렇게 하였으니, 이는 비호하려는 것이다. 어찌 이처럼 통탄할 일이 있느냐. 그들이 앉아 있는 곳으로 가서 잡아다가 형장 심문하라."⁵⁸

연산군은, '옳다구나' 싶었을 것이다. 때로 자존심까지 상하게 하던 삼사, 두고 보자, 벼르던 그 삼사를 벌할 수 있었으니까 말이다. 1498년연산군 4 무오년에 벌어진 이 사건이 무오사화戊午士禍이다. 김일손의 사초史草가 발단이 되었기에 사화史禍라고도 한다.

무오사화 때, 처벌받은 사람만 있던 것이 아니다. 김종직 등의 죄를 밝혀 처벌에 이르게 한 사람들에 대한 포상도 있었다. 윤필상과 유자광을 비롯해 여럿이 포상 대상이었다. 이에 사헌부가 문제를 제기하고 나섰다. 포상이 너무 과하다는 주장이다. 사헌부를 대표해서 지평 벼슬하는 이가 연산군을 만나러 왔다. 따지러 온 거다. 승지가 그 지평에게 이런 식으로 물었다.

"저기, 지난번에 임금께서 그러셨거든 '내가 상을 베푼 것에 이의를 제기하는 놈은 법에 따라 처단하겠다. 절대로 놓아두지 않는다' 어떡할래? 들어가서 임금 뵙고 따져볼래?"

겁먹은 사헌부 지평, 그냥 물러갔다.[59] 무오사화로 삼사가 상당히 위축된 것이다.

길은 멀고 땅은 미끄러워 다니기 어려운데

충성심이 도타워서 대궐에 나왔구려

나는 비노니, 어진 공賢公들이여 나의 잘못을 도와주고

복령茯苓과 대춘大椿 처럼 오래 사시오[60]

연산군이 윤필상 등 문안 온 대신들에게 이 시를 내렸다. 한껏 여유가 느껴진다. '복령'이란 소나무에 기생하는 균체이고, '대춘'은 나무 이름이라고 한다. 이 시에서 복령과 대춘은 장수를 축원하는 상징적 용어로 쓰였다.

▌조의제문

조의제문은 실록에 실렸다. 『성종실록』에는 실리지 못했으나 『연산군일기』에 들어갔다.[61] 『연산군일기』는 연산군이 죽은 이후인 중종 때

편찬됐다.

조의제문은 길지는 않으나 난해하다. 번역문을 읽어도 무슨 소리인지 이해하기 어렵다. 당대인들도 해석에 어려움을 겪었다. 얼추 이런 내용이다.

김종직의 꿈에 의제가 나타나 자신이 서초패왕_{항우}에게 살해되어 강물 속에 잠겼다고 말하고 사라진다. 꿈에서 깬 김종직은 글을 지어 의제를 조문한다.

우선 진시황제를 비판하고 초나라를 칭송한다. 항우를 꾸짖으며 그를 벌하지 못했음을 아쉬워한다. 그리고 한을 품고 구천을 떠돌 의제의 넋을 위로하며 다음과 같이 마무리 지어진다.

"술잔 들어 땅에 붓노니 바라건대 영령은 오셔서 흠향하소서."

직접 드러나지는 않는 것 같은데 조의제문이 정말 세조를 비판한 글이 맞을까? 그렇다. 표면적으로는 드러나지 않는다. 행간을 보아야 한다. 앞뒤 정황을 따져 보면 김종직이 우회적으로 세조를 비판한 글임을 짐작할 수 있다. 붙잡혀 온 김일손도 인정했다.

"사초에 이른바 '노산_{단종}의 시체를 숲 속에 던져버리고 한 달이 지나도 염습하는 자가 없어 까마귀와 솔개가 날아와서 쪼았는데, 한 동자가 밤에 와서 시체를 짊어지고 달아났으니, 물에 던졌는지 불에 던졌는지 알 수가 없다'고 한 것은 최맹한에게 들었습니다. 신이 이 사실을 기록하고 이어서 쓰기를 '김종직이 관직에 나아가기 전에, 꿈속에서 느낀 것이 있어, 조의제문을 지어 충분_{忠憤}을 부쳤다.' 하고, 드디어 종직의 조의제문을 썼습니다."[62]

김일손은 '충분'이라는 단어로 김종직의 심정을 표현했다. 충분忠憤은 '충의忠義로 인해 생기는 분憤한 마음'이라는 뜻이다. 단종에 대한 충성의 마음으로 세조에 대한 분한 마음을 표현한 것이라는 의미로 해석할 수 있다.

▌막가다

그동안 연산군은 대간의 간쟁에 숨 막히는 갑갑함을 느꼈다. 이제 무오사화로 숨 좀 쉬게 됐다. 소신 있게 자신이 구상한 각종 정책을 펼칠 수 있는 여건이 되었다. 그게 바른길인지 아닌지를 떠나서 왕으로서 뭔가를 할 수 있게 된 것이다. 그런데 그런 모습이 보이지가 않는다. 신하들을 끽소리 못하게 눌러놓는 것이 유일한 목적이었던 임금처럼 행동하기 시작했다. 나라를 어떻게 발전적으로 끌어갈 것인지에 대한 구상과 고민이 세자 시절에 있었는지, 즉위한 후에도 그런 생각을 해온 것인지, 조금 의심스럽다.

유희를 만끽하는 쪽으로 왕권을 행사했다. 술, 여자, 사냥에 몰두했다. 정해진 울타리 안에서 그리했다면 모를까, 선을 너무 넘었다. 궁궐은 사치와 방탕에 잠겼다. 조정 신하는 물론이고 백성에게도 엄청난 피해와 고통을 안기며 나라 재정을 바닥냈다. 질펀한 술판을 벌이고 신하들을 끌어다 춤추게 하고 또 그들의 머리를 잡아 흔들며 희롱했다. 어느 날 연산군이 명령했다.

"백마 가운데 늙고 병들지 않은 것을 찾아서 내수사로 보내라."[63]

연산군 시대 금표비(경기 고양)

금표 안쪽으로 들어오면 처벌한다는 경고를 새겼다. 원문은 "禁標內犯入者論棄毀制書律 □□"인데 마지막 두 글자는 "處斬(처참)"으로 추정한다. 연산군 시대에 세운 것으로 보인다. 연산군은 사냥터 등의 경계를 정하고 출입을 금하는 금표를 여러 곳에 세웠다. 실제로 금표 안으로 들어갔다가 적발된 백성을 처형했다. 금표와 관련해서 불만을 말하는 자는 삼족을 멸하겠다고도 했다.

흰 말을 왜? 백마 고기가 정력에 좋다고 해서 그리 지시한 것이다. 그럴 수 있다. 예나 지금이나 남자들, 정력제에 전혀 관심 없는 이가 얼마나 되겠나. 하지만 연산군은 궁궐 밖 여인들까지 두루 범했다. 심지어 대신들의 딸까지 탐했다.

사냥에 탐닉하는 연산군에게 대간 등이 자제할 것을 청하곤 했다. 연산군은 단박에 거부하며 사냥은 군사 훈련이지 유희가 아니라고 했다. 대간이 아무리 반대해도, 농사가 아무리 흉년이라도 사냥은 계속할 거라고 호기를 부렸다.

자신이 하는 짓이 부끄럽기는 했는지, 그래서 궁궐 안에서 벌어지는 일을 백성들에게 숨기고 싶어서 그랬는지, 연산군은 궁궐의 담장을 더 높이 쌓게 했다. 심지어 궁궐과 가깝게 있는 많은 민가를 철거하게 했다. 사냥터 삼은 지역의 집들만 헐게 한 것이 아니다.

"이런 심한 추위에는 편안히 있는 백성이라도 오히려 얼어 죽을 수 있는데, 지금 기한을 정하고 철거하여 있을 곳을 잃게 하면 얼고 굶어 죽는 자가 있을까 염려됩니다."[64]

한겨울에 백성을 쫓아내고 집을 부수는 건 잘못이라고 대사헌이 용기 내어 아뢨다. 연산군은 무시했다. 집 헐린 백성에게 도성밖에 땅을 마련해 주고 전례에 따라 보상하라고 하기는 했으나, 보상 이전에 만백성 어버이인 임금이 할 행위는 아니었다.

삼사의 결기가 완전히 사라진 것은 아니었다. 삼사답게, 할 말은 하고자 했다. 다만 의견을 말할 뿐 밀어붙이는 힘이 현저히 약해졌다. 다음 홍문관의 상소에서 당시 삼사의 위상을 엿볼 수 있다.

"대간은 천만 마디 말로써 논계論啓하고도 부족하게 여기는데, 전하께서는 '윤허하지 않는다不允'는 두 글자로 막고도 여유가 있으시니, 말이 궁하고 생각이 말라 낭패스럽게 물러가지 않을 수 없었습니다. 이것은 전하께서 대간들과 승부를 겨루어 마침내 이기신 것이지만, 어찌 이로써 인심을 만족하게 복종시킬 수 있겠습니까."[65]

'이건 아니다.' 대신들도 시나브로 연산군에게 정나미가 떨어졌다. 나라가 걱정이다. 대신들도 대간처럼 임금의 잘못을 지적하며 교정을 요청하곤 했다. 대간이 여전히 대신을 탄핵했지만, 그래도 대신들은 심정적으로 삼사에 동조하기 시작했다.

"대간이 말하여 들어주지 않으면 정승이 말하고, 정승이 말하여 들어주지 않으면 육조에서 말하여 아랫사람들이 그 뜻을 이루려고 애쓰니, 말류末流의 폐단을 이루 말할 수 없을 것이다."[66]

연산군의 볼멘소리다. 여기서 말류末流는 말세라는 의미로 보면 적당할 것 같다. 그런데 나라를 말세로 몰아가는 이는, 대신도 삼사도 아닌, 연산군 자신이었다.

1503년연산군 9 9월 11일, 연산군이 베푼 잔치에서 예조판서 이세좌 1445~1504가 그만, 술을 엎질렀다. 연산군의 옷이 젖었다. 연산군은 이 세좌를 잡아다 국문하라고 명했고 결국은 귀양 보낸다.

윤필상 등이 "세좌는 술을 마시지 못하고 또 성상의 위엄이 황공스 러워 자기 딴에는 빨리 마시려다가 저도 모르게 그렇게 된 것입니다."[67] 해명하며 이세좌를 구해내려 했으나 소용없었다.

연산군은 대간들에게도 엄하게 경고했다. 이세좌가 술 흘린 것과 대 간이 무슨 연관이 있다고 경고를 한 것일까? 이세좌의 불경한 짓을 처 벌하라고 요구하지 않은 죄, 그러니까 탄핵 대상자를 탄핵하지 않은 직무유기죄! 술 좀 엎질렀다고 귀양보내는 건 연산군 성격에 문제가 있다는 증거 아닐까? 물론 다른 의도도 있었다. 이세좌는 승지였을 때 성종의 명에 따라 폐비 윤씨에게 사약을 전달한 인물이다. 이걸 알고 있던 연산군이 이세좌가 술 흘린 것을 시빗거리 삼아 보복한 것으로 보는 게 적절할 것 같다.

『연려실기술』은 이세좌의 부인 이야기를 실었다.

폐비에게 사약을 내릴 때 이세좌가 대방승지로서 약을 가지고 갔다. 그날 저녁에 집에 돌아와 그 아내와 한방에 자는데, 그 아내가 묻기를 "듣건대 조 정에서 계속하여 폐비의 죄를 논한다 하더니 결국은 어찌 될까요?" 하였다.

세좌가 "지금 이미 약을 내려 죽였다" 하니 아내는 깜짝 놀라 일어나 앉으 면서 "슬프다. 우리 자손이 종자가 남지 않겠구나. 어머니가 죄도 없이 죽임 을 당했으니 아들이 훗날에 보복을 않겠습니까. 조정에서 장차 세자를 어떤 처지에 두려고 이런 일을 한 것인가요?" 하더니, 연산군 갑자년에 세좌는

그 아들 수정과 함께 모두 죽임을 당하였다.

▌홍귀달 사건

1504년연산군 10 갑자년이다. 경기도 관찰사 홍귀달1438~1504이 연산
군에게 아뢰었다.

"신의 자식 참봉 홍언국의 딸이 신의 집에서 자랍니다. 처녀이니 입
궐해야 하는데, 마침 병이 있어 신이 언국을 시켜 사유를 갖추어 고하
게 하였는데, 관계 관사에서 예궐하기를 꺼린다며 언국을 국문하게 하
였습니다. 진정 병이 있지 않다면 신이 어찌 감히 꺼리겠습니까? 지금
비록 곧 들게 하더라도 역시 들 수 없습니다. 언국의 딸이기는 하지만
신이 실은 가장이기로 대죄합니다."68

연산군이 처녀들을 입궐시키라 명했는데 홍언국의 딸이 들지 않았
다. 홍언국의 아버지인 홍귀달이 손녀가 입궐하지 못한 사정을 말했
다. 손녀가 몹시 아파서 어쩔 수 없다고 해명했다.

연산군은 홍귀달도 잡아다 국문하라고 명했다. 홍귀달의 말을 사전
에 막지 않은 승정원 사람들도 국문하라고 했다. 그러고는 신하들에
게 짐짓 의견을 물었다. 대신마다 홍귀달을 처벌해야 한다고 했다. 뭔
가 심상치가 않은 거다. 사헌부의 대사헌마저 "성상의 하교가 지당하
십니다"라 했다.

결국, 홍귀달은 귀양 중에 죽임을 당한다. 연산군이 명했다.

"귀달은 임금에게 오만함이 심하다. 이제 바야흐로 풍속을 바로잡

는 때이거늘, 어찌 재상이라 하여 죄주지 않을 수 있으랴. 교형紋刑, 교수형에 처하라."[69]

감히 임금의 명을 거역한 죄, 연산군은 홍귀달의 죄를 불경죄不敬之罪로 규정했다. 이세좌처럼 폐비 윤씨 사건에 개입된 것일까? 아니다. 성종 당시 홍귀달은 도승지로서 왕비 윤씨 폐위를 반대하다 의금부에 끌려가 심문까지 당했던 인물이다.

누구에게나 자존심이 있다. 건강한 자존심은 사람을 더 성장하게 한다. 연산군의 자존심은 건강하지 못했다. 열등감으로 범벅된 자존심, 그 자존심에 상처를 입으면 마음속에 적어두고 기억한다. 세월이 가도 잊지 않는다. 그러다가 때가 되면 보복하고야 만다.

연산군이 특히 못 견뎌 한 것은 신하들이 임금을 우습게 여기는 행위였다. 아니, 연산군이 그렇게 받아들이는 신하들의 언행이었다. 아마도 연산군이 가장 많이 내뱉었을 말이 "감히, 어디서"가 아니었을까? 짐작해 본다.

그동안 홍귀달은 연산군에게 바른말을 자주 했다. 고언苦言이요, 충언忠言이었다. 용기였다. 연산군은 그런 말들을 자기를 업신여기는 것으로 받아들였다. 그런 증세가 점점 심해졌다.

홍귀달이 의정부 좌참찬일 때, 연산군이 지나치게 사냥에 몰두하는 걸 비판하는 글을 올렸었다. 사냥이 곧 군사 훈련이라는 연산군의 변명이 허위임을 지적하고 개정을 촉구했다. 무오사화 직후 모두 입을 조심할 때였는데 홍귀달은 그렇지 않았다.

사관이 실록에 홍귀달이 연산군에게 올린 글을 옮기며 자기 생각을 적었다.

연산 광해 강화

'왕이 처음 정사할 때, 홍귀달을 사랑하여 정승으로 삼으려고까지 하였는데, 홍귀달이 마음을 다하여 광구匡救, 잘못된 것을 바로잡아 구원함하여 일이 있을 때마다 문득 말하고, 경연에 모시어서는 언제나 치도治道의 득실을 극도로 논란하니, 왕이 자못 싫어하였다. 그러자 자제들이 간하기를, '말을 좀 순하게 하옵소서' 하니, 홍귀달이 답하기를 '포의의 몸으로 지위가 이미 극에 달하였으니, 다시 무엇을 바라겠느냐. 오직 부지런히 힘쓰며 나의 마음을 다할 뿐이다' 하였다.'[70]

홍귀달의 자식들이 아버지에게 말을 좀 가려서 하시라고 청했을 정도였다. 홍귀달! 연산군 조정에서는 죽임을 당할 수밖에 없는 사람이었다. 홍귀달 문제로 조정을 들쑤시던 와중에 연산군이 평소 품고 있던 불만을 말했다. "대간과 재상이 한통속이 되어 임금을 고립시키고 있다!" 이 말을 듣는 신하들은 어딘지 서늘했을 것이다.

갑자사화

서늘한 기운은 이미 감지되고 있었다. 갑자사화 일어나기 2년 전인 1502년연산군 8에 연산군이 신하들에게 물었다.

"첩이 참소하는 것을 살피지 않고 왕후를 폐위시킬 적에 조정 신하들이 자기의 삶을 돌아보지 않고 기어코 간諫하는 것이 옳겠는가? 죽음이 두려워 순종하는 것이 옳겠는가?"[71]

참소란, 누군가를 해치려고 거짓으로 죄를 꾸미면서 윗사람에게 일러바치는 행위를 말한다. 어머니가 폐비된 것은 아버지 성종의 후궁들이

회묘(경기 고양)

참소했기 때문인데, 즉 어머니는 죄가 없는데, 그때 신하들이 왕비 폐위에 찬성하는 게 옳았느냐, 반대하는 게 옳았느냐? 물은 것이다. 이제 연산군은 언젠가 터트리기로 마음먹었을 폐비 윤씨 사건으로 돌진한다. 이미 방아쇠는 이세좌 처벌로 당긴 상태다.

1504년연산군 10 4월 1일, 연산군이 명했다.

"그때 그 신하들 가운데 왕비 윤씨를 폐위해서는 안 된다고 간하다가 처벌받은 사람, 폐비 윤씨에게 사약을 내릴 때 간하지 않고 성종의 명에 따라 행동한 사람의 명단을 작성해서 보고하라!"[72]

명단 작성을 명할 때 연산군은 춘추관에서 정리한, 폐비에게 사약 내린 전말을 기록한 문서를 갖고 있었다. 이때 연산군은 어머니가 어떻게 죽음에 이르게 되었는지 세세히 알게 된 것 같다. 연산군은 어머니 사건이 부왕 때 벌어진 일이기는 하지만, 보복하지 않으면 천백 년

뒤 혼백이 되어서도 오히려 잊을 수 없을 것이라며 이를 갈았다.[73]

"폐비 때에 이파가 옛일을 인용하여 찬성했으니 그 죄가 난신과 다름이 없다. 널을 쪼개 시체를 베고 가산을 적몰하며, 자손을 금고해야 겠다."[74]

이파1434~1486는 당시 예조판서로, 폐비 윤씨가 하늘과 땅 사이에 용납할 수 없는 죄를 범했다고 하면서, 그녀 죽이는 것에 찬성했던 사람이다. 이미 고인이기에 연산군이 부관참시剖棺斬屍하게 한 것이다. 죽은자, 산자 가리지 않고 조정 안팎으로 피바람이 일었다. 줄줄이 죽어 나가고 관이 쪼개졌다. 피 냄새는 연산군을 더 자극했고 잔인하게 하였다. 폐비 윤씨 사건과 관련 없는 이들도 이리저리 엮이어 처벌받았다. 훈구대신, 삼사 모두 휩쓸려 들어갔다. 이를 갑자사화라고 한다.

갑자사화는 연산군이 어머니 죽음에 대한 보복이라는 형식으로 전제왕권을 더욱 강화하려는 욕망을 표출한 사건이기도 하다. 연산군이 의정부에 내린 명령 속에 그 의도가 담겨 있다.

"지금 습속이 아름답지 못하여 위를 능멸하는 것陵上이 풍속을 이루었으니, 그 폐단을 고치지 않을 수 없다. 옛사람이 이르기를 '어지러운 나라를 다스리려면 중한 법을 쓴다'고 하였으니, 지금 고치려면 중한 법을 써서 정돈하지 않을 수 없다. 지금부터 인심이 바른 데로 돌아갈 때까지 위를 능멸하는 죄를 범하는 일이 있으면 가볍고 무거움을 논할 것 없이 처벌하여 경계할 줄 알게 해야겠으니, 이를 중외에 효유하라."[75]

능상凌上! 아랫사람이 윗사람을 업신여긴다는 뜻이다. 연산군은 신하들이 자기를 깔보고 업신여긴다고 여겼다. 능상을 역모와 같은 수준으로 인식했다. 능상 풍조를 뿌리 뽑아 왕의 위엄을 바로 세우겠다며 칼을 마구 휘둘러 댄 것이다.

갑자사화 때 처벌받은 이가 300명쯤 되는데 유배형 이상의 형벌을 받은 이가 239명이라고 한다. 239명 중 사형이 96명, 고문받다 죽은 이가 4명. 이렇게 100명이 죽었다. 이미 사망한 이에게는 부관참시형이 내려졌는데 모두 22명이다.[76]

6년 전 무오사화 때는 처벌받은 이가 다해서 52명이었다. 사형 6명, 유배 31명, 파직이나 좌천 등이 15명이었다.[77] 사형 6명이면 조정이 피로 물든 것은 아니었다. 그런데 갑자사화는 참극이었다. 백 명의 목숨이 날아갔다.

시계추를 잠시 23년 전 그날로 돌려보자. 1482년_{성종 13} 8월 16일, 폐비 윤씨에게 사약이 내려진 날이다. 성종이 급자기 대신과 대간을 호출했다. 불려온 이들이 선정전에 모였다. 성종이 폐비 윤씨에게 사약 내릴 뜻을 비치고 의견을 물었다. 뚜렷한 반대는 없었다. 다들 마지못한 찬성이었다. 일사천리였다. 그렇게 순식간에 폐비 윤씨 사사가 결정되고 그날로 윤씨 집으로 사약이 갔다.

왕비 윤씨를 폐위할 때는 신하들과 성종 간에 오래도록 논의가 있었다. 신하들이 대개 반대하고 임금이 설득하는 모양새였다. 그런데 지금은 분위기가 안 그랬다. 폐위라는 형벌 자체에 이미 죽임의 가능성까지 내포되어 있었던 것이다.

더구나 성종이 상당히 화가 나 있는 상태다. 며칠 전 경연 자리에서 신하들에게 집중포화를 받았다. 포문을 연 이는 시독관 권경우였다.

연산 광해 강화

'윤씨가 지은 죄가 있으니 폐비된 것은 마땅하나, 국모였던 분을 여염에 살게 하여 나라의 신하와 백성들이 모두 가슴 아프게 여기니 윤씨에게 처소를 따로 마련해 주시라!' 했다.

성종이 다른 이들의 생각은 어떤지 물었다. 그랬더니 대사헌 채수가 권경우의 말에 적극적으로 동조하고 나섰다. 윤씨 집에 먹을거리 등도 공급해 주자고 했다. 한명회도 맞장구쳤다.

성종이 분노했다. 자기편 들어달라고 신하들의 의견을 물었는데 신하들은 외려 권경우 편을 든다. 성종이 언성 높여 내뱉었다.

"원자에게 미리 아첨하여 뒷날의 지위를 도모하는 것이다."

그랬더니 채수가 반박한다. 저희 나이가 있는데, 이다음에 원자가 즉위할 때까지 살아서 벼슬할 수 있겠습니까, 절대로 원자에게 잘 보이려고 이러는 것이 아닙니다. 이런 내용으로 말하며 억울해했다.

성종을 특히 자극한 것은 신하와 백성들이 모두 가슴 아프게 여긴다는 말이었다. 노기 가득한 목소리로 성종이 묻는다.

"그대들이 이르기를, '온 나라의 신하와 백성들이 통한痛恨**하지 않는 이가 없다'고 하였는데, 그렇게 통한하였다는 자들을 낱낱이 말하겠는가? 내가 곧 의정부·육조·대간들을 불러서 물어보겠다. 그렇게 통한하였다는 자들이 과연 누구누구인가?"**[78]

성종은 즉각 의정부·육조·대간을 소집했다. 그들의 대답은 같았다. 권경우 등이 잘못했다, 하지만 딴 뜻이 있어 그런 것이 아니니 너그럽게 용서해 주시라, 신하가 말한 것으로 처벌하면 언로言路가 막히게 될 것이다.

소식을 들은 대비전大妃殿에서 권경우를 처벌하라는 글을 내렸다. '윤씨를 우리가 바른말로 책망하면, 저는 손으로 턱을 고이고 성난 눈으로 노려보니' 기가 막혔다며 새삼 폐비 윤씨의 악행을 구체적으로 밝혔다.

당시 조정이 이런 분위기였다. 폐비 윤씨 사사를 반대하고 나서기 힘든 상황이었다. 선정전 안의 공기는 그 어느 때보다 무겁고 갑갑했다. 어서 의견을 말하라며 신하들을 노려보고 있는 성종의 굳은 얼굴이 그려진다. 영의정 정창손이 먼저 입을 열었다.

"뒷날의 근심을 미리 예방하지 않을 수 없습니다."

사약을 내리라는 의미이다. 한명회가 동의한다는 뜻을 표했다. 심회와 윤필상은 이렇게 대답했다.

"마땅히 대의로써 결단을 내리어 일찍이 큰 계책을 정하셔야 합니다."

정창손보다 조금 더 적극적으로 찬성 의사를 밝혔다. 이파가 가장 적극적이었다. 윤씨의 죄를 다시 나열하고는 말했다.

"이제 마땅히 큰 계책을 빨리 정하여야 합니다. 신은 이러한 마음이 있는지 오래됩니다만, 단지 연유가 없어서 아뢰지 못하였습니다."

더 말하는 사람이 없자 성종이 좌우를 둘러보며 물었다.

"어떻게 하여야 하겠느냐?"

그러자 재상과 대간들이 한목소리로 아뢰었다.

"나온 의견들을 모두 옳다고 여깁니다."

성종이 바로 좌승지 이세좌에게 명했다.

"윤씨를 그 집에서 사사하라."

이렇게 윤씨는 죽었고 이날 선정전 안에 있던 사람들 대개가 23년 뒤 갑자년에 죽임을 당하거나 부관참시되었다. 부관참시! 듣기만 해도 끔찍한데 연산군은 부관참시보다 더한 형벌도 썼다. 쇄골표풍이라는 것이다. 쇄골표풍에 처해진 이들 가운데 윤필상이 있다.

윤필상1427~1504은 단종, 세조, 예종, 성종, 연산군 조정에서 활동해 온 대표적인 훈구대신이다. 영의정까지 지냈다. 이런저런 업적도 남겼고 한때 한명회에게 맞서는 결기도 있던 인물이었다. 하지만 점점 임금에게 지나치게 순종적 자세를 취했다. 반대의견을 거의 말하지 않았다. 성종의 폐비 결정에도 순응했다. 폐비에게 사약을 내릴 때도 찬성했다.

그랬는데 연산군 조정에서는 폐비 윤씨에게 시호와 능호를 올리자고 건의했었다. 왕후로 추존하자는 의미이다. 그때는 연산군도 윤필상을 고맙게 여겼을 것이다. 그런데 이제 연산군이 어머니를 죽이라고 한 이들 가운데 윤필상이 있었다는 사실을 알아버렸다. 연산군은 윤필상이 자기를 농락했다고 여겼을 것이다. 연산군은 윤필상을 귀양보내고 얼마 뒤 사약을 내렸다. 윤필상은 사약 대신 자신이 갖고 있던 비상 가루를 마셨다. 숨이 끊어지지 않자 스스로 목을 매 죽었다. 몇 개월 뒤 연산군은 다시 명령했다. 윤필상의 뼛가루를 강에 뿌리라!

사관은 실록에 이렇게 적었다. '몹시 미움받은 자는 시체를 태워 뼈를 부수어서 바람에 날렸는데 이름하여 쇄골표풍碎骨飄風이라 하니, 형벌의 처참함이 이처럼 극도에까지 이르렀다.'

연산군은 왜 윤필상의 뼛가루를 강이나 바다에 뿌리라고 했을까? 스스로 그 이유를 말했다.

"임금을 업신여기는 사람은 천지 사이에 용납될 수 없다. 땅에 묻자 니 땅에서 나무가 나고 그 뿌리에서 줄기가 나고 줄기에서 가지와 잎 이 나는 것이 모두가 순리이거늘, 어찌 패역한 사람으로 땅을 더럽힐 수 있으랴!"[79]

폐비 윤씨와 갈등하던 그때 당시 여인들은 어찌 됐을까? 연산군은 이미 그 여인들에게 잔혹하게 복수했다. 연산군 시각에서 볼 때 신하 들은 2차 가해자요, 어머니를 모함해 죽게 한 성종의 후궁들이 1차 가 해자였다.

한밤중, 연산군은 성종의 후궁 정귀인과 엄귀인을 잡아들였다. 폐비 윤씨와 대립할 당시의 정소용이 정귀인이요, 엄숙의가 엄귀인이다. 연 산군은 두 여인을 마구 때리고 짓밟다가 결국은 죽였다. 그 시신을 찢 어 젓 담가 산과 들에 뿌리게 했다고 한다.[80]

즉위 초 연산군은 삼사의 반대를 꺾어가며 어머니 사당 효사묘를 세 웠고 무덤을 회묘라고 했었다. 그때 왕비 존호도 다시 올려 드리고 싶 었으나 하지 못했다. 이제 누가 반대할 수 있으랴.

갑자사화 그 혼란 속에서 연산군은 어머니 추숭을 이룬다. 폐비 윤 씨는 왕비의 지위를 회복해 제헌왕후가 되었다. 회묘는 회릉懷陵으로 올렸다.[81] 연산군은 교서를 내려 선언했다.

"내가 어린 나이로 듣고 봄이 없으면서 외람되이 대통을 계승한 지 10년 이 되었다. 연유폐비 윤씨 사건를 캐물어 비로소 그 사실을 알게 되니, 하늘 아 래 다시 없을 그 슬픔이 어찌 끝이 있으랴? 그래서 널리 여러 의논을 모아 제헌왕후로 추존하고, 묘도 높여 능으로 한다."[82]

며칠 뒤에는 효사묘를 혜안전惠安殿으로 고쳤다.[83] 폐비 윤씨를 제헌왕후로 추숭하면서 그 격에 맞춰 무덤 회묘를 회릉으로, 사당 효사묘를 혜안전으로 올린 것이다. 그런데.

"혜안전을 파하여 그 신주는 묘소에 묻어 능호陵號를 부르지 말게 하소서."[84]

연산군이 폐위되고 중종이 즉위했다. 박원종 등이 중종에게 청했고, 중종이 그리하라고 했다. '제헌왕후'는 다시 '폐비 윤씨'로 돌아갔고, 회릉은 회묘가 된 것이다.

왕, 시를 짓다

갑자사화 직후 연산군은 시 한 편을 승정원에 내리며 그 뜻을 해석해 보라고 지시한다.

'사시절 아름다운 경치도 놀이만은 못한 것이니/ 부디 그윽한 데에 밝은 가을 달을 구경하리/ 바람 부는 강에 물결 타고 건너기 좋아 마오/ 배 뒤집혀 위급할 때 누가 구해주리.'

배 뒤집혀 위급할 때 누가 구해주리! 이 시를 흔히 연산군의 불안과 초조 그리고 외로움을 표현한 것으로 해석한다. 생략된 주어를 연산군으로 본 것이다. 그런데 연산군의 명을 받은 승지들은 '앞에 두 구절은 가을 경치, 뒤에 두 구절은 인신人臣을 경계한 말'로 해석했다.

신하들에 대한 경고의 시라는 승지들의 해석이 적절한 것 같다. 때로는 은유적 경고가 더 무서운 법이다. 이렇게 연산군은 시를 정치 수단으로 삼기도 했다.

푸른 이슬 밤에 맺혀 비단 치마 적시고
가을바람 소슬하여 애간장을 녹이누나
난간에 기대 기러기 소리 들으니 달빛이 차갑고
눈물진 눈시울에 슬픈 마음 이기지 못하네[85]

이 서정적인 시도 연산군이 지었다. 능지처사, 부관참시, 쇄골표풍. 광기로 희번덕이던 눈빛이 시를 쓸 땐 맑았을 것도 같다. 연산군에게 시 짓는 시간은 성찰의 시간이었을까? 그랬으면 좋겠다. 연산군은 시인이기도 했다. 실록에 실린 시만 100편이 넘는다고 한다.

1503년연산군 9에 연산군이 대비전에 잔치를 베풀어 드리고 나서 신하들에게 이런 명을 내렸다.

'마음껏 취해 돌아오니 달이 물결 같구나'라는 글귀를 내리며 이르기를,
"각기 시를 지어 들이라. 성리학을 읽지 않고 풍월을 읊는 것이 인군의 일이
아니지만 역시 할 만한 때가 있다."[86]

여기서 '풍월을 읊는 것'은 시 짓는 걸 의미한다. 왕이 시를 짓는 것은 적절하지 않다고 연산군이 말했다. 이는 연산군의 본의가 아니라 신하들의 생각을 옮긴 것이라고 할 수 있다. 그랬다. 성리학자인 신하들은 대개 임금의 시 짓기를 부정적으로 인식했다.

임금이 치국治國을 익히는 교과서 격인 『대학연의』에 임금이 문학에 힘을 쏟아서는 안 된다고 나온다. 그래서 신하들은 임금이 시 짓는 걸 비판하곤 했다. 그런데도 적지 않은 임금이 시를 즐겼다. 역대 임금의 시선집인 『열성어제』에 세조의 시 59편, 성종의 시 204편, 선조의 시 63편, 효종의 시 103편, 숙종의 시 816편, 영조의 시 831편, 정조의 시 438편 등이 실려 있다.[87]

연산군 외에도 많은 임금 시인이 있었던 것이다. 폐위된 연산군의 시는 『열성어제』에 실리지 못했다. 그래서 실록 『연산군일기』에 실린 게 다행이라면 다행이다. 실록에 유독 연산군의 시가 많이 들어가서 시인 연산군이 유명해지기는 했으나, 이것도 사실은 『연산군일기』 편찬자들의 '정치 행위'일 수 있다.

반정으로 연산군을 몰아낸 이들이 편찬한 『연산군일기』이다. 성리학자의 시각에서 연산군을 '쓸데없이 시나 짓는 쓸모없는 임금'으로 묘사하려는 의도로, 그의 시를 많이 수록했을 개연성이 있는 것이다.

떠나가는 배

치마를 담근 사연

한강 어디쯤이었을까?

한 여인이 자신의 치마를 펼쳐 물에 담갔다가 조심스레 꺼내 올린다. 무슨 의식을 행하듯 엄숙함마저 느껴진다. 여인은 누구인가. 조지서의 아내 정씨이다. 정씨는 왜 치마를 물에 담근 것인가?

우선 조지서부터 만나보도록 하자. 조선 시대에 종이 만드는 일을 담당하던 관청이 조지서造紙署이다. 지금 말하는 조지서趙之瑞는 당연히 인명이다. 연산군 세자 시절의 선생님이었던, 그 조지서1454~1504이다.

생원 조지서 등 1백 인과 진사 신종호 등 1백 인을 뽑았다.[88]

조지서가 실록에 처음 등장한 해가 1474년성종 5년이다. 이때 소과 생원시에서 100명을 선발했는데 조지서가 장원으로 급제했다. 같은 해 치러진 대과 식년시에서 급제하면서 조정에 나아간다. 21세 때였다.

학문과 문장이 출중했다. 1479년성종 10에 중하위 관료들을 대상으

오천정씨 정려각[ⓒ김종신]
조지서 부인 정씨의 정려각이다. 경남 하동에 있다.

로 시행하는, 특별 과거인 중시重試에서 또 장원했다. 1488년성종 19에 인정전 뜰에서 신하들을 대상으로 시 짓기 대회가 열렸다. 여기서도 1등 하고 상으로 말 1필을 받았다. 성종이 총애했다.

조지서는 "좋은 게 좋은 거야", 이런 말은 절대 안 했을 것 같은 사람이다. 정의와 원칙을 소중하게 여겼다. 다소 거친 면도 있었다. 24살 때 성종에게 올린 상소에서 자기 성격을 이렇게 말했다. "보고 들은 바가 의리義理에 불가하여 정도正道에 어긋남이 있으면 가만히 있지 못합니다."[89]

암행어사가 천직일 듯한 성정이었고 실제 어사로서도 훌륭했다. 몇 번 어사로 나아가 탐관오리를 처벌하고 백성을 위로하여 이름이 널리 퍼졌다. 부패한 향리와 수령은 조지서의 이름을 몹시 두렵게 여겼다. 실록은 어사 조지서의 활약상을 이렇게 기록했다.

여러 번 어사가 되었고, 항상 성화星火처럼 달리고 번개처럼 다니면서 관부에 출입하기를 송골매처럼 하므로, 사람들이 맹호猛虎라고 이르고, 인리人吏가 갑자기 보아도 "조趙, 조" 하면서 그 이름을 말하지 못하였으니, 사람으로 하여금 두려워하고 겁내게 함이 일체 이와 같았다.[90]

어사 조지서가 광주廣州에 간 적이 있었다. 탐오한 수령과 향리들을 호되게 처리했던 모양이다. 나중에 다른 어사가 또 광주에 가게 되었는데 그 소식을 향리가 먼저 들었다. 향리는 이번에도 조지서가 오는 것으로 착각하고 수령에게 내달린다.

수령에게 달려가 고하기를, "조趙가 옵니다. 조가 옵니다." 하고 연거푸 부르면서 깨닫지 못하고 기둥에 부딪혀 넘어졌으니 멀리서 바라보기만 하고도 놀라 소란스러운 바가 이와 같았다.[91]

1492년성종 23에 성종은 경연관이기도 했던 조지서를 서연관으로 삼았다. 이때 세자 연산군이 17세, 조지서는 39세였다. 조지서는 세자의 신하라기보다는 스승으로서 연산군을 매우 엄하게 대했다.

미리 연산군에게 잘 보여서 연산군이 즉위한 뒤에 출세해 보자는 생각은 애초 없었다. 그저 어떡하든지 잘 가르치려고 무던히 애썼다. 여차하면 성종에게 고하겠다고 으름장도 놓았다.

가르치는 이로서 의욕은 아름다웠으나 가르치는 기술이나 방법에는 문제가 있었다. 연산군이 하도 공부를 안 하자 책을 집어 던지기도 하였다는데 가르치는 이가 할 행동은 아니었다. 17살이면 지금 고등학교 1학년, 한창 자존심 강할 나이이다. '세자인 나에게 어찌…'라 생각해도 이상하지 않다. 연산군은 반성보다는 반감을 키웠다.

연산군이 즉위했다. 벼슬에서 물러나 진주에 있던 조지서가 일종의 개혁안 몇 가지를 상소하면서 그 안에 폐비 윤씨를 위한 '별전別殿을 세우고 자릉慈陵을 만들어서 어머니의 은혜에 보답'[92]하시라는 내용을 담았다. 조지서의 평소 언행으로 볼 때 좀 의외로 느껴지는 부분이다.

사간원은 이런 조지서를 비판하면서 '성종조에는 속으로만 그르게 여기고 말을 하지 않고 있다가 오늘에 와서 마침내 아뢴 것은, 그 뜻이 전하께 총애를 받자는 데 있는 것이니, 속으로 선왕을 그르게 여기며 전하께 아부하는 죄'[93]를 범한 것이라고 했다.

한편, 조정에서 조지서를 불러 쓰시라는 건의가 거듭 나왔다. 연산 군은 거부하면서 조지서를 관직에 추천하지 말라고 명했다. 승지가 조 지서를 버려서는 안 된다고 다시 아뢰니 연산군이 말했다.

"지서가 일찍이 서연관이었을 때에 보니, 재주가 낮고 덕이 박한 사 람이었다."[94]

몇 년 세월이 흘렀다. 1504년연산군 10에 연산군은 자기 아들, 그러니 까 세자의 교육 문제로 승정원에 글을 내렸다. 그 글 속에 이런 내용이 있다.

'만일 심술이 바르지 못한 자라면 글 잘한다 해도 임용할 수 없는 것이니, 황계옥·조지서 같은 사람이 이것이다. 지서는 서연관이 되어 울면서 간하였는데, 이는 이상한 속임수에서 나온 짓이다.'[95]

서연관 조지서, 얼마나 답답했으면 울면서, 세자 연산군에게 공부 좀 하시자고 간했을까. 그러나 아무 소용 없었다. 연산군은 조지서의 충정을 보지 않고 조지서로 인해 다친 마음 상처만 들여다보았다. 가 슴속에 조지서에 대한 증오의 불꽃을 여전히 간직하고 있었다.

갑자사화는 조지서의 목숨도 앗아갔다. 조지서가 올린 상소가 죽음으로 이어졌다. 대략 이런 내용이었다.

'신이 예전에 전하를 교육하는 자리에 있었을 때 조금이라도 더 가르쳐 깨우쳐드렸다면 전하께서 이 지경까지 되지는 않았을 것입니다. 모든 게 신이 부덕한 소치입니다.'[96]

끌려온 조지서, 곤장을 맞다가 죽었다. 죽어도 끝이 아니었다. 연산군은 조지서의 목을 베어 효수하고 시신을 큰길가에 두게 했다. 시신에 조지서의 죄명을 써서 달게 했다. 그리고 모든 신하를 불러 차례로 줄 서서 보게 했다. 연산군이 직접 정한 조지서의 죄명은 '저 스스로 높은 체하고 군상君上을 능멸한 죄'였다.[97]

며칠 뒤 연산군은 조지서 등의 '머리를 팔도에 조리돌린 후 구렁에 버려두라. 만일 평소에 알던 수령이 혹시라도 거두어 장사지내는 자가 있어, 일이 발각되면 크게 벌할 것이니, 이것을 효유하라.'[98] 이렇게 잔인한 명을 더했다. 그리고 조지서의 뼛가루도 강에 날리게 했다. 윤필상에게 했던 것처럼 쇄골표풍이라는 형벌을 가한 것이다.

한강에서 치마를 담그던 여인, 조지서의 부인 정씨. 그녀는 남편의 시신 일부라도 찾고자 갖은 애를 다 썼으나 허사였다. 그래서 강물에서 남편의 혼령이나마 모셔 올리겠다고 치마를 담갔던 것이다.

경상도 관찰사 장순손이 장계하기를, 조지서의 처 정씨는 그 지아비가 죽임을 당하고 가산이 적몰된 뒤에, 여막을 짓고 혼자 사는데 비복婢僕도 하나 없었습니다. 죽거리마저 떨어졌을 때, 그 부모가 불러서 함께 살자고 하니, 통곡하며 말하기를, '어버이가 딸을 남에게 보냈으면 지아비가 비록 죽

었다 해도 그 정신은 여기에 있는데, 내가 이를 버리고 어디로 가겠습니까?'
하면서 남긴 옷가지로 설위設位하고 아침저녁으로 치전致奠을 드리며 3년을
마치었습니다.[99]

『중종실록』에 기록된 정씨의 행적이다. 밥을 굶으면서도, 친정집에
서 오라고 해도 가지 않고 지아비 조지서의 삼년상을 정성으로 치러냈
다. 경상도 관찰사 장순손이 정씨에게 정려문 내려 줄 것을 청했고 중
종은 그렇게 하도록 했다.

▌혀는 내 몸을 베는 칼

드디어 앙갚음을 끝냈다. 어머니 원수를 갚았고 신하들을 완전히 제
압했다. 삼사든 대신이든 예외가 없었다. 강력한 전제왕권을 세웠다.
그런데, 사실, 어머니를 죽인 이는 아버지의 후궁들이 아니요, 신하들
도 아니었다. 아버지였다.

연산군은 아버지 성종에 대한 증오심을 공공연히 드러냈다. 어느
날, 세자의 처소에 다녀온 내관이 기쁜 낯으로 아뢴다.

"세자의 기상이 꼭 성종을 닮았습니다."

당시 시대상을 본다면 더할 나위 없는 칭찬이다. 그러나 연산군은
내관을 거의 죽을 만큼 팼다. 제 아들이 할아버지를 닮았다는 소리에
분노했던 것이다. 그렇게도 아버지가 싫었다. 연산군은 성종의 영정을
표적으로 걸어 놓고 활을 쏘기도 했다고 한다.[100] 실록에 나오는 이야

기이기는 하지만 사실 여부를 단정하기는 어렵다.

성종은 조선의 성군 가운데 한 인물로 평가받는다. 하지만 한 집안의 가장으로서 그는 불행했다. 그리고 아비로서는 가엾다. 부자 관계는 아들이 커가면서 좀 서먹해지기 쉽다. 그런데 성종은 연산군이 어릴 때부터 이미 서먹했을 것이다. 아들 눈을 똑바로 볼 수 없었을 것이다. 어쨌든 아들의 어미를 죽였다. 아들이 빤히 바라만 봐도 움찔했을지 모른다.

아들에게 학문이라도 쌓아주려고 무던히 애썼지만, 그것도 마음대로 되지 않았다.

"네 어미를 죽게 한 것은 너를 위해서이기도 했다."

이렇게 변명이라도 하고 싶은 마음이 없지 않았을 터. 하지만 결코 꺼낼 수 없는 말이다. 그래도 언젠가는 이해해 주리라 기대했을 테지만, 아들은 그저 아비를 원망했을 뿐이다.

이제 대간도 대간이 아니다. 어느 날 연산군이 대간들에게 글을 지으라고 했다. 조선에서 가장 글을 잘 아는 이들이니 얼마든지 지을 수 있을 터였다. 하지만 기생들이 부를 노래 가사를 지어 올리라고 한 것이다. 대간을 욕보이려는 의도가 다분하다. 그러나 살려면 왕의 명에 따를 수밖에 없다. 양반의 글을 천민인 기생에게 바치는 꼴이니 대간들의 모멸감은 꽤 컸으리라.

대간, 즉 양사의 관원들이 노랫말을 짓고 있을 때 대사헌 이자건이 연산군에게 가서 못 쓰겠다고 했다. 정말로 "못 쓰겠습니다." 말한 건 아니고 "기생을 위하여 시를 짓는다면 아마 성덕에 누가 될까 두렵습니다." 이렇게 돌려서 말했다.

연산군이 뜻밖에 이자건의 뜻을 따랐다. 가사 짓기를 그만두라고 했다. 짓지 않아도 된다는 소식을 듣고 사헌부 집의 이계맹이 붓을 집어 던지며 탄식했다.

"공이자건의 말이 아니었더라면 우리들이 아마 뒷세상의 나무람을 면치 못했을 것입니다."[101]

연산군은 조정 회의에서 비스듬히 서 있는 신하를 불량하다고 처벌하고, 천식으로 기침한 신하를 버릇없다고 처벌했다.[102] 일찍이 "내관 박승은이 임금 앞에서 웃음을 머금었으니 당직청에서 장杖 1백을 치라!"[103] 명한 적도 있었다. 사람들이 자신을 무시한다는 생각을 과하게 했다.

신하의 기침 소리조차 용납 못 하는 연산군이 신하들의 간언을 들을 리가 없다. 아예 입을 봉해버렸다.

"환관이 차고 있는, '입은 화禍의 문이요, 혀는 내 몸을 베는 칼이니, 입을 다물고 혀를 깊이 간직하면 몸이 편안하여 곳곳이 안온하리라'라고 새긴 것을 조관들에게도 아울러 차게 하라."[104]

'구시화지문 설시참신도 폐구심장설 안신처처뢰口是禍之門 舌是斬身刀 閉口深藏舌 安身處處牢'라고 새긴 나무패를 환관에게 차게 했었다. 이른바 '신언패愼言牌'라는 것이다. 그런데 이제 조정 신하들에게도 신언패를 차게 한 것이다.

이 무렵 신하들은 사모紗帽, 관복 모자 앞면에 '忠', 뒷면에 '誠' 자를 붙이고 있었다고 한다. '충성'이다. 연산군이 시킨 것이라고 한다. 얼마 뒤 명령이 추가됐다.

"입은 화의 문이요, 혀는 내 몸을 베는 칼이로다, 라는 시詩는 대개 말을 삼가라는 뜻을 취한 것이다. 대소인원大小人員이 이미 새겨 찼으면, 지금 또 '너는 앞에서는 순종하고 물러가서는 뒷말을 하지 말라爾無面從 退有後言.'는 뜻으로, 대제학으로 하여금 시를 짓게 하여 차는 패牌의 다른 일면에 아울러 써서 새겨라."[105]

신언패 뒷면에, 임금 앞에서는 알랑거리고 뒤에 가서 흉보는 짓 하지 말라는 글을 더 새기라고 했다. '함부로 입 놀리면 죽는다'는 협박이다. 뒷담화로도 목이 날아갈 수 있다. 폭압, 폭정, 독재, 이런 단어로도 설명하기 곤란한 악행이다.

그런데 연산군의 말속에서 곱씹을 부분도 있다. 우리 몸에서 가장 무서운 흉기가 혀 아닌가. 혀가 사람을 살리기도 하고 죽이기도 한다. 남만 베는 칼이 아니라 나 자신을 베는 칼이 되기도 한다. 정말 혀 조심해야 할 곳은 직장이 아니라 가정이다. 가장 가까운 이가 가장 깊게 베인다.

연산군이 시를 잘 짓기는 했다. 하지만 신언패 앞뒤에 새긴 글은 연산군이 지은 것이 아니다. 먼저 새기게 했던 '입은 화의 문이요…'는 중국 당·송 교체기의 인물인 풍도馮道라는 이가 지은 시이고, 추가로 새기는 글의 소재로 등장한 '너는 앞에서는 순종하고 물러가서는 뒷말을 하지 말라'라는 글은 『서경』에 나오는 경구이다.

그런데, '爾無面從 退有後言이무면종 퇴유후언', 너는 앞에서는 순종하고 물러가서는 뒷말을 하지 말라, 이 부분은 원래의 의미가 왜곡되어 쓰인 것 같다. '退有後言'에 비중을 두어 뒷말하지 말라는 경고로 해석하지만, 『서경』의 원뜻은 '退有後言'보다 앞의 '爾無面從'에 담겼다고 보는 것이 적절해 보인다. 뒷말하지 말라는 경고라기보다는 앞에서 꼭 바른말을 해달라는 요청인 것이다.

이렇게 말할 수 있는 근거가 『선조실록』에 있다. 경연이다. 예문관 제학 유희춘이 『서경』을 강하면서 선조에게 아뢰었다.

"'너는 겉으로는 나의 말을 따르고 물러나서 뒷말하는 일이 없도록 하라汝無面從退有後言'는 대목은 바른 말을 듣기를 즐겨 하는 것을 말한 것입니다. 예로부터 제왕에서 아래로 경대부와 사士에 이르기까지 곧은 말 듣기를 좋아하지 않고, 치도治道를 이룬 적은 없었습니다."[106]

아무튼, 연산군은 조정 사람들의 입을 꽉 막았다. 여기서 끝이 아니다. 백성의 입도 끔찍하게 막았다. 때는 여전히 추운 음력 1월, 연산군 사냥터에 동원된 두 사람의 실제 대화이다.

유학산: 먹구름이 시커먼 게 비가 올 것 같네.

정종말: 빗줄기가 아무리 거세도 주상께서는 사냥을 멈추지 않을걸세. 참 황당한 일이지. 주상은 군졸을 아끼는 마음이 없어.

이 정도 말이야 할 수 있다 싶지만, 연산군은 정종말을 난언절해亂言切害 죄로 처벌하라고 명했다.[107] 함부로 말해서 심각한 해를 끼친 죄, 난언절해 죄는 사형이다.

더는 배울 게 없다!

연산군은 세자 시절의 서연을 생각하기도 싫었을 것이다. 그러니 경연에 성실히 응할 리가 없었다. 연산군 즉위 1년 된 어느 날, 경연관 김일손이 한마디 한다.

"원하옵건대, 전하께서는 강독할 때에 입으로 문장을 읽기만을 일삼지 마시고, 옛 사람의 한 일의 자취를 대할 때마다 반드시 내 몸에 돌이켜서 깊이 생각하여 마음으로 깨달으소서. 그런 뒤에야 학문의 공이 나타날 것입니다."[108]

연산군 묘비(서울 도봉구)
燕山君之墓(연산군지묘)라고 새겼다.

쇠귀에 경 읽기다. 연산군은 서연과 경연의 공부 자체보다도 거기서 나왔던 신하들의 '잔소리'가 더 싫었다. 특히 "성종은 아니 그랬는데 당신은 왜 그러느냐?" 식의 '훈계'가 너무 싫었다. 그래도 연산군, 바탕이 아예 나쁜 것은 아니었다. 1496년연산군 2 9월 14일에 눈이 내렸다. 양력으로 10월 19일이다. 양력 10월에 눈이라. 조짐이 이상하다. 연산군은 승정원에 날씨가 왜 이러는 걸까 물었다. 승지들이 대답했다.

"아직 겨울이 아닌데 눈 오고, 근일 또 우박의 변고까지 있으니, 음양의 잘못된 기운이 있는 것 같습니다."

그랬더니 연산군이 이런 식으로 말했다.

"내가 오래도록 경연에 나가지 않아서 음양의 조화가 깨진 것 같다. 내가 부덕해서 그렇다. 이제 경연에 열심히 나가겠다."

스스로 다짐한 연산군, 열심히, 며칠은 나갔다. 작심삼일이었다. 그래도 그때는 선한 모습이 보였다.

무오사화에 갑자사화까지 저지르고 나서는 대놓고 경연을 거부하면서 그 이유를 밝혔다.

"경연 때에 무상無狀한 무리가 불령不逞한 말을 많이 하니, 경연에 나갈 것이 없다… 지금 나는 비록 경연이 아니더라도 스스로 정령政令을 출납할 수 있으니, 어찌 반드시 경연에 나가야만 학식을 더하겠는가? 비록 학문을 모른다고 할지라도 어찌 장구하게 나라를 누리지 못하겠는가."[109]

경연관들을 '무상한 무리'라고 했다. 무상無狀은 '아무렇게나 함부로 굴어 버릇이 없음'이라는 의미이다. 불령不逞은 '원한이나 불평불만을 품고 제 마음대로 행동함'이라는 뜻이다. 정령政令은 정책 명령 정도의 의미로 풀 수 있다.

"경연은 별 볼 일 없는 것들이 모여 임금에게 쓸데없는 건방진 소리나 해대는 자리라서 안 나가겠다. 경연하지 않아도 나는 잘 다스릴 수 있다." 이런 선언인 셈이다.

1505년연산군 11에는 '내가 10여 년의 경연에서 고금의 치란도 대략 알았으니 경연에 나갈 것이 없다. 의정부·육조·승정원·대간에 물으라.'[110] 이렇게 지시한다. 더 배울 게 없다는 허세. 사실상 경연을 폐지

하겠다는 소리다.

갑자사화 이후 상황에 누가 입바른 말을 하랴. 승정원 승지들은 "성학聖學이 높고 밝으시니, 반드시 경연에 납시어야 상하의 뜻이 통하고 고금의 치란을 살피시는 것은 아닙니다"라 답하였고 의정부와 육조판서는 "경연은 정지할 만하면 정지하는 것이요, 굳이 납실 것은 없습니다" 하며 아뢰었다. 대간 마저 같은 소리를 하니 이렇게 경연이 사라지게 되었고 1년여 뒤 연산군의 왕위도 사라졌다.

▌ 허침과 허종

연산군의 허튼소리에 매번 '지당하옵니다' 하는 신하들의 심정은 참담했을 것이다. 그럼, 그만두면 되지 않나? 싶겠지만 그럴 자유도 없었다. 사직을 청해도 연산군이 들어주지 않았다. 1505년연산군 11, 좌의정 허침1444~1505이 사망했다.

허침은 세자 연산군을 자상하게 가르쳤던 그 사람이다. 요직을 두루 거쳤는데 명망이 높았다. 1502년연산군 8, 허침이 이조판서에 임명됐을 때 사관이 그의 사람됨을 평했다.[111]

"허침은 정중하고 깔끔한 사람이라서 조정 내외 사람들이 적임자가 뽑혔다고 흡족해했다."

실록은 그의 졸기卒記에 이렇게 적었다.

좌의정 허침이 졸하였다… 늘 임금이 거칠고 정치가 문란함을 바로잡아

간하지 못함을 근심하더니, 드디어 고질이 되어 병이 위독해졌으되 약을 들지 않고 '빨리 죽고 싶을 뿐이다' 하였다. 나이 62에 죽었다.[112]

허침이 사망했을 때 집에 재물이 없어 겨우 상구喪具를 장만하니, 사람들이 그 청덕에 탄복했다고 한다. 『연려실기술』 역시 허침의 죽음을 기록했다.

"허침이 비록 잘못된 것을 바로잡지는 못했으나, 매양 왕의 명을 받들어 의정부에 앉아서 죄수를 논죄할 적에 주선하고 구원하여 살린 사람이 매우 많았다. 정무를 마치고 집에 돌아오면 매양 피를 두어 되가량 토하더니 분하고 답답한 심정으로 인해 죽게 되었다."

유몽인1559~1623의 『어우야담』에 이런 이야기가 실려 있다.

조정에서 왕비 윤씨 폐위를 정하기로 한 날 아침. 허종1434~1494이 궁궐에 가는 길에 누님 집에 들렀다.

"얼굴빛이 안 좋은데, 무슨 일이라도 있으시오?"

누님이 묻자 허종이 오늘 논하게 될 내용을 말했다. 그랬더니 누님이 질색하며 말렸다. 아들이 임금 자리를 잇게 마련인데 그 어머니를 폐위하면 그걸 논하는 자리에 있던 이들이 나중에 화를 면치 못할 것이라고 했다. 누님 말을 들은 허종은 그날 그 자리에 가지 않아서 훗날 연산군 때 목숨을 보존했다.

마음대로 안 갈 수 없으니 출근길에 허종은 말에서 일부러 떨어져 다쳤다. 사람을 보내 다친 사실을 승정원에 알리고 집으로 돌아왔다. 누가 시비할 수 없는 '완벽한' 결근 사유였다.

꽤 흥미로운 이야기이다. 일부러 낙마하여 곤란함을 피한 허종의 처사를 어떻게 볼지는, 관점에 따라 다를 것이다. 지혜롭다고 할 수도 있고 잔머리 굴린 비겁한 행동이라고 평할 수도 있겠다.

그런데 『어우야담』의 허종 이야기는 사실이 아니다. 허종은 연산군 때가 아닌 성종 때, 1494년성종 25에 이미 사망했다.

허종은 잔꾀를 써서 위기를 모면하는, 그런 부류의 사람도 아니다. 세조 때였다. 허종이 세조의 잘못을 지적하는 상소를 올렸다. 불교를 멀리하시라, 언로言路를 여시라, 사냥을 자제하시라, 경연에 성심껏 응하시라, 요구했다.

화가 난 세조가 허종을 불러 강하게 질책했다. 심지어 허종의 상투를 잡고 끌어내 곤장을 치라고 명했다. 그런데 허종은 눈곱만큼도 두려워하지 않았다. 흐트러짐 없이 임금의 질문에 소신껏 또박또박 대답했다. 세조는 허종에게 어떤 벌을 내렸을까?

벼슬을 올려주었다. 벌이 아니라 상이었다. 허종의 졸기에 따르면, 세조가 허종의 상소를 읽으면서 '이 친구 쓸만하구먼. 어디 그릇을 한번 시험해 보자' 이런 마음을 먹었던 것 같다. 그래서 거짓 위엄과 노기를 가하면서[113] 허종을 압박했던 것이다. 시험해 본 결과, 흡족했다. 세조가 한마디 했다. "참 장사로다!眞壯士也"

그리하여 세조는 허종을 승진시키고 귀히 쓴다.

허종은 이시애의 난1467 진압에 크게 기여하고 여진족을 정벌하는 등 문무 양 방면에서 능력을 발휘했다. 사관은 허종의 성품을 '아무리 창졸간이라 해도 조급한 말이나 장황한 안색을 짓지 않았으며, 일에 임하여는 임금의 희로喜怒에 의해 끌려가지 않고 확고한 소신대로 하였다'[114]라고 평했다.

그럼, 성종 왕비 윤씨를 폐할 때 허종은 진짜로 어디에 있었을까?

무술년1478**에 임금이 장차 왕비를 폐하려고 하는데도 아무도 감히 말하지 못하였는데, 유독 허종이 … 그 불가함을 극력 진달하니, 임금의 마음이 풀렸다. 이번 해 가을에 조모상**祖母喪**을 당하였는데, 경자년**1480**에 기복** 起復, 상중에 벼슬에 나아감 **되어 평안도 순찰사가 되었고….**[115]

1478년성종 9 가을에 조모상을 당하여 벼슬에서 물러났다. 삼년상이 끝나기 전인 1480년성종 11에 성종의 명으로 평안도 순찰사로 부임했다. 그러니까 윤씨 폐비가 결정된 1479년성종 10에는 조정에 없었다. 다만, 조모상을 당하기 얼마 전에 왕비 윤씨를 폐해서는 안 된다고 '극력 진달'해서 성종의 마음을 일단 돌려놓았다.

만약에 조모상을 당하지 않아서, 그래서 허종이 조정에 계속 있었다고 해도, 일부러 말에서 떨어져 어려움을 피하는 행동은 하지 않았을 게 확실하다. 따라서 낙마 이야기는 허종의 명예를 훼손하는 측면이 있다.

그래도 '이야기'의 생명력은 여전하다. 허종 이야기는 허침까지 끌어들여 외연을 더 키우며 다채롭게 변해서 지금에 이르렀다. 허침은 허종의 친동생이다.

일제강점기, 한 신문에 서울 종로에 있는 '종침교'라는 다리를 소개하는 글과 사진이 실렸다.[116] 신문은 종침교의 유래를 이렇게 설명했다.

허종과 허침 형제가 입궐하다가 누님의 얘기를 듣고 어느 다리에서 일부러 떨어져 다쳤고, 이를 핑계로 둘 다 입궐하지 않은 덕에 목숨을

구했다. 그래서 그 다리를 형제의 이름을 따서 종침교라고 하였다!

살펴본 대로 허종은 윤씨 폐비를 반대하며 성종에 맞섰고, 폐비 결정 때는 조모 상중이라 조정에 없었다. 그리고 연산군 때는 이미 고인이다. 마찬가지로 동생 허침 역시 조모 상중이라 관직에서 물러나 있었다. 허종, 허침 둘 다 말이건, 다리에서건 떨어질 이유가 없다.

한편 종침교는 1925년에 개천 복개 과정에서 사라졌다. 지금 그 자리에 종침교터임을 알리는 작은 표석만 있다. 표석에 이렇게 글을 새겼다.

'종침교터琮琛橋址 조선 성종 때 우의정을 지낸 허종許琮과 허침許琛 형제가 갑자사화의 화를 면한 일화가 얽혀있는 경복궁 입구 다리터'

▎폐위

백성들의 원망이 쌓이고 쌓인다. 당연했다. 조정 사람들의 반감도 너무 커졌다. '왕의 위엄과 포학이 날로 심하여 한마디의 말이 왕의 뜻을 거슬러도 문득 죄주고 베므로 조정의 사람마다 위태롭게 여겼다.'[117] 언제 죽임을 당할지 모르는 위태로운 상황이 이어지자 임금에 대한 불만이 극에 달한 상황이 되었다.

연산군도 신하들의 숨겨진 반감을 느끼고 있었다. 눈빛에 답이 있지 않겠는가? 언제 정변이 일어날지 모른다는 불안감이 옥좨올수록 신하들을 더 억압하는 악순환이 반복됐다. 궁궐을 지키는 호위 병력을 크게 늘렸으나 지키는 병사가 얼마나 많은지보다 병사들의 마음가짐

경복궁 근정전

중종왕릉 정릉 정자각 잡상(서울 강남구)

이 중요하다.

　사관의 눈에도 연산군이 점점 초조해하는 모습이 보였던 모양이다. 폐위 1년 전쯤 사관은 '왕이 잔치판을 열어 즐기지 않는 날이 없었으나 문뜩 슬프고 우울해 보였으니, 끝내 그 즐김을 보전할 수 없을까 염려'했기 때문이라고 썼다.[118]

　1506년연산군 12 어느 날, 연산군이 변복하고 궁 밖으로 은밀히 나갔다가 돌아오는 길이다. 어스름 저녁, 길옆 밭두둑에서 수상한 인기척이 느껴졌다. '자객이구나.' 바짝 긴장한 연산군은 말에 채찍을 가해 달아났다. 바로 사람을 그 자리에 보내서 뭔가 알아보게 했다.

인기척의 주인공은 연산군을 죽이려던 자객이 아니라, 황새였다. 황새가 움직이는 소리를 연산군이 자객으로 오인했던 것이다. 황새에 놀란 연산군이 엄한 명령을 내린다.

"각도로 하여금 황새를 잡아 올려 남은 종자가 없도록 하라."[119]

전국 황새의 씨를 말리라는 것이다. 중종반정이 터지기 불과 며칠 전. 연산군이 장녹수와 함께 있다. 그러나 오늘은 요란한 술판이 아니다.

왕이 후정 나인을 거느리고 후원에서 잔치하며 스스로 초금 두어 곡조를 불고 탄식하기를, 인생은 초로풀잎에 맺힌 이슬**와 같아서**人生如草露 **만날 때가 많지 않은 것**會合不多時 **하며, 읊기를 마치고 두어 줄 눈물을 흘렸는데, 여러 계집은 몰래 서로 비웃었고 유독 전비와 장녹수 두 계집만 슬피 흐느끼며 눈물을 머금으니, 왕이 그들의 등을 어루만지며 이르기를, "지금 태평한지 오래이니 어찌 불의에 변이 있겠느냐마는, 만약 변고가 있게 되면 너희는 반드시 면하지 못하리라" 하며, 각각 물건을 하사하였다.**[120]

연산군, 뭔가, 불길한 느낌을 받았나 보다. 몇 개월 전에 연산군이 이렇게 물은 적이 있다.

"역사를 살펴보건대, 신하로서 임금을 능멸하여 수죄數罪, 지은 죄를 열거함하고 제帝를 폐한 것이 옳은 일인가?"[121]

'신하들에게 폐위된 황제가 중국에 있었는데 나에게도 그런 일이 벌어질까?' 우려했다. 승지 권균이 대답했다. 임금과 신하는 하늘과 땅 같아서 신하는 그저 임금을 공경하고 순종할 따름입니다, 신하가 임금을 폐하는 일은 결코 있을 수 없습니다, 이렇게 안심시켰다. 권균은 중종반정에 참여했다.

때가 오고 말았다. 1506년연산군 12 9월 1일 밤. 삼대장三大將으로 불리게 되는 박원종, 성희안, 유순정이 이끄는 정변 세력이 창덕궁을 포위했다. 이미 임사홍 등 연산군의 측근 세력을 벤 이후다. 임사홍은, 엄숙의와 정숙의 두 사람이 성종에게 무고하는 바람에 폐비 윤씨가 사약을 받게 된 것이라고 연산군에게 고한 인물로 말해진다.

다음 날 아침 성문이 열렸고 박원종군은 무혈입성했다. '쿠데타'치고 괴이할 만큼 순조로웠다. 그 많던 호위 병력은 거의 다 도망갔다. 애초 왕을 지켜낼 마음이 없었다. 어디 수비병뿐이랴? 궁녀와 내시들도 '다투어 수챗구멍으로 빠져나가 순식간에 궁이 텅 비었다.'

간밤에 연산군이 정변이 터졌다는 소식을 들었을 때 어떻게 행동했을까? '올 것이 왔구나.' 담담하게 진중하게 받아들이는 비장미는 없었다. '왕이 놀라 뛰어나와 승지의 손을 잡고 턱이 떨려 말을 하지 못하였다.' 그 승지라는 사람들도 왕의 곁을 지키지 않았다. '바깥 동정을 살핀다고 핑계하고 차차 흩어져 모두 수챗구멍으로 달아났는데, 더러는 실족하여 뒷간에 빠지는 자도 있었다.'

연산군이 승지들의 옷을 잡고 도움을 청했으나 그들은 뿌리치고 달아났다. 자업자득이다. 그래도, 다른 사람들은 몰라도 승지는, 왕의 비서 격인 승지는 끝까지 왕 곁에 있어야 하는 거 아니었을까.

턱까지 떨던 연산군, 이내 안정을 찾은 듯하다. 반정군에게 순순히 옥새를 넘기며 말했다.

"내 죄가 중대하여 이렇게 될 줄 알았다."

박원종은 왕실 최고 어른인 왕대비 정현왕후에게 가서 아뢰었다.

"주상이 크게 군도君道를 잃어 종묘를 맡을 수 없고 천명과 인심이 이미 진성대군에게 돌아갔으므로, 모든 신하가 의지懿旨, 대비의 명를 받들어 진성대군을 맞아 대통을 잇고자 하오니, 청컨대 성명成命을 내리소서."[122]

망설이던 왕대비가 답했다.

"나라의 사세가 이에 이르렀으니 사직을 위한 계책이 부득이하다. 경 등이 아뢴 대로 따르리라."

그리고 교지를 내렸다.

"내가 생각하니, 어리석은 이를 폐하고 밝은 이를 세우는 것은 고금에 통용되는 의리이다. 그래서 여러 사람의 의견을 따라 진성을 사저에서 맞아다가 대위大位에 나아가게 하고 전왕은 폐하여 교동에 안치하게 하노라. 백성의 목숨이 끊어지려다가 다시 이어지고, 종사가 위태로울 뻔하다가 다시 평안하여지니, 국가의 경사스러움이 무엇이 이보다 더 크랴. 그러므로 이에 교시를 내리노니, 마땅히 잘 알지어다."[123]

이에 왕대비 정현왕후의 아들인 진성대군이 9월 2일에 경복궁 근정전에서 즉위하니, 그가 중종이다.[124] 이를 중종반정中宗反正이라고 한다.

연산군을 교동으로 보낸 왕대비는 왕비 신씨를 폐하여 사제私第로 내쳤다. 폐비된 신씨는 울부짖으며 기어이 연산군을 따라가려고 했지만, 허락되지 않았다. 세자 이황과 왕자들은 각 고을에 따로따로 안치됐다.

월산대군과 부인 박씨 묘(경기 고양)
부부의 봉분을 좌우로 쓰지 않고 앞뒤로 모셨다.

숙종, 하면 장희빈을 떠올리듯, 연산군의 여인, 하면 우선 장녹수를 그리게 된다. 연산군이 폐위되고 그녀는 사형당한다. 장녹수?~1506가 어떤 여인인지 실록은 이렇게 설명했다.

장녹수는 제안대군의 노비였다. 성품이 영리하여 사람의 뜻을 잘 맞추었는데, 처음에는 집이 매우 가난하여 몸을 팔아서 생활했으므로 시집을 여러 번 갔다.

그러다가 대군 집 노비의 아내가 되어서 아들 하나를 낳은 뒤 노래와 춤을 배워 창기가 되었는데, 노래를 잘해서 입술을 움직이지 않아도 소리가 맑아 들을 만하였으며, 나이는 30여 세였는데 얼굴은 16세 아이 같았다.

왕이 듣고 기뻐하여 드디어 궁중으로 맞아들였는데, 이로부터 총애함이 날로 융성하여 말하는 것은 모두 좇았고, 숙원으로 봉했다. 얼굴은 중인 정도를 넘지 못했으나, 남모르는 교사巧詐, 교묘하게 속임와 요사스러운 아양은 견줄 사람이 없으므로, 왕이 혹하여 상사賞賜가 거만鉅萬이었다.

부고府庫의 재물을 기울여 모두 그 집으로 보냈고, 금은주옥을 다 주어 그 마음을 기쁘게 해서, 노비·전답·가옥 또한 이루 다 셀 수가 없었다.

왕을 조롱하기를 마치 어린아이같이 하였고, 왕에게 욕하기를 마치 노예처럼 하였다. 왕이 비록 몹시 노했더라도 녹수만 보면 반드시 기뻐하여 웃었으므로, 상주고 벌주는 일이 모두 그의 입에 달렸으니, 김효손은 그 형부이므로 현달한 관직에 이를 수 있었다.[125]

입술을 움직이지 않아도 노래를 잘하는, 목구성이 아주 좋았던 장녹수다. 때로는 목소리도 무기가 된다. 심하게 앳된 얼굴, 삼십 넘은 여자가 16세 소녀처럼 보인다는 게 말이 되나 싶었는데, 삼십 넘은 여배우가 여고생으로 나오는 드라마를 보니, 그럴 수도 있겠다 싶다.

사실상 유일하게 연산군을 마음대로 했던 여인, 장녹수. 연산군을 무장해제시킨 그녀는 연산군에게서 온갖 재물은 물론 마음까지 거두었다. 조정 업무, 인사에까지 관여하여 마치 연산군 조정의 제2인자 같았다.

1504년연산군 10, 연산군이 명했다.

"전향은 강계, 수근비는 온성에 안치하라!"[126]

궁인宮人인 전향과 수근비를 멀리 귀양보내는 이유가 무엇인가. 연산군 스스로 이유를 말했다.

"전향, 수근비 등이 간사하고 흉악하며, 교만하고 투기하여 내정의 교화를 막히게 하였으니, …장 80을 때리고 먼 변방으로 내쳐 가두어… 중외에 효유하도록 하라."

바로 투기죄다. 두 여인이 누군가를 질투했다. 누군가는 누구인가? 장녹수다. 얼마 후 연산군은 전향과 수근비를 죽이라고 명한다. 참형도 아니고 능지처사. 심지어 식구들까지 다 죽였다.

사관이 기록했다.

'이는 장녹수가 참소했기 때문이다. 두 사람은 모습이 고와서 녹수가 마음으로 시기하여 밤낮으로 왕에게 참소하여, 두 사람의 부자 형제를 하루아침에 다 죽였다.'127

'운평 옥지화가 〈   〉, 이는 만상불경慢上不敬에 해당하므로 무거운 벌을 주고자 하니, …형신하라!'128

옥지화라는 여인이 〈   〉와 같은 잘못을 했다. 연산군은 만상불경, 그러니까 윗사람을 업신여긴 불경죄라며 옥지화를 잡아다 고문하라고 했다. 임금 비위 맞추기 바쁜 영의정, 대사헌 등 신하들이 한목소리로 아뢰었다.

"위의 분부가 지당합니다. 명하여 참斬하소서."

1505년연산군 11년 12월, 연산군이 명했다.

"옥지화를 오늘 군기시 앞에서 목베어 그 머리를 취홍원·뇌영원에 돌려 보이고, 연방원에 효시하라."129

이렇게 옥지화도 죽임을 당했다. 무슨 잘못을 한 걸까. 〈   〉에 들어갈 말은 무엇일까?

'숙용의 치마를 밟았으니'이다. 숙용은 장녹수이다. 숙원이었던 장녹수가 1503년연산군 9 12월에 숙용이 되었다. 설마 일부러 치마를 밟지는 않았을 테니 실수였을 것이다. 그래도 옥지화는 죽임을 피할 수 없었다. 연산군이 명한 일이지만, 장녹수가 연산군을 부추겼을 가능성이 크다. 장녹수, 무서운 여인이었다.

연산군이 장녹수에게 푹 빠지게 된 것은 1502년연산 8 무렵이었다. 할머니인 인수대비가 여러 차례 연산군을 꾸짖고 타일렀다. 그러나 소용없었다. 연산군은 오히려 인수대비를 원망했다.

장녹수는 연산군을 제대로 휘어잡고 부귀를 누렸으나 연산군이 폐위되면서 바로 죽임을 당한다.

대신 등이 모두 중종에게 아뢰기를, "숙용 장녹수·숙용 전전비·숙원 김귀비 등 세 사람은 모두 화근의 장본인이니, 마땅히 속히 제거해야 합니다." 하니, 그리하라고 전교하였다. 모두 참형에 처하고, 가산을 적몰하였다.[130]

한 연구자는 장녹수가 '연산이 드러내고 있는 불안을 유일하게 이해하고 위무하는 포즈를' 취했다고 했다. 그러면서 '연산에게 젖가슴에 대한 결핍만 채워주며 유아기적 퇴행에서 벗어나지 못하도록 방해하는 나쁜 어머니와 유사하다'[131]고 평했다.

장녹수는 연산군보다 열 살 정도 나이가 많았다. 아닌 게 아니라 연산군은 장녹수에게서 때로 엄마의 포근함도 느꼈을 것이다.

연산군과 관계된 또 한 여인을 보자.

① 월산대군 이정의 처 승평 부부인 박씨가 죽었다. 사람들이 왕에게 총애를 받아 잉태하자 약을 먹고 죽었다고 말했다.[132]

② 월산대군의 부인 박씨박원종의 누이를 세자를 보호해 주라고 핑계하고 대궐 안으로 끌어들여 강간하고, 그 관과 의복을 특이하게 해주고 은으로 만든 도서를 쓰게 하여 품질이 비빈과 같게 하였다. 또 그로 하여금 사은하게 하니 박씨는 부끄러워 자살하였다.[133]

①은 실록이고 ②는 『연려실기술』이다. 연산군이 범한 수많은 여인 가운데 월산대군의 부인 박씨도 있다는 얘기다. 이미 사망한 월산대군은 성종의 친형, 그러니까 연산군에게 큰아버지이다. 그러면 연산군은 큰어머니와 관계했다는 것인데.

실록은 박씨가 연산군의 아이를 가져 자결했다고 한다. 사람들이 그렇게 말했다고 적었다. 소문을 옮긴 것이다. 그때 박씨는 오십이 넘은 나이였다. 연산군보다 스무 살 이상 나이가 많았고 평생 아이를 낳지 못했다. 그런데 잉태를 했다는데 진정성이 의심된다. ②는 연산군이 박씨를 강간했고 극진하게 대우했고 박씨가 부끄러워 자결했다고 서술되어 있다.

연산군이 박씨를 극진하게 모신 것은 사실이다. 재위 기간 내내 수시로 쌀, 콩, 옷감 등을 아주 많이 보냈다. 노비도 주었다.

"월산대군 집에 내려준 물건은 모두 백성들의 힘에서 나온 것이므로 이처럼 지나치게 할 수 없사오니 마땅히 용도를 절약하소서."[134]

신하들이 간했는데 연산군은 묵살했다. 전례에 없던 일이니, 물품을 내려주지 말라는 신하들의 요구에는 '전례에 없더라도 특별한 은혜에서 나온 것이니, 법에 구애될 것이 없다'[135]하며 거부했다.

원종의 맏누이는 월산대군 이정의 아내로 폐주가 간통하여 늘 궁중에 있었는데, 폐주가 특별히 원종에게 숭정의 가자를 주니 원종이 분히 여겨 그 누이에게 말하기를 "왜 참고 사는가? 약을 마시고 죽으라" 하였다.[136]

연산군은 박씨와 남매간인 박원종의 품계를 숭정대부종1품로 올려 주었다. 박원종이 속물은 아니었다. 속없는 사람이라면 누나 덕에 높은 벼슬 받은 걸 좋아했을 것이다. 하지만 박원종은 오히려 분해했다.

연산군이 박씨를 범했다는 것은 단지 추문이었을 가능성이 커 보인다. 사실이 아니라 소문이라고 해도 박원종은 그걸 용납하기 어려웠을 것이고 그래서 누이 박씨에게 자결하라고 했고 결국 박씨가 스스로 목숨을 끊었다고 추정해 본다.

그런데 꺼림함이 남는다. 박씨가 사망하기 열흘여 전에 연산군이 이런 명을 내렸기 때문이다.

"승평부대부인월산대군 부인 박씨의 병세가 매우 위중하니, 북도절도사 박원종은 머물러 간호하라."[137]

절도사로 임명받아 함경도 국경으로 떠나야 할 박원종에게 잠시 머무르며 박씨를 간호하라고 했다. 그만큼 박씨의 병세가 심각했다. 박원종은 한양에 남았다.

며칠 후 연산군은 박원종을 절도사로 임명한 걸 취소하고 중앙 관직을 주려고 하면서 계속 한양에 있게 한다.[138] 여전히 박씨의 병세가 호전되지 않은 것이다. 그리고 며칠 후 박씨가 사망했다.

——————— 연산 광해 강화

날짜를 짚어 보자. 1506년_{연산군 12} 7월 3일에 연산군이 병세 위중한 박씨를 박원종에게 돌보라고 했고, 7월 13일에 박원종의 관직을 중앙 직으로 바꿔 계속 한양에 있게 했고, 7월 20일에 박씨가 사망했다. 박씨가 음독 자결한 것이 아니라 병으로 사망했을 수도 있다. 이렇게 가능성 하나를 더 열어 놓는다.

▌유배 그리고

폐주 연산군, 교동으로 간다. 갓을 썼고 분홍 옷을 입었는데 띠는 띠지 않았다. 가마에 타며 말하기를 "내가 큰 죄가 있는데, 특별히 상의 덕을 입어 무사하게 간다"¹³⁹라고 했다. 폐위에 대한 좌절과 분노보다 사형되지 않음에 대한 안도가 더 컸던 것 같다.

평교자를 타고 궁궐을 나올 적에 갓을 깊이 내려쓰고 얼굴도 들지 못했다. 연희궁, 김포, 통진, 강화도에서 묵고 교동도에 도착했다.¹⁴⁰ 중종이 즉위한 9월 2일에 바로 출발했으니, 교동에 도착한 날은 1506년_{중종 1} 9월 6일쯤 될 것이다.

교동 가는 길, 백성들이 몰려나와 손가락질하기도 했다. 강화도에서 배 타고 교동도로 건너갈 때 파도가 거칠었다. 교동까지 연산군을 호위했던 심순경 등이 궐에 들어 중종에게 복명했다.

"안치한 곳에 이르니, 위리한 곳이 몹시 좁아 해를 볼 수 없었고, 다만 한 개의 조그마한 문이 있어서 겨우 음식을 들여보내고 말을 전할 수 있을 뿐이었습니다. 폐왕이 위리 안에 들어가자마자 여시_{女侍}들이

연산군 호송 모형(교동면 고구리 연산군 유배지)

모두 목놓아 울부짖으면서 호곡하였습니다. 신 등이 작별을 고하니, 폐왕이 말을 전하기를, '나 때문에 멀리 오느라 수고하였다. 고맙고 고맙다'라고 하였습니다."[141]

여시는 나인 즉 궁녀이다. 궁녀 4명과 내시 2명이 따라와 연산군을 시중들었다. 연산군은 자신을 호위해 온 이들이 돌아갈 때, 몹시 고맙다고 多謝多謝 인사했다.

갈 사람 가고 남을 사람만 남았다. 이제 본격적인 귀양살이가 시작됐다. 그런데, 덜컥. 연산군이 큰 병이 났다. 건강한 사람도 이리 심하게 환경이 바뀌면 아플 수밖에 없을 것이다.

사실 연산군은 어릴 때부터 병치레가 잦았다. 별의별 병을 다 앓았다. 즉위 초, 21살 그 창창한 나이에 '한 가지 병이 좀 나으면 한 가지 병이 또 생겨'[142] 고통스럽다고 호소했었다. 아프다는 말은 주로 경연에 나오지 않을 때 했다. 아마도 공부하기 싫어서 아프다는 핑계를 댄 것

연산 광해 강화

같은데, 완전히 거짓말은 아니었다.

원체 부실한 몸, 쌓이는 분노, 커가는 불안감, 여기에 자책까지 심하게 했을 테고. 더해서 술과 여자로 무절제한 생활을 계속했으니 안 아프면 이상할 정도였다. 그래도 몸을 지탱했던 것은 긴장의 끈을 붙들고 있었기 때문이리라. 이제 폐위되고 유배되면서 긴장의 끈이 풀리고 몸도 가라앉게 되었다. 그렇게 교동에 유배되고 2개월 지난 어느 날, 연산군이 세상을 떠나고 만다. 중종이 보낸 내의가 치료하러 오고 있었으나 연산군은 기다려주지 않았다. 이 과정을 조금 자세히 살필 필요가 있다.

연산군 모형(교동면 고구리 연산군 유배지)

교동 수직장喬桐守直將 **김양필과 군관 윤귀서가 와서 아뢰기를, "연산군이 역질**疫疾**로 몹시 괴로워하여 물도 마실 수 없을 뿐만 아니라, 눈도 뜨지 못합니다." 하니, 전교하기를, "구병할 만한 약을 내의원에 물어라." 하고, 삼공에게 의논하여 의원을 보내 구료**救療, 치료**하게 하였다.**

1506년중종 1 11월 7일의 실록 기록이다. 그런데 바로 다음 날인 11

월 8일에 교동 수직장 김양필과 군관 구세장이 "초6일에 연산군이 역질로 인하여 죽었습니다."[143]라고 중종에게 보고한다. 얼핏 보면 어딘지 앞뒤가 안 맞는 것 같은 느낌이 든다. 날짜도 그렇고 보고자 이름이 중복되는 것도 그렇고 어딘가 조작된 것 같다는 생각도 든다.

하지만 조금 따져보면 별문제 없다는 걸 짐작할 수 있다. 교동에서 한양까지 급히 달려도 이틀은 걸린다. 11월 5일쯤 수직장 김양필과 군관 윤귀서가 교동을 출발한다. 11월 7일에 궁궐에 도착해서 중종에게 연산군의 병세를 보고한다. 그런데 11월 6일에 연산군이 사망했다.

수직장 김양필과 군관 윤귀서가 이미 한양으로 갔기 때문에 다른 군관 구세장이 연산군 사망 소식을 알리려고 급히 출발한다. 11월 8일에 한양에 도착한 구세장이 아직 머무는 교동 수직장 김양필에게 연산군 사망 소식을 전한다. 그러자 김양필이 구세장과 함께 다시 입궐해서 연산군이 사망했음을 보고한다.

아귀가 맞는다. 다만, 수직장 김양필 등이 연산군이 눈도 뜨지 못하고 물도 넘기지 못할 만큼 심각한 지경에 이르러서야 왕에게 보고한 이유가 무엇인지, 좀 더 일찍 병세를 보고하지 않은 이유가 무엇인지, 이 부분은 조금 의문으로 남는다.

연산군, 재위 기간 12년, 1506년_{중종 1} 9월 2일에 폐위되어 유배지 교동으로 출발, 9월 6일쯤 교동 도착, 11월 6일 사망, 유배 기간은 2개월, 향년 31세.

유언으로 마지막으로 한 말이 있다.

"신씨가 보고 싶다_{欲見愼氏}"

신씨가 보고 싶다! 신씨는 폐비 신씨, 즉 연산군의 부인이다. 이 세상에 남긴 마지막 말이, 마누라가 보고 싶다! 어린 나이 혼인하여 누이처럼, 엄마처럼 의지했던 짝. 평생 속을 썩였는데 막상 숨 끊어지는 순간에 마누라가 보고 싶었다.

연산군이 교동도로 내쳐질 때 신씨는 '울부짖으며 기어이 연산군을 따라가려고' 했었다. 연산군이 신씨와 함께 교동도에 유배됐다면 건강을 회복했을지도 모를 일이다.

실록 속 연산군은 폐위되어 마땅한 악인이다. 『연산군일기』는 중종 조정에서 편찬했다. 반정을 정당화하려고 연산군에게 불리한 내용을 주로 실었을 것이다. 그러면 실록은 폐비 신씨를 어떻게 평했을까?

폐부廢婦 **신씨는… 아랫사람들을 은혜로써 어루만졌으며, 왕이 총애하는 사람이 있으면 비**妃**가 또한 더 후하게 대하므로, 왕은 비록 미치고 포학하였지만, 매우 소중히 여김을 받았다.**

매양 왕이 무고한 사람을 죽이고 음란, 방종함이 한없음을 볼 적마다 밤낮으로 근심하였으며, 때론 울며 간하되 말뜻이 지극히 간곡하고 절실했는데, 왕이 비록 들어주지는 않았지만, 그렇다고 성내지는 않았다.[144]

우호적이다. 폐비 신씨는 이쪽 사람들, 저쪽 사람들 모두에게 인정받은 인물이었다. 『연려실기술』에는 이런 기록이 있다.

반정군이 궁궐을 포위했다는 소식을 들은 연산군이 왕비 신씨에게 달려가서는, 함께 나가서 빌어보자고 했다. 그랬더니 신씨가 "일이 벌써 이 지경에 이르렀는데 빌어본들 무슨 소용이 있겠습니까. 순순히 받아들이는 게 좋겠습니다"라고 했다. 신씨는 또 연산군 스스로 화를 초래한 것이라고, 자업자득이라고 말했다.

이렇게 차분하던, 냉철하던 신씨가 가슴을 쳐대며 울기 시작했다. 통곡이 되었다. 왕비에서 폐비됨이 서러운 게 아니다. 내 한 몸 어찌되는 게 두려운 게 아니다. 자식 걱정 때문이었다. 그녀의 우려대로 죄 없는 아들 넷 모두 죽임을 당했다.

반정 세력은 폐세자 이황을 강원도 정선에 안치했다. 이황은 6살 된 1502년연산군 8에 세자로 책봉됐었다. 반정 세력은 또 연산군의 다른 아들 창녕대군 이성을 충청도 제천, 양평군 이인을 황해도 수안, 이돈수를 황해도 우봉으로 보내 안치했다. 그리고 스무날도 지나지 않아 열 살도 안 된 어린애 넷을 모두 독약을 먹여 죽였다.

1506년중종 1 9월 24일, 박원종을 비롯한 대신들이 "연산군 자식들을 오래 두어서는 안 되니, 모름지기 일찍 처단하소서"라 말했다. 중종은 "황 등이 나이가 모두 어리고 연약하니, 차마 처단하지 못하겠다." 거절했다. 대신들이 거듭 죽여야 한다고 했다. 중종이 말한다. "황 등은 나이 연약하고 형세가 고단하니, 비록 있은들 무슨 방해가 되겠는가?" 차라리 부탁 조다. 하지만 대신들은 물러서지 않았다. "이는 국가의 큰일이니, 차마 못 하는 마음으로써 대체大體에 누가 있게 하여서는 안 됩니다. 모름지기 대의로써 결단하여야 합니다. 이는 신 등의 뜻일 뿐만 아니라 곧 일국 신민의 뜻입니다."

중종은 이길 수 없었다. "황 등의 일은 차마 처단하지 못하겠으나, 정승이 종사에 관계되는 일이라 하므로 과감히 좇겠다."[145] 이렇게, 허락하고 말았다. 그래서 연산군의 네 아들이 연산군보다 먼저 하늘로 갔다.

묘를 옮기다

교동읍성 북벽
인천문화재보존사업단 단원들이 예초 작업을 하고 있다.

"원하는 대로 들어 주고, 왕자군의 예로 개장改葬하도록 하라."[146]

1512년중종 7에 중종이 승정원에 내린 명령이다. '개장'은 묘를 옮기는 '이장'을 말한다. 이때 폐비 신씨가 남편 연산군의 묘를 양주 해촌으로 옮길 수 있게 해달라고 요청했다.

중종은 신씨가 원하는 대로 이장하게 했다. 며칠 뒤에는 이장에 필요한 곡식과 물품을 넉넉하게 지급해 준다. 묘 이장이 끝난 것은 1513년중종 8 초반인 것 같다.

양주 해촌은 지금 서울 도봉구이다. 도봉구 방학동에 연산군 묘가 있다. 신씨도 사망하고 여기에 모셔졌다. 부부가 함께 한 하늘을 보며 누웠다. 신씨가 보고 싶다 하고 숨을 거둔 연산군이었다.

연산군 묘(서울 도봉구)

　양주 해촌으로 옮기기 전까지 연산군의 무덤은 교동도에 있었다. 교동에서 사망하여 그대로 교동에 묻혔던 거다.

　한편 중종은 이복형이기도 한 연산군에게 상당한 정성을 보였다. 형의 왕위를 본의 아니게 빼앗았다는 '죄책감'이 들었는지도 모르겠다. 신하들의 반대를 이겨내며 연산군의 묘 관리에도 신경 썼다.

　연산군 사망 소식을 들은 중종은 연산군을 왕자군王子君의 예로 후하게 장사지내라고 하면서 교동현의 관원이 책임지고 묘를 관리하라고 지시했다.[147] 한 달 정도 뒤에 중종은 다시 명했다.

　"연산군 묘에 소재처 관원이 명절마다 치제하게 하라."[148]

　하지만, 임금의 명에도 불구하고 교동 수령은 연산군 묘 관리에 별로 신경 쓰지 않은 것 같다. 1508년중종 3 4월 2일, 그러니까, 연산군이 사망한 지 1년 반쯤 됐을 때다. 중종이 이렇게 말한다.

"연산군의 분묘와 사당이 물에 손상되기도 하고 허물어지기도 하였으니 사람이 돌보고 지키지 않을 수 없다."

그러면서 명했다.

"근방에 사는 백성 3명을 정하여 보살피게 하고 또 소재지 관청이 살펴서 수리하게 하라."

대간이 반대하고 나섰다. 죄인의 묘에 묘지기를 두는 것은 잘못이라며 철회를 요구했다. 그러나 중종은 대간의 요구를 거부했다.

「연산군 묘의」 퇴락한 곳을 소재지 고을에서 마땅히 살펴보아 감사에게 보고하고 보수해야 할 것인데, 지금 수령들이 보살피기를 제대로 하지 않는다. 이 뒤로는 준례대로 감사에게 보고해서 계문하고, 보수토록 하라."[149]

1512년中宗 7에 중종이 다시 내린 명령이다. 교동 수령이 연산군 묘 관리를 철저히 해야 하고 관찰사에게도 제대로 보고해야 한다는 내용이다. 이때 중종은 연산군 묘에 이름을 붙이고 수호군을 두어 묘 관리와 제사를 더 충실히 하려는 생각도 하고 있었다. 그러할 때 신씨에게서 이장 요청을 받았던 것이다.

연산군, 교동과의 인연이 살아서 2개월, 죽어서 8년이었다. 8년 동안 교동 땅에 홀로 묻혔다가 지금은 서울 땅에 부인과 함께 잠들어 있다.

교동읍성

교동읍성. 1629년_{인조 7} 무렵에 쌓았다. 정묘호란 이후이다. 한때 경기도, 황해도, 충청도의 수군을 통괄하는 삼도수군통어영이 이 성에 있었다. 지금은 읍성이 온전하지 않고 세 개의 문 가운데 남문만 남았다.

그 많던 성돌은 어디로 갔을까.

문화유산에 대한 개념이 사실상 없던 시절, 주민들이 옮겨다 집 담장을 쌓기도 했고 각종 토목 공사에 쓰기도 했다. 일제강점기에 신작로를 내는데 거기에 읍성 성돌을 아주 많이 가져다 썼다고 한다. 그렇게 교동읍성은 형태를 거의 잃었다.

남문 동쪽 언덕에 '燕山君謫居址'_{연산군 적거지}라고 새긴 비가 있었다. '적거'는 귀양살이한다는 뜻이니 여기가 연산군이 갇혀 살던 곳이라는 의미이다. 정확히 말하자면, 교동읍성은 연산군이 귀양 살던 곳이 아니라, 귀양 살던 곳으로 전해지는 지역 가운데 하나이다.

꽤 오래도록 여기가 연산군 유배지로 유력하게 말해졌다. 교동읍성 안이다. 성안에 수령이 근무하는 관아가 있었으니 연산군을 감시하고 관리하기 딱이다. 여기 행정구역 명칭은 교동면 읍내리_{邑內里}이다. 교동의 읍치 즉 치소_{治所}가 있던 곳이라 자연스럽게 읍내리가 되었다. 치소에 있는 '연산군 적거지'라! 봉소리보다는 가능성이 훨씬 높다.

그러나, 결정적으로, 시기가 맞지 않는다. 조선 후기에 여기가 교동의 중심지였으나 연산군 살던 조선 전기에는 중심지가 아니었다. 치소에서 한참 먼 변두리 바닷가 마을일 뿐이었다. 그때는 교동읍성도 당연히 없었다. 따라서 이곳에 연산군을 위리안치했을 것 같지 않다.

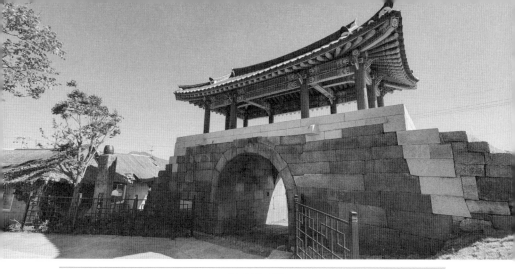

교동읍성 남문

연산군 적거지비

그러면 연산군 당시 교동의 치소는 어디였을까? 조선 전기 교동의
중심지는 지금의 교동면 고구리 지역이었다. 고구저수지가 있는 곳인
데 대룡시장과 가깝다

고구리는 고읍리古邑里와 구산리龜山里가 합쳐진 지명이다. 고읍古邑?

교동읍성 답사 현장[ⓒ곽영애]

교동읍성 남문 기준으로 동쪽 언덕이다. 연산군 적거지비가 있던 자리이다. 전라북도교육청교육
연수원 답사 팀이다.

그렇지, 고읍이다. 옛 읍치 그러니까 조선 전기 교동의 중심지라는 의
미이다. 아무래도 연산군이 유배됐던 장소는 교동면 고구리로 보는 것
이 적절할 것이다.

그러면, 교동읍성이 연산군 유배지로 알려진 이유는 뭘까?

몇 가지 추정이 있다.

○ 연산군 묘가 연산군 유배지로 와전됐을 것이다.

연산군 유배지로 알려진 언덕에 서서 주변을 바라보면 못자리로도
괜찮겠다는 생각이 든다. 아늑하고 편안한 자리다. 지대가 너무 높지
도 낮지도 않다. 사당이 있었을 수도 있다. 사당과 묘가 서로 먼 거리
에 떨어져 있지는 않았을 것이다. 교동읍성에 연산군묘와 함께 사당

이 있었을 가능성을 생각해 본다. 연산군묘를 이장한 뒤에도 사당은 남아있었을 것이다. 그러다가 언젠가 봉소리로 사당을 옮겼을지도 모르겠다.

아무튼, 연산군의 묘 또는 사당이 있던 곳인데 세월이 흐르면서 유배지로 알려지게 됐을 것이라는 추정이다.

○ 광해군 유배지가 연산군 유배지로 와전됐을 것이다.

광해군이 정묘호란 때 그리고 병자호란 때 교동에 유배됐었다. 정묘호란1627 당시까지도 교동의 읍치는 여전히 고구리 지역이었다. 따라서 정묘호란 시기 광해군은 교동면 고구리 어딘가에 갇혔을 것이다.

병자호란1636 때는 가능성이 있다. 교동의 읍치가 이곳 읍내리로 옮겨왔으니, 교동읍성 안에 광해군의 위리안치소가 있었을 것이다. 광해군이 갇혀 있던 곳인데 연산군이 안치되었던 곳으로 바뀌어 전해졌을 수 있다.

○ 철종 유배지가 연산군 유배지로 와전됐을 것이다.

철종이 즉위 전에 강화에 유배됐었다. 처음에 교동으로 왔다가 얼마 뒤에 강화도로 옮겨졌다. 지금 강화읍 용흥궁 자리이다. 철종이 교동 유배 당시에 여기 읍성 안에서 귀양살이했을 가능성이 높다. 1844년 현종 10에 원범 철종이 교동읍성 동문 안 초가에 머물다 강화도로 옮겨졌다고 『교동군읍지』1899에 나온다.

최근에 '燕山君謫居址' 연산군 적거지라고 새긴 비를 철거했다. 유배지가 여러 곳 전해지는 혼선을 없애려는 조치로 보인다. 고구리에 공식적으로 '연산군 유배지'를 조성한 상태이기에 나름 합리적인 결정이다.

그래도 좀 아쉽다. 교동읍성 둘러보며 연산군을 이야기할 수 있는 공간이었는데, 비가 사라지고 말았으니⋯. 비 섰던 자리에 멍하니 섰다가 동네 어른을 만났다. 비석 없앤 것을 못내 섭섭해 하셨다.

"어릴 때 돌아가신 아버지에게 연산군 얘기를 많이 들었다, 아버지는 비석 서 있던 자리에 무너져 벽만 남은 집이 한 채 있었다고 하셨다, 그 집이 연산군이 갇혀 있던 집이라고들 했다."

그분이 이렇게 말해주었다. 연산군이 갇혀 있던 집이라기보다는 철종이 갇혀 있던 집일 가능성이 더 커 보인다. 하지만 오랜 세월 입에서 입으로 전해져 온 이야기, 그게 사실인지 아닌지를 떠나서, 그 자체도 소중하게 간직해야 할 문화유산이다.

우리가 학교에서 배우고 책으로 읽어서 사실로 알고 있는 역사도 사실이 아닌 경우가 많다. 역사는 청명한 가을 하늘이 아니라 물안개 그윽한 새벽 바다다.

거울을 보다

박근혜 전 대통령 탄핵 사건 때였다. '혹시, 그런 사람 있을까?' 기다려보았으나 없었던 것 같다. 누구를 기다렸는가. 그쪽 높은 분들 가운데 "내 탓이오." 옷 벗는 사람을 기다렸다. 그게 어려우면 진심으로 사

유기창 유배지, 거제도

황형 묘(강화읍)

과하는 사람을 기다렸다. 대통령이 그 지경이 된 것은 모시던 사람들에게도 책임이 있는 거니까.[150] 그런데 없었다.

전두환 전 대통령은 역사에 큰 죄를 지었다. 그의 심복들도 마찬가지다. 심복 중에 장세동이 있다. 그는 "내 탓이오." 했다. 나쁜 짓은 다 자기가 한 거고 대통령은 모르는 일이라고 잡아떼면서 '주군'을 보호하려고 했다. 뻔뻔했고 몰염치했다. 하지만 신선하기도 했다.

연산군 조정의 신하였던 박원종 등이 정변을 일으키고 왕을 갈아치웠다. 백성의 활쏘기를 일절 금했던 연산군이다.[151] 서인庶人이 활을 배우면 불의를 자행하게 된다고 했다. 하지만 그를 무너트린 것은 멀리 있는 백성이 아니라 가까이 있는 자기 사람들이었다.

정변에 참여하지 않았던 연산군의 신하들, 내적 갈등이 없지 않았겠으나, 중종 조정에서 그대로 활동했다. 맹자도 폭군에 대한 혁명을 긍정했으니 문제 될 것 없다. 그래도 이른바 불사이군不事二君의 도리를 지킨 이를 찾아보고 싶다.

대간으로 일하면서 연산군의 핍박을 받던 유숭조1452~1512 가 중종
에게 중용됐다. 연산군이 사망하자 유숭조는 연산군의 장례를 왕릉
의 예를 갖추어 올리자고 청하면서 말했다.

"군부君父는 일체입니다. 아비는 비록 아비 도리를 못하더라도 아들
은 아들 도리를 하지 않을 수 없습니다."[152]

이러한 마음을 먹었던 그리고 행했던 연산군의 신하는 또 누구인
가? 홍언충1473~1508이다. 홍언충은 연산군 때 급제하여 조정에 나아
갔다. 홍문관 소속으로 경연에도 참여했다. 어느 날 경연에서, 성인인
공자도 죽는 날까지 공부를 쉬지 않았다고, 연산군에게 말했다. 이어
서 "학문은 다스리는 근본이니, 근원이 맑으면 흐름도 맑으므로 조금
도 끊어짐이 있어서는 안 되옵니다" 했다.

연산군은 가만히 듣고만 있었다.[153] 연산군도 진정으로 왕을 위하고
걱정하는 홍언충의 마음을 알았던 것 같다. 이때 홍언충은 27세, 연산
군은 24세였다. 그런데 연산군을 위한 충언을 거듭하다가 결국은 유
배당했다. 곤장 100대 형벌도 같이 받았다.

연산군 폐위 직전에 누군가가 홍언충에게 유배지에서 달아나라고
권했다. 그러자 홍언충이 담담하게 말했다.

"인륜이 다섯 가지가 있으니 부자 관계가 그 첫째이고, 군신 관계가
그 둘째이다. 나는 지금 아버지가 벌써 세상을 떠났으니 가장 중한 것
은 다만 군신의 의리가 있을 뿐이다. 지금 만약 망명한다면 이는 아버
지도 없는데 또 임금도 없게 되는 셈이 된다. 임금의 명을 어찌 피하리
오."[154]

반정 후 유배에서 풀려났다. 중종이 벼슬을 내려 귀히 쓰려고 했으나 끝내 사양하고 조정에 나아가지 않았다. 여생을 공부하고 시를 지으며 그렇게 살았다.

홍언충은 홍귀달의 아들이다. 홍귀달은 손녀를 들이라는 연산군의 명령을 따르지 않아 처벌받은 인물이다. 그렇다면 홍언충은 연산군에 대한 반감이 상당했을 것이다. 그런데도 연산군의 신하된 '죄'를 스스로 벌하였다.

홍언충의 길을 간 또 한 사람 유기창1437~1514이다. 유기창은 무과 급제자인데 연산군 때 지방 수령으로 있다가 거제도로 귀양 갔다. 『연려실기술』에 이런 이야기가 실려 있다.

거제도로 귀양 간 사람이 유기창을 포함해 세 명이었다. 어느 날 금부도사가 내려와 유배인 한 사람을 죽였다. 얼마 뒤 또 한 명을 죽였다. 이제 유기창 혼자 남았다. 얼마나 지났을까. 뭍에서 또 누군가 오는 게 보였다. '음, 이제 내 차례구나.' 유기창은 자신을 죽이러 오는 사람이라고 여기고 마지막 정리를 한다.

그런데 뭍에서 온 사람이 사약 대신 편지를 전해 주었다. 유기창의 아들이 보낸 편지였다. 연산군이 폐위되고 중종이 즉위했으며 중종이 유기창에게 벼슬을 내렸다는 내용이었다. 그야말로 만세 부를 일이다. 그러나 유기창은 "나는 마땅히 예전 임금을 위하여 울어야 하겠다." 하고 자리를 깔고 북쪽을 향하여 곡했다. 그리고 아들에게 답장을 썼다. 너의 새 임금에게 충성을 다하라! 유기창 자신은 벼슬을 거부하고 한평생 마칠 때까지 고향인 비인현충남 서천군 비인면에 묻혀 살았다.

홍언충과 유기창이 간 길은 아무나 갈 수 있는 길이 아니다.

　　　　　　　　연산 광해 강화

이번엔 다소 다른 길을 간 이를 만나보자.

공이 박원종을 대신하여 북병사가 되어 떠나는 날, 원종이 술을 차고 동쪽 들 밖에 나와 전송하는데, '나라에 큰일이 있으니 공은 잠깐 머물러라.國有大事公可少留'라는 여덟 자를 손바닥 가운데 써서, 술을 권하는 틈에 가만히 보였으니, 이것은 반정할 계획이 이미 정해진 뒤였다. 그러나 공은 취한 것을 핑계하여 못 본 체하고 가다가, 포천에 이르러서 반정이 일어난 것을 들었다.[155]

월산대군 부인 박씨가 위독할 때 연산군은 박씨 동생 박원종에게 간호하게 했었다. 박원종을 북도절도사로 임명했다가 취소했었다. 그 자리에 대신 임명된 사람이 '공'이다. 북도절도사와 북병사는 같은 관직이다. 북도 병마절도사를 줄여서 호칭한 것이다.

반정을 기획한 박원종이 '공'을 자기편에 끌어들이려고 애썼다. 말이 새나갈까 봐 손바닥에 써서 은밀하게 보였다. 하지만 '공'은 어느 편에도 서지 않았다.

망가진 군주 연산군을 안타까워하며 '저러다가 폐위되고 말겠구나' 했다. 그러나 차마 반정에는 참여할 수 없었나 보다. 대세를 읽었으나 그 흐름에 올라타지 않고 안 취했어도 취한 척 자기 길을 갔다. 술이 좋을 때도 있음을 알겠다.[156]

그러면 '공'은 누구인가? 황형1459~1520이다. 1510년중종 5에 삼포왜란을 진압하게 되는 그 황형이다.

다시, 연산군 폐위 직전 궁궐, 임금 버리고 도망간 승지들을 떠올린다. 그들 중에는 중종 조정에서 공신으로 책봉된 이도 있었다. 대단한 처세술이다. 중종은 그들을 어떻게 여겼을까?

몹쓸 사람들로 여겨 처벌했다. 중종은 당시 사정을 정확히 알아보려고 연산군 모시던 내관 김은을 불렀다. 김은은 그때 그 현장을 상세히 아뢰었다.

"반정하던 날 숙직하던 승지는 윤장·이우·조계형이었습니다.

그날 새벽에 승지 등이 직접 신이 자는 방 창문 밖에 다가와서 급히 부르며 말하기를 '돈화문 밖에 군마가 많이 모였으니, 필시 큰일이 있는 듯하다. 속히 아뢰라.' 하기에 신이 즉시 그 사실을 아뢰자, 폐주는 즉시 차비문 밖에 나가 신에게 승지 등을 부르게 하여 승지에게 묻기를, '무슨 일이 있느냐.' 하니, 승지 등이 아뢰기를 '군마가 이미 성을 둘러싸고 벌여 섰는데, 신도 그 까닭을 모르겠습니다.' 하였습니다.

폐주는 이 말을 듣고 놀라서 어쩔 줄을 모르고 있는데 어떤 사람이 와서 말하기를 '군사가 혹은 담을 넘어들어오고 혹은 담을 헐고 들어옵니다' 하니, 폐주는 더욱 당황하였습니다. 그때 승지 한 사람이 먼저 아뢰기를 '신이 가보겠습니다' 하고는 가서 돌아오지 않자, 두 승지도 뒤따라갔는데, 신 역시 놀랐기 때문에 어느 승지가 먼저 나갔는지 알 수 없습니다."[157]

중종은 이렇게 조치했다.

"대저 신하가 어려운 때를 당하면, 의리상 구차히 모면해서는 안 되는 것인데, 폐조廢朝 때의 승지 윤장·조계형·이우 등은 반정하던 날 정원승정원에 입직하였다가 화를 모면하기 위해 나가서 사변을 보고 오겠다 핑계하여 폐주를 속이고 궁성의 수구水口로 앞을 다퉈 도망쳤으되 도리어 훈적勳籍, 공신 문서에 기록되었으니 지극히 어그러진 일이다. 아울러 삭탈하여 절의를 권려하라."[158]

그때 그 자리를 마지막까지 지켰어야 도리인 사람들이 승지 외에 또 있었다. 사관이다. 그 긴박한 상황, 조정에서 어떤 일이 벌어지고 있는지, 연산군이 무슨 말을 하고 어떻게 행동하는지 모두 보고 듣고 기록해야 할 사람들이다. 그야말로 역사의 현장 아닌가. 하지만 그들도 붓을 내던지고 수챗구멍으로 도망쳤다. 주서 이희옹, 한림 김흠조이다.[159]

내시 김처선

"내관 김처선을 하옥하라."

1504년연산군 10 7월 16일, 연산군의 명으로 내시 김처선이 옥에 갇혔다. 다음 해 연산군은 김처선과 김처선의 양아들 이공신을 죽였다.

연산군은 '내관 김처선이 술에 몹시 취해서 임금을 꾸짖었으니'[160] 가산을 적몰하고 그 집을 헐어 연못으로 만들라고 했다.

김처선은 선대 여러 임금을 모셔온 나이 많은 내시였다. 살아온 길이 올곧지만은 않았고 부침도 있었다. 그런데 연산군이 하도 엉망이라서 대놓고 잘못을 지적해 비판했다. 목숨 건 직언이었다. 그렇게 김처선은 세상을 떠났다.

김처선을 죽여도 분이 풀리지 않은 연산군은 김처선 부모의 무덤까지 뭉개게 했고 두 달 뒤에는 이런 명까지 내린다.

"동·서반의 대소인원 및 군사 중에 김처선과 이름이 같은 자가 있거든 모두 고치게 하라."[161]

김처선과 이름이 같은 이들은 개명하라는 명이다.

여기서 끝이 아니었다. 개명을 명하고 한 달여 만에 "처處 자는 곧 죄인 김처선金處善의 이름이니, 이제부터 모든 문서에 처 자를 쓰지 말라"[162] 하였다. 이제 누구도 어디서도 '처處' 자를 쓰면 안 된다. 그래서 절기 처서處暑를 조서徂暑로, 처용무處容舞를 풍두무豐頭舞로 바꾸어 불렀다고 한다.[163] 참 무섭고 집요한 뒤끝이다.

누구도 쓰면 안 되는 '처處' 자를 그만, 권발이라는 사람이 실수로 과거 답안지에 썼다. 급제했던 권발은 그 한 글자 때문에 합격이 취소되고 말았다.[164] 권발은 중종반정 이후 다시 과거를 봐서 급제해 조정에 나아가게 된다.

연산군이 '입은 화의 문이요, 혀는 내 몸을 베는 칼이니, 입을 다물고 혀를 깊이 간직하면 몸이 편안하여 곳곳이 안온하리라'라고 쓴 신언패를 내시들에게 차게 한 것이 김처선 사건의 영향 아닐까 싶다.

반정 후 조정은 중종에게 김처선을 포상하라고 요청했다. 중종은 시큰둥했다. 중종은 '김처선이 술에 취해 망령된 말을 해서 스스로 실수'[165]한 거라고 평했다.

그렇게 200여 년이 흘러갔고 영조가 즉위했다. 영조는 '왕자王者가 충성한 이에 대하여 정문旌門, 정려문을 세워주는 것은 세상을 권면하는 큰 정사'[166]라면서 김처선의 죽음을 높게 평가했다. 그리고 그에게 정문旌門을 세워주라고 지시했다.

『연려실기술』은 연산군이 김처선을 어떻게 죽였는지, 김처선이 연산

─────── 연산 광해 강화

군에게 어떤 말을 했는지 구체적으로 적었다.

 김처선은 관직이 정2품이었다. 연산주가 어둡고 음란하였으므로 김처선이 매양 정성을 다하여 간하니, 연산주는 노여움을 속에 쌓아 둔 채 겉으로 나타내지 아니하였다.

 일찍이 궁중에서 임금이 처용 놀이를 하며 음란함이 도를 지나쳤다. 김처선은 집안사람에게, "오늘 나는 반드시 죽을 것이다" 하고 들어가서 거리낌 없이 말하기를, "늙은 놈이 네 분 임금을 섬겼고, 경서와 사서를 대강 통하는데, 고금에 전하처럼 행동하는 이는 없었습니다" 하였다.

 이에 연산주가 성을 참지 못하여 활을 당겨 쏘아서 갈빗대에 맞히자, 김처선은 "조정의 대신들도 죽음을 두려워하지 않는데 늙은 내시가 어찌 감히 죽음을 아끼겠습니까. 다만 전하께서 오래도록 보위에 계시지 못할 것이 한스러울 뿐입니다" 하였다.

 연산주는 화살 하나를 더 쏘아 맞혀서 공을 땅에 넘어뜨리고, 그 다리를 끊고서 일어나 다니라고 하였다. 이에 처선은 임금을 쳐다보면서, "전하께서는 다리가 부러져도 다닐 수 있습니까" 하자, 또 그 혀를 자르고 몸소 그 배를 갈라 창자를 끄집어내었는데, 죽을 때까지 말을 그치지 아니하였다. 마침내 그 시신을 범에게 주고 조정과 민간에 '처處' 자를 말하지 못하게 하였다.

 연산군이 김처선의 시신을 호랑이 밥이 되게 했다. 그런데 여기에 약간의 신비로움이 보태져서 이야기가 후대로 전해진 모양이다. 『영조실록』은 김처선이 "누차 충간忠諫을 진달하였으므로 연산군이 그를 미워하여 호랑이 굴에 던졌으나 호랑이가 잡아먹지 않자 이에 결박하여 살해"[167]했다고 적었다. 개, 돼지가 먹지 않고 소와 말이 피해 간 알에서 태어났다는 주몽 이야기가 연상된다.

신령이 된 연산군

무속도 하나의 종교라고 생각한다. 허황한 미신에 불과하다면 그 오랜 세월 탄압 속에서 살아남을 수가 없는 것 아닐까. 무속인 가운데 사기꾼이 많다고 해서 통으로 무속을 사기로 모는 것은 적절하지 않다.

기독교, 천주교, 불교 성직자는 공식적인 단계와 절차를 밟아 자격을 얻게 된다. 무당은 사적인 경험을 통해 태어난다. 어느 날 갑자기 신이 내리는 강신무나, 배우고 익혀 무당이 되는 세습무나 마찬가지다. 그러니 나약한 사람의 마음을 움직여 재물을 뜯어내는 사이비 무당도 생길 수밖에 없다.

무속을 한자로 巫俗이라고 쓴다. 무당을 의미하는 '巫' 자를 보자. 하늘과 땅, 신과 인간을 이어주는 사람이 무당이다. 무당은 굿을 통해 죽은 자를 위로하고 산 자를 위안한다. 아픈 이에게 희망과 용기를 주어 병이 낫도록 돕는다. 그렇게 민속신앙으로 이어졌다.

함께 모여 모시는 마을굿은 주민들의 자존감과 애향심을 높이고 서로 단결하게 한다. 일제강점기 일본인들이 무속을 탄압한 이유가 짐작되는 것이다. 삼국시대에도 고려 시대에도 성리학이 지배하는 조선 시대에도 무속인은 백성의 의지처로 존재했다.

무속인이 섬기는 신령은 참으로 다양하다. 널리 퍼진 신령 가운데

부근당

한 분이 최영 장군이다. 한을 품고 죽은 이는 '신빨'을 더 강하게 내린다고 한다. 억울하게 죽임을 당한 최영 장군의 한이 클 터이다. 단종, 사도세자 등도 신격으로 모셔진다고 한다.[168]

연산군도 한을 품고 세상을 떠났을 것이다. 그에게서 강력한 '신빨'을 기대한 것일까, 아니면 그를 위로하는 대승적인 결정이었을까, 교동 사람들이 연산군을 신령으로 섬겨왔다.

교동읍성 서북쪽 성벽 안에 부근당이라는 이름을 가진 당집이 있다. 남문 통해 왼쪽 길로 오르면 잠깐이다. 원래는 고구리 쪽에 있었는데 치소를 읍내리로 옮길 때 부근당도 옮겨왔다고 전한다. 이런 부류의 당집을 다른 지역에서는 보통 부군당府君堂으로 부른다는데 교동은 독특하게 부근당扶芹堂이라고 했다.

부근당, 소박한 건물 옆에 선 커다란 오동나무 한 그루가 신목神木을 연상하게 한다. 앞은 읍성 마을과 바다요, 뒤로는 화개산이 훤하다.

부근당 연산군 부부 초상

부근당 안에 남녀의 초상화를 모셨다. 그림 속 인물이 연산군 부부라고 한다. 여인은 복스럽고 남자는 평온하다. 초상 어디에도 폭군은 없다.

부근당에서 때마다 마을굿을 크게 했었다. 마을굿이 사실상 단절된 지금은 일부 주민이 개별적으로 치성을 드리거나 외지 무당들이 와서 기도를 드리는 장소로 쓰고 있다고 한다.[169]

연산군 마지막 삶의 공간이었던 교동, 그는 죽었으나 신령으로 되살아나 여전히 교동에 산다.

『연산군일기』

"『노산군일기』라고 지면에 쓰여 있는데, 당시 사기를 편수하던 때에는 자연히 응당 이와 같았어야 했겠지만 이제 복위한 뒤에 그대로 연산군, 광해군과 똑같이 일례로 만들어 조금도 구별이 없으니, 어찌 매우 미안하지 않겠습니까?

원사原史는 진실로 논할 만한 것이 없지만, 겉면에 쓰인 『노산군일기』 다섯 글자를 『단종대왕실록』으로 고치는 것이 마땅할 듯합니다."[170]

세조에게 쫓겨나 죽임을 당한 조선 제6대 임금 노산군, 그는 그냥 노산군으로 불리고 그렇게 기록됐다. '조'나 '종'으로 끝나는 묘호를 받지 못했다. 노산군의 실록은 실록임에도 격을 낮춰 일기로 불렸다. 『노산군일기』!

사망 후 240여 년 만인 1698년숙종 24에 숙종은 노산군에게 '단종'이라는 묘호를 올린다. 비로소 노산군은 단종이 되었다. 1704년숙종 30, 한 신하가 숙종에게 요청했다. 『노산군일기』의 속 내용은 어찌할 수 없지만, 실록 표지만이라도 『단종대왕실록』으로 고치자고 했다. 숙종이 따랐다. 그래서 『노산군일기』가 『단종실록』으로 불리게 되었다.

연산군과 광해군은 노산군과 달리 반정으로 폐위된 왕이다. 묘호를 끝내 받지 못했고, 그래서 이들의 실록은 여전히 『연산군일기』, 『광해군일기』로 불린다.

『단종실록』, 『연산군일기』, 『광해군일기』에는 다른 실록과 달리 주인공에 대한 부정적 색채가 더 스몄을 것이다. 승자인 세조, 중종, 인조의 집권 정당성을 드러내려고 단종, 연산군, 광해군을 실제보다 나쁘게 묘사했을 개연성이 있는 것이다.

『연산군일기』 편찬 담당자들이 중종에게 아뢰는 중에 이런 말을 했다.

"사필을 잡는 자는 바르게 써야 하는 것이니, 모름지기 폐주가 난을 이루게 된 까닭致亂之由을 바르게 써야 전하께서 중흥하신 왕업王業이 밝혀질 것입니다."[171]

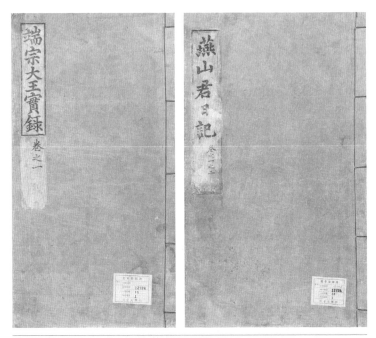

단종실록과 연산군일기[출처:서울대학교 규장각 한국학연구원]

연산군의 패악과 폭정을 제대로 기록해야 반정의 정당성이 확보된다는 의미로 해석할 수 있다. '사필을 잡는 자는 바르게 써야' 한다고 말했으나, 연산군을 '죽이고', 중종은 '살린다'는 정치적 의도를 드러낸 셈이다.

사실 '중종반정', '인조반정'이라는 용어도 승자의 입장을 반영한 것이다. 반정反正이란 '어지러운 세상을 바른 세상으로 되돌려 놓는다'는 의미이다. 일으킨 사람들의 명분이 내포된 것이다. 5·16 군사정변을 일으켰던 사람들이 그들의 행위를 혁명이라 강변했던 것과 유사한 맥락이다.

실제로 『연산군일기』에는 사실이라고 보기 어려운 각종 추문을 사실인 듯 기록한 부분도 있다. 연산군 당대 사관의 현장 기록이 아니라 중종 조정에서 실록을 편찬할 때 추가한 내용이다. 그렇다고 해서 『연산군일기』에 대한 신뢰성을 지나치게 의심할 필요는 없다.

『연산군일기』는 자료 부족이라는 악조건 속에서 어렵게 완성된 실록이다. 아마도 정상적인 조건에서 실록이 편찬됐다면, 지금의 『연산군일기』보다 더 구체적으로 연산군의 폭정이 기록됐을지도 모를 일이다.

전쟁통도 아니었는데 연산군의 실록을 편찬할 때 왜 자료가 부족했을까?

단종실록 내지

과오와 악이 후세에 전할 것을 염려하여 춘추관에 명해서, 자신의 허물을 말한 것이 시정기에 쓰여 있는 것이 있으면 모두 삭제하고 불태웠으며, 그러고도 추가하여 조사하기를 그치지 않았는데, 사람들이 모두 불안해하고 두려워하므로 사관에게 부탁하여 모두 없애버렸다.[172]

연산군은 자신에게 불리한 각종 기록을 없애버렸다. 1506년연산군 12에는 연산군이 '춘추관의 일기가 거의 다 삭제되어 불초한 사람들이 아뢴 바를 상고하려 해도 근거가 없다'[173]고 말했다. 갑자사화 이후 더

광범위한 사료 멸실 작업이 진행됐던 것이다. 그래서 중종 조정에서 **연산군**의 실록을 쓸 때 어려움을 겪을 수밖에 없었다.

1507년_{중종 2} 6월 17일에 연산군의 실록을 편찬하는 일기청에서 중종에게 보고했다.

"가장사초를 일기청에 바치는 기일이 서울은 5월 그믐인데 이제 기일이 지났어도 바치지 않아 일을 시작할 수 없습니다. 이는 반드시 바르게 쓴 사람이, 사람들이 누설할까 두려워하여 무오년의 일로써 경계를 삼기 때문에 그러는 것입니다."[174]

실록을 쓸 때는 춘추관에 실록청을 설치하고 편찬 작업을 진행한다. 그런데 폐위된 임금의 실록을 편찬할 때는 실록청이 아니라 일기청을 둔다.

가장사초? 사관은 임금 곁에서 임금과 신하들이 주고받는 이야기 등을 기록해 춘추관에 제출한다. 퇴근해서도 사초를 쓴다. 집에서 쓰는 사초에는 사관의 주관적 평가도 기록한다.

예를 들어 궁궐에서 쓴 사초에 임금이 한 말과 신하가 한 말을 그대로 옮겨 적었다면, 집에서 쓴 사초에는 임금의 말이 뭐가 옳고 뭐가 그르다는 식으로 쓴다. 신하 아무개는 임금에게 아부만 하는 몹쓸 사람이라고 기록해 둔다.

이런 기록은 누가 보면 곤란하다. 제출하지 않고 집에 감추어 두었다가 해당 임금이 세상을 떠나고 실록을 편찬하게 되면 그때 제출하는 거다. 이를 가장사초_{家藏史草}라고 한다. 집 가_家에, 감출 장_藏. 집에 감춰 둔 사초.

연산군의 실록을 써야 하는데 그때 사관으로 있던 사람들이 겁먹고 가장사초를 제출하지 않고 있는 거다. 조의제문 등 사초가 발단이 되어 터졌던 무오사화를 의식한 결과였다.

사실 무오사화 때 사초가 이 사람 저 사람에게 전달되고 읽히고 임금에게까지 보고된 것은 커다란 잘못이었다. 역사를 대하는 조선의 자랑스러운 전통이 크게 훼손됐던 사건이다.

태종 때로 잠시 가보자. 그 거친 임금 태종 이방원도 역사를 대하는 자세만큼은 정직했고 겸손했다. 사냥 나갔다가 말에서 떨어진 일이 있었는데 일어나면서 명하기를 "사관이 알게 하지 말라."[175] 했다. 부끄러운 낙마 사건이 실록에 기록되는 걸 원하지 않았기 때문이다.

하지만 태종이 미처 보지 못한 어느 자리엔가 사관이 있었다. 사관은 그날의 낙마 사실과 사관이 모르게 하라는 태종이 명령까지 그대로 기록해 실록에 남겼다.

태종 정도면, 사관에게 낙마한 걸 쓰면 죽인다고 위협해도 이상하지 않다. 그러나 그는 사관의 권위와 존재를 존중하고 선을 지켰다.

어느 날 신하들이 태종에게 상소했다. "전하께서는 의복과 어가가 아름답고 화려한 것을 매우 좋아하여 제도를 따르지 아니하시고, 대간의 말이 어쩌다가 뜻에 거슬리면 엄하게 견책을 가하시며… 성색聲色을 즐겨 하심이 아직도 여전하십니다. 이것이 곧 신민들이 실망으로 여기는 것이옵니다."

태종의 잘못을 지적한 것이다. 태종은 어떻게 행동했을까. 상소문 올린 신하들에게 말했다.

"나의 과실을 비밀히 아뢰어도 내 어찌 안 듣겠는가? 이제 글을 이루어 사책에 쓰게 하니, 내 매우 가슴 아프다."[176]

슬쩍 말해줘도 고칠 텐데 공개적으로 상소하는 바람에 자기가 잘못한 것들이 실록에 실리게 되어 가슴 아프다는 소리이다. 애잔하다. 사관과 그들이 기록한 사초를 임금이라도 어찌할 수 없다는 절대 원칙을 그대로 보여주는 일화이다.

그러나 연산군은 선대 왕들이 어렵게 구축한 역사 편찬의 절대 원칙을 무너트리고 사초를 함부로 없애 버린 것이다.

결국, 중종은 연산군의 실록을 편찬할 때 사초를 밖으로 알리는 자는 변방의 노비로 삼고 그 자식들은 벼슬에 나갈 수 없도록 조치했다. 그렇게 사관들을 안심시키고 연산군 실록을 쓰기 위한 자료 확보에 나서서 겨우 『연산군일기』를 완성했다.

▌흉배에 담은 뜻은

후대인에게 연산군이 폭군으로 각인되는 보다 직접적인 계기는 각종 민간의 기록이다. 야사野史로 분류되는 사찬私撰 역사서들에 연산군의 악행이 실록보다 더 생생하게 묘사되기도 했다.

상상력이 덧붙여져 사실이 과장된 경우가 있고 연산군이 한 일이 아닌데도 연산군이 한 짓으로 기록된 사례도 있다. 그렇게 부정적 인식이 점점 확산되어 지금에 이르렀다.[177]

여러 민간 저술에서 연산군의 폭군 이미지가 더 '풍성'해진 것은 성리학을 존숭하는 사대부의 반감이 반영된 결과일 수도 있다. 연산군은 '감히' 공자를 우습게 여겼다.

성균관 서재

"성묘 聖廟를 참배하려면, 반드시 목욕을 해야 하는데, 감기 걸릴까 봐 겁나서 못하겠다."[178]

성균관 공자 참배를 연산군이 거부했다. 핑계가 가관이다. 목욕하고 가야 하는데 감기 걱정에 목욕을 못 하겠다는 거다. 재위 3년 때 일이었다.

재위 후반기에는 성균관을 원각사로 옮기려고 했었다. 공자를 절에 모시겠다는 희한한 발상이었다. 성균관

쌍학 흉배[출처:국립고궁박물관]
쌍학은 정1품부터 정3품 통정대부까지 문관 당상관의 흉배에 장식된 문양이다.

으로 기생들 들여 질펀한 술판을 벌이기도 했다.

"공자는 비록 성인이지만 그 직분으로 말하면 신하이니, 사배례를 그만두고 재배하는 것이 옳다."[179]라고도 했다. 노나라 신하였던 공자

에게 조선의 군주가 어찌 절을 네 번이나 할 수 있느냐, 두 번이면 족하다. 이런 의도의 발언이었다.

"조관朝官들이 어찌하여 흉배胸背를 달지 않는 것이오?"[180]

1450년세종 32, 조선에 온 중국 사신의 물음이다. 4년 전에 영의정 황희가 검소를 숭상하고 사치를 억제하는 방안의 하나로 흉배를 없애자고 했고 세종이 황희 의견에 따랐다. 그래서 조선 관복에서 흉배가 사라진 상태였다.[181] 중국 사신은 흉배 없는 조선 관복이 이상해 보였다.

신하들의 관복에 흉배가 다시 쓰이게 된 것은 단종 때부터다. 신하 상하 간의 질서를 세우는 의미로 흉배를 달자는 양성지의 건의를 단종이 수용했다. 단종은 고위직 신하들에 한해 흉배를 달게 했다.[182] 대략 2품 이상이 그 대상이었다.

세조가 1456년세조 2에 이런 명을 내렸다.

"우리 조정의 1품관은 중국 조정의 3품에 준하니, 그 흉배에 분별이 없을 수 없다… 근래에 재상들의 흉배에 분별이 없다. 이제 명나라 사신이 장차 이를 것이니, 예조에서 등급대로 고찰하여 직조해서 해당하는 이들에게 내려 주게 하라."[183]

조선 국왕은 명나라 황제, 황태자 다음 지위이다. 그러니까 명 황제보다 두 단계 아랫급이다. 조선 신하 1품은 명나라 3품 신하와 같은 등급이다. 역시 두 단계 아래다. 조선의 2품은 명의 4품, 조선의 3품은 명의 5품과 같은 것으로 인식되었다. 당시 사대事大 질서였다.

흉배는 관복의 가슴과 등 쪽에 붙이는 네모난 장식이다. 품계의 높고 낮음에 따라 문양에 차이가 있었다. 세조는 명나라 사신에게 책잡히지 않도록 규정에 맞게 흉배를 만들어 지급하라고 했다.

연산 광해 강화

시기에 따라 차이가 있기는 하나, 대개 문관의 흉배는 학, 무관의 흉배는 호랑이를 수놓아 만들었다. 대사헌만 해태_{해치}를 썼다. 해태는 선악을 명확히 분별한다는 상상의 동물이다. 그래서 감찰 부서인 사헌부 수장 대사헌의 흉배를 장식하는 주인공이 되었다. 역시 상상 속 동물인 기린은 대군의 흉배에 쓰였다.

이제 연산군이 1505년_{연산군 11년}에 내린 명을 보자.

"듣건대 중국 신하의 관복은 품계와 관계없이 모두 흉배를 붙인다. 우리나라의 모든 제도는 전부 중국 제도를 따르니, 앞으로 동·서반은 1품부터 9품까지 모두 흉배를 달되, 돼지·사슴·거위·기러기 등으로 그 품계를 정하라."[184]

높은 신하들만 붙이던 흉배를 모든 신하의 관복에 다 붙이게 했다. 중국 제도를 따르는 것이라고 말은 했지만, '너희들은 다 붙이는데 우리는 왜 못 붙여' 하는 속내가 엿보인다. 중국과 다르게 '돼지·사슴·거위·기러기'를 흉배에 새기라는 지시 속에는 조선 나름의 독자성을 부각하려는 연산군의 생각이 깃들었다.

이렇게 연산군 때부터 1품부터 9품까지 모든 신하의 관복에 흉배를 쓰게 되었다. 다만, '돼지·사슴·거위·기러기'는 후대에 그대로 계승되지 않았다.

사슴을 쏘았나?

일찍이 성종이 사향 사슴 한 마리를 길렀는데 길이 잘 들어서 항상 곁을

떠나지 않았다. 어느 날 폐주가 곁에서 성종을 모시고 있었는데 그 사슴이 와서 폐주를 핥았다. 폐주가 발로 그 사슴을 차니 성종이 불쾌히 여기면서, "짐승이 사람을 따르는데 어찌 그리 잔인스러우냐" 하였다. 뒤에 성종이 세상을 떠나고 폐주가 왕위에 오르자 그날 손수 그 사슴을 쏘아 죽였다.

『연려실기술』에 실린 사슴 이야기이다. 연산군의 악한 성정을 잘 보여주는 사료로 소개되곤 한다. 실록에도 사슴 얘기가 나온다.

① 왕은 성종의 초빈初殯 때 후원에서 「성종이」 기르던 사슴을 사살하여 구워 먹고….

— 『연산군일기』 12년1506 7월 10일

② 성묘成廟, 성종가 빈전殯殿에 있을 적에, 성묘가 길들여 기른 사슴을 손수 쏘아 삶거나 구워서 먹었다.

— 『중종실록』 1년1506 9월 2일

날짜를 주목하자.

①은 1506년연산군 12 7월 10일의 기록이다. 연산군이 사슴을 죽였다고 하는 해는 1494년연산군 즉위년인데 그때 실록에는 나오지 않은 얘기가 13년 뒤인 1506년연산군 12 실록에 나왔다. 당시 사관이 직접 보고 적은 것이 아니라 뒤늦게 어디선가 듣거나 읽은 내용을 옮긴 것이다.

②는 사관이 1506년중종 1에, 연산군의 갖은 악행을 종합적으로 정리한 글에 나오는 내용이다. ①과 마찬가지로 사관이 현장을 목격하고

기록한 것이 아니다.

그러면 성종이 사망한 그때, 상중喪中인 연산군의 모습이 어땠는지 실록에서 찾아보자. 내용이 길어서 발췌하고 다듬었다.

연산군: "내가 대비들께 죽 드시라 청해도 듣지 않으시니, 정승들이 다시 청하라."

승정원: "대비께는 정승들이 죽 드실 것을 청했다고 합니다. 세자께서 먼저 잡수시고서 청하시면 대비들께서도 죽을 드실 것입니다."

연산군: "나는 됐으니, 대비들께 다시 청하라."

승정원: "일찍이 세종께서 이르시길, 세자는 상喪을 당한 이튿날에는 죽을 들어 기운을 차려야 한다고 하셨습니다. 청컨대 먼저 죽을 잡수시고 대비들께 청하시면, 그분들도 드실 것입니다."

연산군: "대비들께 청하여 듣지 않으시면 그땐 내가 먼저 먹겠다."

1494년연산군 즉위년 12월 26일의 『연산군일기』이다. 연산군 곁에 있던 사관이 연산군과 승정원이 나누는 대화를 그대로 기록한 것이다. 성종이 세상을 떠난 날은 1494년 12월 24일이다. 이틀 뒤인 26일에 위처럼 대화했다. 그러니까 연산군은 24일부터 26일까지 굶고 있는 것이다.

『연려실기술』은 '폐주가 왕위에 오르자 그날 손수 그 사슴을 쏘아 죽였다'고 했다. 연산군이 즉위한 그 날은 성종이 승하하고 닷새 뒤인 12월 29일이다. 실록은 연산군이 사슴을 삶아 먹고 구워 먹었다는 말을 더했다. 그런데 연산군은 즉위한 그 날에 승지를 장의사藏義寺라는 절에 보내 성종의 수륙재를 지냈다. 이러한 정황으로 볼 때 연산군이 사슴을 죽여서 그 고기를 먹었다는 이야기는 사실이 아닐 가능성이 크다.

다만, 세자 시절 연산군이 사슴을 걷어차서 성종에게 꾸지람 들은 것은 충분히 있을 수 있는 이야기이다. 공원 벤치에 앉았는데 강아지가 다가와 손등을 핥았다고 치자, 어떤 이는 귀엽다며 강아지를 쓰다듬을 것이고 어떤 이는 "으, 더러워" 하면서 짜증 낼 것이다.

사슴을 찬 것만으로 연산군의 폭력성을 말하기 부족하니까, 활로 쏴서 죽였다, 그걸 먹었다, 이런 이야기가 덧붙여지게 된 것은 아닐까.

실록과 『연려실기술』

이긍익1736~1806의 『연려실기술』은 대표적인 민간 사서이다. 이긍익이 직접 지은 것은 아니다. 해당 시기별로 각종 기록을 모아 편집한 자료집 성격의 역사책이다. 고사본말故事本末이라는 제목으로 조선 태조부터 숙종까지 다뤘다.

그는 서문에 이렇게 썼다. '각 조마다 인용한 책 이름을 밝혔으며, 말을 깎아 줄인 것은 비록 많았으나 감히 내 의견을 붙여 논평하지는 않아 삼가 전술傳述하기만 하고 창작하지 않는다는 공자의 뜻을 따랐다.' 이른바 술이부작述而不作이다.

이긍익이 수집한 방대한 자료는 우리 역사를 밝히는 아주 소중한 사료이다. 실록의 허술한 부분을 보완해 준다. 하지만, 『연려실기술』에 실린 내용에도 사실과 어긋나는 부분이 있다. 그럴 수밖에 없다. 일정한 사실에 새로운 내용이 더해지면서 변이한 사례도 있다. 연산군에게는 아무래도 부정적인 요소가 더 보태어진 것 같다.

우선 김종직의 선견지명 이야기를 보자.

손순효 묘(충북 충주)

연산군이 새로 왕위에 오르니 조정과 민간에서 모두 영명英明**한 임금이라 일컬었으나 김종직은 늙음을 이유로 벼슬을 그만두고 고향으로 돌아갔다.**

동향 사람이 그에게 묻기를, "지금 임금이 영명한데 선생은 어찌하여 벼슬을 그만두고 왔습니까?" 하였다. 종직이 "새 임금의 눈동자를 보니 나처럼 늙은 신하는 목숨을 보전하면 다행이지 싶소" 하였다. 얼마 안 가서 무오·갑자년의 화가 일어나니 사람들은 모두 그가 미리 안 것을 탄복하였다.

김종직1431~1492은 연산군이 즉위하기 전에 이미 세상을 떠났다. 따라서 위 이야기는 사실이 아니다. 김종직의 사람 보는 눈, 앞을 내다보는 능력을 돋보이게 하려고 연산군을 '이용'한 셈이다.

이제 손순효1427~1497와 관련된 기록을 『성종실록』과 『연려실기술』

에서 찾아 비교해 보자. 우선 『성종실록』이다.

임금이 인정전에 나아가 의정부·육조의 진연進宴, 잔치을 받았다. 우찬성 손순효가 술에 취해 나와 어탑御榻, 임금 자리 아래에 엎드리니, 임금이 내관을 시켜 말하려고 하는 것이 무엇이냐고 물었다. 그러자 손순효가 말하기를, '신은 광명하고 정대한 말을 아뢰고자 합니다' 하니, 임금이 '말하라' 하였다.

손순효가 즉시 어탑에 올라 한참 동안 계사啓事, 임금에게 아룀하고는 얼굴을 들고 손을 저으니, 임금이 구부리고서 대답하였으나, 좌우에서는 무슨 말을 하였는지 알지 못하였다. 또 이미 물러내려와서도 자못 정신이 헛갈려 몸가짐을 잃었으므로, 임금이 내관에게 명하여 부축해 나가게 하였으나, 정승·승지 등이 또한 계사한 것이 무슨 내용인지 알지 못하였다.[185]

손순효가 성종에게 바짝 다가가 뭐라고 말했는데 사관은 물론 정승과 승지도 무슨 말을 했는지 모른다고 했다. 손순효가 아무도 못 듣게 작은 소리로 말한 것이다.

다음은 『연려실기술』이다.

성종이 인정전에 술자리를 마련하고 술이 반쯤 취하였는데 우찬성 손순효가 "친히 아뢸 일이 있습니다" 하였다. 성종이 어탑으로 올라오게 하였더니 순효는 세자이던 폐주廢主, 연산군가 능히 그 책임을 감당할 수 없을 것을 알고 임금이 앉은 평상을 만지면서, "이 자리가 아깝습니다" 하니, 성종은 "나 또한 그것을 알지만 차마 폐할 수 없다" 하였다.

여기서는 손순효가 이 자리가 아깝다며 세자 연산군이 왕감이 아니라고 했고, 성종은 그래도 차마 세자를 폐할 수 없다고 말한 것으로 나온다. 실록에서는 은밀히 나눈 대화라서 사관이 듣지 못했다고 했는데, 『연려실기술』에 실린 내용에는 그 대화 내용이 구체적으로 나온다. 사실일 가능성보다 창작일 가능성이 더 커 보이는 것이다.

한편 『대동야승』과 『성호사설』에는, 손순효가 무슨 말을 했는지 신하들이 자꾸 묻자, 성종이 "나의 호색好色을 경계한 말이다" 이렇게 대답했다고 나온다. 손순효가 성종에게 "전하, 여인을 너무 밝히시면 안 됩니다" 그랬다는 얘기다.

성종은 정말 세자 교체를 생각해 보지 않았을까?

쉬운 일이 아니나 이미 전례가 있었다. 태종이 세자 양녕을 폐하고 충녕을 세웠었다. 즉위한 충녕대군, 즉 세종이 조정 논의 중에 이런 말을 한 적이 있다. "뒷세상에서 혹시 세자를 폐하고 다른 세자를 다시 두게 될 때…"[186] 세종도 세자 교체의 가능성을 열어 두었다.

성종도 세자 연산군의 성정을 떠나서 폐비 사사의 후폭풍 가능성을 따지며 교체를 생각했을 수 있다. 사실, 그랬어야 했는지도 모른다. 성종 사망 당시 진성대군중종은 7살, 세자로 삼을 수 있는 나이였다.

손순효 이야기

술 취한 손순효가 창덕궁 인정전 임금 앉은 자리에까지 올라가 뭔가 속삭였다고 했다. 신하의 예를 한참 벗어난 행동이다. 그렇게 하도록

창덕궁 인정전

허락한 성종 역시 공식석상에서 군신 간에 지켜야 도리를 어긴 셈이다.

신하들에게서 손순효의 죄를 물어야 한다는 주장이 터져 나왔다. 성종은 벌주겠다고 하고 의정부 찬성_{종1품} 손순효를 판중추부사_{종1품}로 삼았다. 그러자 대사간 이종호가 나서서 인사가 부당하다고 지적했다.

"지난번 손순효가 임금 앞에서 실례하였으므로, 그 죄로 인하여 찬성에서 체직되었습니다. 그렇다면 마땅히 강등되어 제수되어야 했는데, 지금은 그렇지가 않고 판중추로 옮겨 제수되었으니, 아마도 적당하지 못한 듯합니다."[187]

종1품 자리에서 같은 종1품 자리로 옮겼으니 그건 벌이 아니라는 것이다. 그러자 성종은 손순효가 술에 취해 실수한 것이라며 옹호했다. 대사간은 손순효를 판중추부사로 임명해서는 안 된다고 거듭 아뢨으나 소용없었다. 성종은 대사간의 요청을 들어주지 않았다.

성종과 손순효, 이 두 사람은 어떤 관계였던 것일까. 한 마디로 보기 드문 관계요, 아름다운 관계였다. 실록에는 잘 드러나지 않으나 각종 민간 기록에 둘의 브로맨스라고 할까, 아무튼 그런 내용이 다양하게 실려 전한다.

역사에 이름을 남긴 사람들 가운데 술을 좋아했던 이들은 많다. 그런데 손순효는 차원이 달랐던 것 같다. 술을 몹시 즐겼다. 취해서 실수를 자주 했다고 하나, 취한 척, 술에 기대에 할 말을 하고 마는 그런 성격이었던 것도 같다.

어느 날 성종이 경회루에서 궐 밖을 보니 저쪽 산기슭에 사람 몇이 둘러앉았다. 내시를 보내 누군가 알아보니 성종의 짐작대로 손순효였다. 다른 두 사람이랑 어울려 술을 마시고 있는데 안주가 오이_{또는 참외} 한 개였다.

손순효 신도비[출처:국립중앙박물관]
일제강점기에 촬영된 손순효 신도비이다. 국립중앙박물관에 "충북 충주 산척면 석비"라는 이름으로 등록되어 있다. 비 받침돌이 상당히 높다. 지금은 신도비를 묘 아래로 옮기고 비각에 모셨는데 받침돌이 높지 않다.

성종이 손순효에게 술과 고기를 넉넉히 보내주었다. 심부름 간 이를 통해 성종이 손순효에게 단단히 일렀다.

"와서 고맙다고 인사하지 마오. 다른 신하들이 알면 공만 편애한다고 싫어할 것이니."『대동야승』

술을 많이 자주 먹으면 몸도 상할 터. 안주라도 든든하게 먹어야 할 텐데, 손순효는 그렇지가 않았다.

"공은 벼슬이 높아질수록 더욱 조심하고 검약해서 손님을 맞을 때마다 술자리를 베풀어도 오직 검정콩과 쓴 나물, 솔 싹으로 나물을 만들 뿐, 호화롭고 사치스러운 것을 아주 싫어했다."『용재총화』

손순효 신도비각(충북 충주)

"손순효가 취해 쓰러진 채 일어나지 못하자 성종은 남색 비단으로 만든 철릭을 벗어서 손순효를 덮어 주었는데, 이러한 임금과 신하의 거룩한 만남은 천고에 없는 일이었다."『임하필기』

성종은 손순효의 지나친 음주를 걱정했다. 그래서 손순효에게 앞으로 석 잔 이상은 절대로 마시지 말라고 명했다. 손순효는 그렇게 하겠다고 대답했다.

어느 날 승문원에서 명나라로 급히 보낼 외교문서를 올렸다. 성종이 읽어보니 마음에 들지 않았다. 성종은 글 잘하는 손순효를 불렀다. 그에게 다시 쓰게 하려는 거다. 그런데 열 사람이나 내보내 찾게 해도 손순효를 찾지 못했다.

해 떨어질 무렵이 되어서야 술 냄새 풀풀 풍기며 손순효가 왔는데 불콰한 얼굴에 멋대로 흩어진 머리! 입궐하는 신하가 이럴 수가 없다.

　　　　　　　　　　　　연산 광해 강화

그런데 이런 모습을 자주 보였나 보다. 실록에 손순효의 "말씨와 용모가 탈속脫俗"[188]했다고 나오니 말이다.

그 모습 보고 성종이 화가 나서 말했다.

"내가 술은 석 잔만 마시라고 하지 않았소?"

그랬더니 손순효가 딱 석 잔 마셨다고 말했다. 의문이 들어 성종이 어떤 잔에 마셨느냐고 물으니 손순효가 대답했다.

"밥주발이라는 것으로 세 사발 마셨습니다."

어이없어하는 성종, '저 상태로 글을 쓰기는 틀렸으니 다른 이를 불러야겠다' 했는데, 손순효가 일필휘지로 외교문서를 다 써 버렸다.

'임금이 급히 받아보니, 글에 한 자도 버릴 것이 없고, 글자에 한 자도 고칠 것이 없었다. 임금이 아주 기뻐하며 「손순효의 글을」 승문원에 돌린 다음 봉투에 싸서 보내게 하였다.'「대동야승」.

『연려실기술』은 '성종조에 손순효에 대한 은총이 가장 융숭하였다'라고 평했다. 성종이 손순효를 총애한 것은 그의 능력이 출중해서만이아니었다. 성종은 손순효의 인간미가 몹시 마음에 들었나 보다. 이들이 가깝게 된 연유가 부처님 이야기에 나오는 '이심전심'과 비슷하다.

임금이 일찍이 유신儒臣에게 명하여 율시律詩를 제술하게 하자, 손순효는 단지 '충서忠恕' 두 자만을 써서 올리었다. 임금이 가상히 여기어, 손순효와 접할 일이 있으면 반드시 "경은 일찍이 '충서'로써 나를 권려 하였다"고 칭찬 하였다.[189]

실록에 나오는 내용이다. 시를 지으라는 임금의 명에 단 두 글자 써서 내는 신하, 그 뜻을 헤아려 마음에 새긴 임금, 둘의 관계가 이러했다. 아마도 다른 임금이었다면, 시 지으라고 했더니 이게 뭐냐고, 성의 없다고 나무랐을 것이다.

손순효는 임금의 총애를 이용해 권세를 부리거나 재산을 불리지 않았다. 오히려 승진할 때마다 불편해하며 성종에게 벼슬이 과하니 제발 취소해달라고 요청하곤 했다. 자신의 직분에 충실하되 그렇다고 임금에게 맹목적으로 순종하지도 않았다. 아닌 것은 아니라고 했다.

손순효의 임금에 대한 충성심은 진심이고 사랑이었다. 임금과 신하 간에 보이지 않는 견제가 있기 마련이지만, 성종과 손순효는 그렇지 않았다. 다시 『연려실기술』이다.

손순효가 임금을 사랑하는 정성은 금석金石을 관통할 만하였다. 그가 경기감사가 되어 열읍께邑을 순행하다가 혹 소채 한 가지, 과일 한 개라도 입에 맞는 것을 만나면 문득 취하여 봉해서 바쳤다.

어쩌다 맛난 걸 먹게 되면 떠오르는 사람이 있기 마련이다. 정인, 배우자, 자녀, 부모, 이 가운데 하나이겠지. 그런데 손순효는 성종을 떠올리고 그 먹을거리를 궁궐로 보냈다. 오죽하면 손순효의 임금 사랑하는 마음이 쇠도 돌도 뚫을 정도라고 했을까.

어디서든 성종의 무탈만을 바라는 손순효의 마음이 뜻밖에 실록에도 '재미있게' 적혔다. '도에 관찰사로 나가 있을 때는 항상 서울을 향하여 절하니 사람들이 혹 정상이 아닌가 의심하기도 하였다.'[190] 비 오나 눈 오나 임금을 그리며 궐을 향해 절하는 걸 보고 사람들이 정신이

——————— 연산 광해 강화

좀 이상한 거 아닌가, 의심했다는 얘기다.

손순효와 성종, 전생에 부자 관계가 아니었을까? 하는 생각도 든다.

손순효는 성종의 신하이지만, 성종에 대한 마음 씀이 마치 귀한 아들을 대하듯 했다. 성종은 1457년세조 3에 태어났고 손순효는 1427년세종 9에 태어났다. 손순효가 성종보다 31살 더 많다. 아버지뻘이다.

성종도 손순효에게서 자애로운 아버지를 느꼈을 것 같다. 성종의 아버지 의경세자덕종가 1457년세조 3 9월 2일에 스무 살 나이로 사망했다. 성종이 그해 7월 30일에 태어났으니 태어나서 한 달여 만에 아버지를 잃은 것이다. 당연히 아버지에 대한 기억이 전혀 없다. 그래서 손순효를 통해 아버지를 느낀 것이 아닐까? 또 그래서 더욱 총애한 것이 아닐까? 생각하게 된다.

성종 재위 마지막 해인 1494년성종 25 가을날, 인정전에서 세자 연산군이 주관하는 양로연養老宴이 열렸다. 술이 다섯 번 돌았을 때, 손순효가 나섰다. 서연관을 통해 연산군에게 이르기를, 중국의 성탕成湯, 탕왕과 문왕文王을 본받으시라 했다. 연산군이 "삼가 알겠습니다" 했다.

술이 일곱 번 돌았다. 손순효가 다시 서연관을 통해 연산군에게 말했다. 탐욕을 품지 말고 성색聲色을 멀리하소서! 여인을 밝히면 안 된다고 했다. 연산군이 공손하게 대답했다.

"자세히 들었습니다."

그런데 여기서 손순효가 덧붙인 말이 있다.

"이것은 다만 세자만이 아실 것이 아니고, 또한 상달할 만합니다."

상달上達은, 윗사람에게 알린다는 의미이다. 그렇다면 임금 성종에게도 전하라는 얘기다. 연산군이 대답했다.

"마땅히 상달하겠습니다."[191]

손순효는 연산군 조정에도 바른말을 거침없이 해서 주변 사람들이 통쾌하게 여겼다. 연산군 재위 3년 때인 1497년에 사망했다. 향년 71세.

고구리 연산군 유배지

연산군 유배지로 전하는 세 번째 장소, 교동면 고구리 화개산 기슭. 여기가 정확한 장소라고 말하기는 어렵다. 그래도 봉소리나 교동읍성보다 훨씬 사실에 가깝다. 이곳에 강화군에서 관련 시설을 오래전에 마련했다.

연산군 유배지는 오랫동안 출입을 통제하였다. 화개산 정상에 전망대를 세우고 일대를 공원으로 가꾸고 모노레일까지 설치하는 대공사가 계속되면서 일반인의 출입을 철저히 막아왔다. 일부가 개방되며 다시 찾은 연산군 유배지는 주변이 많이 변해있었다.

주차장이 아주 넓어졌다. 산 내음 가득한 숲길은 사라지고 길이 뻥 뚫렸다. 게다가 하필 모노레일 타고 내리는 커다란 건물이 유배지 바로 앞에 섰다. 그래서 연산군 유배지로 조성됐던 공간의 안온함도 사라졌다. 마치 너른 공원의 부속물처럼 되었다.

원래의 연산군 유배지 공간은 변한 것이 별로 없었다.

입구에 커다란 돌비. '연산군 유배지 위리안치'라고 새겼다. 뒷면엔 한자로 옮겼다. '燕山君流配址 圍籬安置' 위리안치는 집 밖으로 나올 수 없는, 집 자체가 감옥인 유배 형벌이다. 가시 날카로운 탱자나무로 집을

두른다고 하는 데 꼭 탱자나무를 써야 하는 것은 아니다.

위리圍籬는 울타리를 두른다는 뜻일 뿐, 탱자나무라는 의미는 없다. 남쪽 지방에서는 탱자가 잘 자라지만, 북쪽 지방에서는 그렇지 않다. 탱자나무 없는 지역은 다른 가시나무를 쓸 수밖에 없다.

위리안치한 유배소에 가시나무 울타리를 추가로 더 쌓게 하는 형벌을 가극안치加棘安置라고 한다. 더할 가加에 가시나무 극棘이다. 안에 갇힌 사람에게 실제적인 고통이 더해지는 것은 아니다. 상징적인 조치로 볼 수 있겠다.

여기 '교동도 유배 문화관'이 있다. 황토 초가 형태로 지었다. 교동에 유배 왔던 인물들을 소개한다. 이런 사람도 왔었구나, 보며 알게 된다. 하지만 규모가 작아서 아쉽다. 실내 공간이 좁다 보니 인물 소개 방식도 평면적이다. 처음부터 유배 문화관으로 지은 건물은 아닌 것 같다. 그랬다면 훨씬 크게 지었을 것이다.

유배 문화관 옆으로 연산군이 안치된 작은 초가, 어둑한 방 안에 연산군 모형을 앉혔다. 개다리소반에 밥과 국 한 그릇 그리고 간장 한 종지뿐. 연산군은 가만히 밥상을 내려다보고 있다. 김치 한쪽조차 올리지 못한 미안함 때문일까, 시중드는 여인이 가시울타리 안 좁은 마당에 쪼그리고 앉아 울고 있다. 밖에는 험악한 표정의 포졸들이 서 있다. 설치된 모형만 보고도 이야기를 이어갈 수 있을 것 같다.

출입 통제 이전, 이곳에 자주 왔었다. 생각보다 많은 이가 연산군 유배지에 왔다. 여길 찾은 이들의 표정에서 연산군을 욕하는 감정을 읽어내기 어려웠다. 그들은 뭐랄까 연민의 눈빛으로 유배지를 둘러봤다. 그렇다고 해서 연산군의 악행마저 용서한 것은 아닐 게다.

퇴임 대통령들이 감옥에 가는 걸 보며, 잘못했으면 죗값을 받아야지, 하는 당연한 마음에, 그래도 대통령씩이나 한 사람이 어쩌다 저리 됐나, 하는 일종의 측은함도 느꼈었다. 연산군 유배지를 찾은 이들도 유사한 심정일 것 같다.

내려오는 길, 여전히 머리에서 연산군이 맴돈다.

그는 욕하면서 열광하는 막장 드라마 같은 존재로 소비된다. '재미'의 대상이 되기도 한다. 하지만 지금 나를, 우리를, 이 사회를 비추는 아픈 거울이라는 의미가 더 크게 다가온다. 꺼내놓지 않을 뿐, 우리 저마다의 가슴속 한편에서도 이글거리는 연산군이 살고 있는지 모른다.

아비의 길은 어떠해야 하나. 성종을 빗대어 생각해 본다.

아비의 영광이 항시 자식의 영광이 되는 것은 아니다. 아비가 믿는 선한 영향력이 자식에게 그대로 반영되는 것도 아니다. 자식을 좋은 집에 살게 하고 좋은 차 타게 해주는 게 좋은 일임은 맞으나 그렇게 하려고 자신에게 부끄러운 짓을 거듭하는 것은 맞지 않는다. 자식과 눈 마주치는 게 자신 없어지면 슬프다.

지금 나의 결단이 훗날 자식에게 어떤 고통으로 나타나게 될지 생각해야 한다. 자식은 아비가 기획하고 기대하고 목표하는 대상이 아니라, 있는 그대로 이해하고 믿고 품어야 할 내 새끼다.

연산군이 역사의 악인이 된 데는 아버지 성종의 영향도 크다. 아들 연산군이 죄인이라면 아비 성종도 하릴없이 죄인이다.

광해군

너무 힘들어

▌누가 땅굴을 파는가

강화도호부성 서문 안 어느 집, 한 사내가 집 밖으로 나가려 땅굴을 판다. 사방은 겹겹 울타리로 막혔고 지키는 이들까지 있으니 달리 방법이 없었다. 삽 한 자루조차 없다. 땅을 파는 장비는 가위와 인두 정도. 벌써 며칠째 흙을 찍어내고 있다. 흙과 땀으로 얼룩진 스물여섯 살 사내의 눈빛이 처절하다.

사내의 이름은 이지. 폐세자 이지1598~1623이다. 폐세자라면? 그렇다. 광해군의 아들이다. 무탈했다면 아버지를 이어 조선의 제16대 임금이 됐을 사람이다.

광해 및 이지를 강화에 옮겨 안치시켰다. '광해와 폐비 유씨는 같은 집에 안치시키고, 지와 폐빈 박씨를 같은 집에 안치시켰다. 그리고 중사中使 및 별장別將을 배치해 감호하게 하였다.'[192]

인조반정으로 쫓겨난 광해군이 강화도에 위리안치되었다. 연산군은 홀로 교동에 유배됐었지만, 광해군은 가족과 함께 왔다. 모두가 한집에서 지낸 것은 아니다. 광해군과 폐비가 강화부성 동문 쪽에 갇혔고 폐세자와 폐세자빈은 서문 쪽에 갇혔다. 이때가 1623년광해군 15 3월이었다.

폐세자는 스무날 넘게 굴을 팠다. 폐세자빈은 흙을 담아 옮겼다. 드디어 뚫었다! 폐세자는 캄캄한 밤을 기다려 담 밖으로 나오는 데 성공했다. 하지만 바로 나졸에게 붙잡혀 끌려가고 말았다. 폐세자 끌려간 지 어느덧 사흘째, 낙담한 폐세자빈이 목을 매 자결했다.[193]

폐세자 이지를 벌하러 한양에서 사람이 왔다. 의금부 도사 이유형이다. 이유형은 자결하라는 인조의 명을 전했다. 이지는 처연하게 웃었다. 그리고 광해군 갇힌 동쪽을 향해 절했다. 부모님께 올리는 마지막 인사였다. 이후 목을 맸다.[194] 뜨거운 여름날이었다.

어느새 가을이 깊었다. 강화의 산들도 가을을 입었다. 폐비 유씨 그러니까 광해군의 부인이 병 앓다가 세상을 떠났다.[195] 유배 온 지 6개월여 만이다.

의사가 아니라도 짐작할 수 있을 것 같다. 화병火病이다. 청천벽력으로 닥친 폐위, 유배, 며느리 자결, 아들 사망. 성할 수가 없었다. 왕비 시절부터, 다음 생에는 왕가의 여인으로 태어나지 않게 해달라고 부처님께 빌고 또 빌었다는 그녀는 이렇게 목숨을 놓아버렸다.

문성군부인 유씨폐비를 장사지냈다. 부인이 10월 8일 강화도의 위리圍籬에서 죽었는데, 상이 철조撤朝 3일, 소선素膳 5일을 명한 다음, 예조의 당상·낭청과 내관 및 경기관찰사를 보내어 장례를 감호할 것을 명하였다.[196]

인조 조정에서 폐비의 장례를 치러준 것이다. 양주 땅 적성동에 모셨다.

폐세자 장례는?

폐세자는 탈출 전 부인과 함께 자결을 시도했었다. 보름 이상 곡기를 끊었었고 이어 목을 맸으나 여종이 발견해서 구해냈다. 그러니 탈출 시도는 단순히 살고자 함이 아니었다. 인조 조정에 대한 복수를 기획했을 것이다. 그렇다면 인조 입장에서 볼 때 반역행위이다. 하여 제대로 된 장례를 치르지 못했을 것이다.

광해군, 이제 혼자다. 불과 몇 개월 만에 며느리, 아들, 아내를 모두 잃었다. 그렇게 홀로된 몸으로 갇혀서 희망 없는 세월을 열어간다. 이때 광해군 나이 49세.

아들 며느리 먼저 보내고 나서부터 심하게 앓았다. 높은 울타리 안에 갇히어 부인과 함께 누워 앓았다. 아내마저 보내고 나서는 더 아팠다.

인조는 내의內醫를 거듭 보내 치료하게 하는 성의를 보였다. 1625년 인조 3에는 승지에게 이렇게 명했다.

"광해의 병이 매우 중하다고 하니 본도의 감사에게 지시해서 아침저녁 음식을 각별히 신경쓰되, 먹고싶어하는 게 있으면 강화부에서 나지 않는 것이라도 구해다 주도록 하라."[197]

몸 아픈 것보다 마음 아픈 게 더 문제다. 강화 별장 김득수가 보고했다.

"광해가 삼시 끼니를 물에 만 밥을 한두 숟갈 뜨는 데 불과할 뿐이고 간혹 벽을 쓸면서 통곡하는데 기력이 쇠진하여 목소리도 잘 나오지 않는 지경입니다."[198]

그래도 세월이 약이라고 점차 회복되고 귀양살이도 적응해 갔을 것이다. 불쑥 찾아오는 병에 다시 누웠다가 일어나고 그렇게 살다 보면 살아진다.

▍폐위 명분

"능양군 이종은… 보위에 나아가 선조 대왕의 후사를 잇게 하노라. 그리고 부인 한씨를 책봉하여 왕비로 삼노라. 이리하여 교시하노니, 모두 알라."

1623년 광해군 15 3월 14일, 인목대비는 광해군을 폐하고 능양군인조이 왕위를 계승하게 한다는 교지를 내렸다. 아울러 광해군을 폐하는 이유를 여러 가지로 말했다.

① "선조의 아들이라면 나를 어머니로 여기지 않을 수 없을 것이다. 그런데 광해는… 우리 부모를 형벌하여 죽이고 우리 일가들을 몰살시켰으며 품속에 있는 어린 자식을 빼앗아 죽이고 나를 유폐하여 곤욕을 치르게 하였으니, 그는 인간의 도리가 조금도 없는 자이다."

② "여러 차례 큰 옥사를 일으켜 무고한 사람들을 가혹하게 죽였고, 민가 수천 호를 철거시키고 두 궁궐을 창건하는 데 있어 토목 공사의 일이 10년이 지나도록 끝나지 않았다."

③ "인아姻婭, 인척·부시婦寺, 궁인과 환관들로서 악한 짓을 하도록 권유하는 무리만을 등용하고 신임하였으며, 다스리는 데 있어 뇌물을 바친 자들만 기용했으므로 무식한 자들이 조정에 가득하였고 금을 싣고 와서 관직을 사는 자들이 마치 장사꾼이 물건 흥정하듯 하였다."

④ "부역이 많고 수탈이 극심하여 백성들이 살 수가 없어서 고난 속에서 아우성치고 있으니, 국가의 위태로움은 말할 수 없다."

⑤ "우리나라가 중국을 섬겨온 지 2백여 년이 지났으니 의리에서는 군신의 사이지만 은혜에 있어서는 부자의 사이와 같았고, 임진년에 나라를 다시 일으켜준 은혜는 영원토록 잊을 수 없는 것이다.

… 그런데 광해는 은덕을 저버리고 천자의 명을 두려워하지 않았으며 배반하는 마음을 품고 오랑캐와 화친하였다. 이리하여 기미년1619에 중국이 오랑캐를 정벌할 때 장수에게 사태를 관망하여 향배를 결정하라고 은밀히 지시하여 끝내 우리 군사 모두를 오랑캐에게 투항하게 하여 추악한 명성이 온 천하에 전파되게 하였다.

… 황제가 칙서를 여러 번 내렸으나 군사를 보낼 생각을 하지 아니하여 예의의 나라인 우리 삼한이 이적 금수의 나라가 되는 것을 모면하지 못하게 하였으니, 가슴 아픈 일을 어떻게 다 말할 수 있겠는가."

인목대비는 이렇게 광해군을 폐위할 수밖에 없는 이유를 밝히고 다음과 같이 선언했다.

"천리天理를 멸절시키고 인륜을 막아 위로 중국 조정에 죄를 짓고 아래로 백성들에게 원한을 사고 있는데 이러한 죄악을 저지른 자가 어떻게 나라의 임금으로서 백성의 부모가 될 수 있으며, 조종의 보위에 있으면서 종묘·사직의 신령을 받들 수 있겠는가. 이에 그를 폐위하노라."[199]

이제 인목대비가 교지에서 밝힌 광해군 폐위 사유를 바탕으로 깔고 광해군이 어떻게 즉위해서 어떤 임금의 길을 갔는지 따라가 보도록 하자.

세자가 되다

1592년[선조 25] 임진왜란 초, 창덕궁 선정전. 선조가 몇몇 신하와 대책을 논의하고 있다. 파천을 말할 만큼 긴박하다. 그때 우부승지 신잡이 아뢰었다.

"사람들이 위구危懼, 염려하고 두려워함하고 있으니 세자를 책봉하지 않고는 이를 진정시킬 수 없습니다. 일찍 대계大計를 정하시어 사직의 먼 장래를 도모하소서."[200]

세자를 책봉하시라는 요청이 이번이 처음이 아니었다. 이미 여러 해 전부터 세자 책봉을 말하는 이들이 있었다. 그런데 선조는 요지부동, 세자 세울 뜻을 내비치지 않았다. 세자를 책봉하시라 요청했던 신하를 귀양보내기도 했다.

임진왜란 당시 선조 나이 41세, 재위 25년 때다. 아들도 장성했다. 장남 임해군 21세, 차남 광해군 18세였다. 보통 왕자 나이 8세 전후에 세자 세우는 걸 보면 선조의 머뭇거림은 이례적이다.

홍국사(경기 남양주)

덕흥대원군의 원찰이었다. 원래 수락사(水落寺)였는데 덕흥대원군 원찰이 되면서 흥덕사(興德寺)로 이름을 바꿨고 이후 다시 흥국사(興國寺)로 고쳤다.

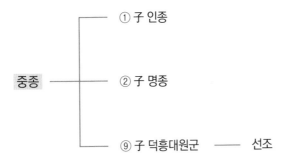

조선 제11대 임금 중종이 세상을 떠나고 적장자인 제12대 임금 인종이 즉위한다. 그런데 인종은 재위 8개월여 만에 자식도 없이 사망하고 만다. 그래서 인종의 이복동생인 명종이 제13대 임금으로 즉위한다.

연산 광해 강화

선조1552년~1608, 재위:1567~1608가 명종을 이어 제14대 임금으로 즉위했는데, 명종의 적자도 서자도 아니다. 명종의 유일한 아들인 순회세자가 어린 나이에 죽었기 때문에 명종이 세상을 떠났을 때 그를 이어 즉위할 아들이 없었다.

그래서 중종의 손자이자 명종의 조카인 선조가 왕위를 물려받게 된 것이다. 중종과 후궁 창빈안씨 사이에서 덕흥대원군이 태어났고 덕흥대원군이 선조를 낳았다.

선조는 신분에 대한 콤플렉스가 있었던 것 같다. 그래서 적자를, 그러니까 왕비가 낳은 아들을 세자 삼고 싶어 했다. 하지만 왕비는 아들을 낳지 못했다. 임해군과 광해군은 후궁인 공빈 김씨의 자식들이다. 그러니까 서자다.

적자를 기다리는 선조는 세자 책봉을 미루어왔다. 그렇다고 언제까지 적자만 기다리고 있을 수는 없다. 왕비 의인왕후1555~1600도 나이를 먹는다. 점점 출산이 어려워진다.

어느 시점에선가 선조는 적자를 포기하고 서자 중에서 세자를 정하기로 마음먹었을 것이다. 그의 속마음은 임해군, 광해군이 아니라 넷째 아들 신성군에게 있었다고 한다.

임해군과 광해군의 생모인 공빈김씨가 사망한 뒤 선조의 사랑을 독차지한 여인이 인빈김씨이다. 인빈김씨는 선조의 6명 후궁 가운데 자식을 가장 많이 낳았다. 4남 5녀. 아들이 의안군, 신성군, 정원군원종, 인조의 아버지, 의창군인데 의안군은 어려서 죽었다.

인빈김씨에 폭 빠진 선조는 신성군을 유난히 이뻐했다. 신성군? 광해군? 임해군? 생각이 많았다. 신성군이 넷째 아들인 것도 부담이었다. 아무튼, 그러다가 왜군의 침략을 당한 비상 상황이 닥친 것이다.

이제는 정말 세자를 세워야 한다. 만약 왕에게 어떤 변고가 생겨 왕위가 비게 되면 큰일이다. 세자 즉 왕위 계승권자를 정해야 했다. 선조가 피란 나서면 세자가 분조分朝를 이끌고 민심을 수습하고 의병 봉기를 독려하며 임금 역할을 대신해야 한다.

드디어 선조가 세자를 책봉하겠다고 했다. 이건 몇몇 신하만 있는 자리에서 발표할 일이 아니다. 선조가 묻는다. 대신들이 아직 퇴궐하지 않고 빈청에 있느냐고.

"이러한 때에 대신들이 어떻게 감히 집으로 물러가 있겠습니까. 다들 빈청에 있습니다."

모두 들어오라고 했다. 그때다. 선조가 별안간 나가려고 한다. 아니, 어디 가시게요?

"내가 편복으로 대신을 인견할 수는 없다. 예의에 맞지 않으니 내전으로 들어가 옷을 바꿔 입은 뒤에 만나보겠다."

지금 이 마당에, 전쟁 나서 피란 짐 꾸려야 할 마당에, 옷 갈아입고 온다 하자 우승지 신잡이 쫓아나가 아뢰었다.

"이러한 때를 당하여 작은 예절에 얽매여서는 안 됩니다."

선조는 도로 들어와 앉았다. 대신들이 모이자 선조가 물었다.

"경들은 세자로 누구를 세울 만하다고 생각하는가?"

대신들이 대답했다.

"신들이 감히 아뢸 바가 아니고 마땅히 성상께서 스스로 결정하실 일입니다."

다들 입 조심하고 있다. 1년 전쯤에 유성룡 등이 세자 책봉을 말했다가 선조에게 호되게 당한 일이 있었다. 그래서 함부로 나서지 않고 있던 거다.

이렇게 되풀이하기를 서너 차례, 누가 좋겠소? 전하께서 결정할 일입니다. 반복, 반복. 밤이 깊었다. 답답하고 또 답답한 공기, 영의정 이산해가 슬그머니 나가려고 했다. 그러자 신잡이 만류하며 말했다.

"오늘은 기필코 결정이 내려져야 물러갈 수 있습니다."

머쓱해진 이산해, 그냥 주저앉았다. 드디어 선조가 입을 열었다.

"광해군이 총명하고 학문을 좋아하여 그를 세워 세자로 삼고 싶은데 경들의 뜻에는 어떠한가?"

장남 임해군이 공식적으로 탈락하는 순간이다. 사실 신하들의 속마음도 광해군이었다. 선조가 세자로 광해군을 말하자, 신하들이 모두 일어나 절하면서 아뢰었다.

"종묘사직과 생민의 복입니다."

이렇게 광해군이 세자가 되었다.[201] 왕위 계승권자로 지명된 것이다. 어찌 보면 임진왜란 '덕분에' 광해군이 세자가 됐다고 할 수도 있다.

▌고단한 세자

선조와 광해군, 아버지와 아들은 그동안 관계가 그리 좋지 않았다. 왠지 어색하고 뻣뻣한 분위기. 세자 책봉 후에는 좋아졌을까? 그렇지 않았다. 더 나빠졌다.

왜? 광해군이 세자 노릇을 아주 잘해서!

임진왜란 때 선조는 저 북쪽 멀리 의주에 가 있었다. 여차하면 중국 땅으로 넘어가려 했다. 세자 광해군이 조정을 나누어 이끌고, 두루 백성을 위무하며 전쟁 수습에 노력을 다했다. '나무를 베어 땅에 박고 풀을 얹어 지붕을 하여 노숙'[202]까지 하면서. 평안도, 황해도, 강원도 이천 등 활동 범위도 넓었다.

그 결과, 민심이 진정되고 의병 봉기가 활발해졌다. 광해군이 임시정부 격인 분조를 이끈 것은 1592년 선조 25 6월부터 1593년 선조 26 1월까지 7개월이었다. 선조는 평양성이 회복되자 공식적인 분조 활동을 그치게 했다.

성혼은 선조에게 올린 상소에서 광해군의 분조를 높게 평했다.

'왜병들이 가득하여 군현이 피폐하여, 소민들이 마음속으로 나라가 없어졌다고 여긴 지가 이미 오래되었는데 이제 행조 行朝, 광해군이 이끈 분조 가 이천에 임어하시니, 사방에서 비로소 우리 군주가 계신 곳을 알게 되었습니다… 만약 행조가 열흘 내지 한 달만 늦게 나왔더라면 몇 고을이 또한 반드시 적에 따라붙어서 나라가 망하게 되었을 것입니다.'[203]

분조가 해체된 후에도 광해군은 쉬지 않았다. 선조를 대신하여 명나라 군대를 지원하고 전라도, 경상도로 가서 군병을 모집하고 군량 운반을 감독하는 등 일선에서 뛰었다.[204] 1593년 선조 26 말부터 1594년 선조 27까지 이어진 이 시기 활동을 '2차 분조'로 보기도 한다.

광해군의 인기가 점점 올라갔다. 선조에 대한 백성의 반감이 오히려 광해군의 인기를 끌어올리는 요인이 되었다. 그럼 아버지로서 좋은 일 아닌가? 그런데 권력 세계에서는 그렇지 않은 모양이다.

왕 자리 때문에 형제간에, 심지어 부자간에 피를 뿌리는 일이 동서

양을 막론하고 드물지 않았으니 말이다. 왕 입장에서 직간접적으로 왕위에 위협이 되는 이는 견제해야 할 대상이고, 때로는 적이다. 아들일지라도 말이다.

'**내가 살아서는 망국의 임금이 되었고, 죽어서는 장차 이역 땅 귀신이 되겠구나. 부자가 서로 헤어져 있으니, 다시 볼 날이 없을 듯하다. 바라건대, 세자는 옛 강토를 회복하여 위로는 조종의 영혼을 위로하고, 아래로는 부모의 돌아옴을 맞이하라. 종이를 대하니 눈물이 앞을 가려 말할 바를 모르겠노라.**'[205]

선조가 분조를 이끌고 떠난 세자 광해군에게 보낸 편지라고 한다. 애달프고 절절하다. 이때만 해도 아들 광해군을 대견하게 여겼을 것이다. 그런데 점점 신경 쓰이는 경쟁자처럼 여기게 된 모양이다. 그래서 광해군을 내심 시기하고 견제하기 시작했다. 광해군은 그럴수록 긴장하고 눈치 보고 바짝 엎드렸다.

"**군사를 거느리고 상경하여 성을 포위하고서 3일간 통곡한 다음, 인하여 동궁**東宮**을 세우면 백성들에게 유리할 것이다.**"[206]

임진왜란 중에 송유진 등이 충청도를 거점으로 대규모 반란을 기도했다. 거사 직전에 발각되어 주모자들이 붙잡혀왔다. 반란세력은 한양을 점령하고 왕을 교체할 계획까지 했었다.

위 사료는 붙잡혀 온 누군가가 토설한 말이다. 선조를 폐하고 동궁

그러니까 세자 광해군을 왕으로 세우려 했다는 것이다. 이크, 광해군 식겁했겠다. 선조의 아들이 아니었으면 역모 죄인으로 몰렸을 것이다. 그러면 죽음이다.

명나라도 광해군을 고단하게 했다. 왕세자로 책봉을 해주지 않고 있는 거다. 형식적일망정 명의 책봉을 받아야 마음이 편안해지는 것인데 말이다.

조선은 여러 차례 명나라에 사신을 보내 광해군을 세자로 책봉해 달라고 요청했다. 그러나 명 조정은 계속 거부했다. 장자인 임해군을 놔두고 왜 둘째인 광해군을 세자로 삼느냐고 했다. 장자 계승 원칙을 지켜야 한다는 것이다. '국왕이 임해군을 이처럼 괄시해서야 되겠습니까'라고도 했다.

조선 조정은 임해군이 심신이 불안정하여 세자 역할을 할 수 없고 덕도 부족한 데 비해 광해군은 현명하고 왜란 중에 공을 세워서 백성들도 그가 세자 되기를 원한다고 명나라에 알렸다.

명나라는 임해군이 정말 병이 있는지 덕이 부족한지 확인할 수 없고, 광해군의 공적도 드러나지 않는다며 어깃장을 놓았다. 조선은 임해군이 평소 행실이 안 좋아서 뭇사람의 미움을 사고 있기에 세자 자격이 없다고까지 말하며 광해군 책봉을 요구했으나 소용없었다.

태종이 장자인 양녕대군을 폐하고 셋째인 충녕대군을 세자로 삼았을 때 명나라가 이를 인정해 주지 않았느냐며 따져도 보았다. 명의 반응은, '그때는 그때고'였다. 결국, 광해군은 명나라로부터 조선 세자로 책봉 받지 못한 상태로 지내다가 국왕으로 즉위하게 된다.

세자 광해군은 명의 책봉을 받지 못했으나 오롯이 조선의 세자로 존재했다. 조선은 명에 사대하는 나라이지만, 맹목적으로 명나라를 따르지는 않았다. 명나라가 세자 광해군을 책봉하지 않은 것은 장자인 임해군으로 세자를 바꾸라는 압박이었던 셈인데, 조선은 광해군을 고수했다. 그런데 왜, 명나라는 '세자 광해군'을 거부한 것일까?

세자 책봉을 청하는 일은 그대 나라뿐만 아니라 우리 조정에서도 그러한 일事體이 있으므로 봉하는 일을 허락하지 않는 것이오.[207]

세자 책봉을 청하러 명에 간 조선 사신에게 명나라 관리가 한 말이다. 명나라 조정에도 유사한 일이 있기 때문이라고 했다.

명 황제 신종만력제이 장자를 내버려 두고 자신이 이뻐하는 정귀비 소생인 셋째 아들을 태자로 삼으려고 했다. 이 문제로 명 조정이 갈려 혼란스러워졌다. 1586년부터 시작된 태자 선정 논쟁은 1601년에 가서야 마무리된다. 장자가 태자가 되기는 한다.[208] 그러나 명 조정은 진정되지 않았고 너저분한 분쟁이 계속된다.

명나라에서 광해군 세자 책봉을 강하게 반대한 세력은 황제가 아니라 실무 부서인 예부조선의 예조 격 사람들이었다. 셋째 아들을 태자로 세우려는 황제에 맞서서 장자를 태자로 삼아야 한다고 외치고 있는 중이다. 그러니 선조의 차남 광해군을 조선의 세자로 책봉해 주시라, 자기네 황제에게 청하기가 곤란했던 것이다.

선위 타령

선조왕릉 목릉(경기 구리)

임진왜란 중, 명나라에서 사신이 왔다. 명 사신이 선조에게 불쑥 던
졌다.

"광해군이 인망이 높다고 하던데 선위禪位하시는 게 어떠신가요?"[209]

세자로 인정도 안 해주면서 선조에게는 세자에게 왕위를 물려주라
한다. 겉으로 태연했던 선조였으나 속으로는 전혀 태연하지 못했다.

잠시 태종 때로 가보자.

영의정부사 이화 등이 태종에게 상소하여, 민무구·민무질 형제를 처
벌하라고 요청했다. 이화는 민무구 등을 처벌해야 하는 주된 이유를
이렇게 말했다.

"지난해에 전하께서 장차 내선內禪, 선위을 행하려 할 때… 민무구 등
은… 기뻐하는 빛을 얼굴에 나타냈으며, 전하께서… 복위하신 뒤에…
민무구 등은 도리어 슬프게 여겼습니다."[210]

연산 광해 강화

태종왕릉 헌릉(서울 서초구)

우선 좀 낯선 관직명인 '영의정부사'부터 해결하자. 영의정부사領議政
府事는 곧 영의정을 말한다. 태종 때 영의정부사라고 했는데 세조 때부
터 영의정으로 부르게 된다.

민무구 형제는 태종 왕비 원경왕후의 동생들이다. 세자의 외삼촌이
다. 태종이 왕위를 세자에게 넘겨주겠다고 했을 때 민무구와 민무질
의 얼굴에 좋아하는 기색이 드러났던 모양이다. 그것 때문에 탄핵받
게 되었고 결국은 귀양 갔다.

임금이 선위하겠노라, 그랬을 때, 어느 신하가 "예, 잘하셨습니다."
그랬다간 경을 친다. 조선 시대에 여러 임금이 선위를 말하곤 했는데
진심으로 말한 임금은 거의 없었다.

대개 선위라는 이슈를 조정에 던져 놓고 신하들과 세자가 어떻게 나
오는지 두고 보는 것이다. 충성심을 확인하려는 정치 행위인 셈이다.

신하와 세자는 정답을 안다. "아니 되옵니다." 더해서 표정 관리도 잘 해야 한다.

선조도 몇 번이나 광해군에게 선위하겠다고 했다. 주로 임진왜란 기간이다. 너무 아파서 왕 노릇 그만하겠다고 했다. 역시 진심이 아닐 가능성이 크다. 조정은 온통 '아니 되옵니다', '당신만이 최고이십니다' 했다. 광해군은 죄인인 양 더 간절하게 '아니 되옵니다' 해야 했다. 이렇게 선조는 '재신임'을 받곤 했다. 참 피차 피곤한 일이다.

흔히 왕이 선위 파동을 일으키는 것이 왕권을 강화하기 위함이라고 말해진다. 글쎄, 이런 행위로 왕권이 진정으로 강해지는지는 생각해 볼 일이다.

선조가 선위를 거듭 말했던 것은 자꾸만 초라해지는 자신의 모습을 지워버리고 싶은 마음에서였을 것이다. 자신이 신하들을 부르면 심드렁하게 "예" 그러고 광해군이 부르면 굽신하며 "예예" 그러는 것 같다는 생각이 들었을지도 모른다. 그럴수록 광해군이 신경 쓰였다. 꺼려졌다. 임진왜란이 끝나고도 여전했다.

아침에 왕세자가 문안하였다. 상이 세자에게 대하는 것이 매우 엄하여 인접引接, 들어오게 하여 맞이함**하는 적이 드물었다. 이에 문안할 적마다 외문**外門**에 이르렀다가 물러갔다.**[211]

광해군의 문안 인사조차 받지 않았던 것이다. 『연려실기술』에는 이런 기록이 있다. '세자가 문안할 때마다 안으로부터 꾸짖기를, "어째서 세자의 문안이라고 이르느냐. 너는 임시로 봉한 것이니 다시는 여기에

연산 광해 강화

오지 말아라" 하니, 세자가 땅에 엎드려 피를 토하기에 이르렀다.'

선조가 광해군을 견제하고 억누르는 정황이 공신 책봉 과정에서도 드러난다. 선조는 임진왜란 중에 공을 세운 이들을 '선무공신'으로 뽑았다. 이순신, 권율 등이다. 의주까지 자신을 모신 이들을 '호성공신'으로 삼았다. 선무공신은 18명, 호성공신은 무려 86명이었다.[212] 아울러 분조에서 광해군을 보좌한 이들을 '위성공신'으로 삼았다.

그런데 선조는 광해군을 공신으로 뽑지 않았다. 신하들이 강력히 추천했으나 선조가 거부했다. 세자를 공신으로 봉하는 건 지나치다고 했다. 신하들은 공적이 두드러진 광해군을 제외하기 어렵다며 다시 생각하시길 청했다. 선조가 대답했다.

"다시 거론하지 말라."

선조가 자기 아들을 공신으로 삼아 상을 주는 게 면구스러워서 그랬는가? 아니다. 자신을 호종했던 다른 아들들, 신성군과 정원군을 호성공신으로 뽑았다. 심지어 왜군에 포로가 됐던 아들들, 임해군과 순화군도, 급을 낮추기는 했어도, 공신으로 삼았다. 광해군만 쏙 뺐다. 선조는 이런 말도 했다.

"제후의 세자는 반드시 천자의 명을 받은 뒤에 비로소 세자라고 할 수 있다. 지금 세자는 책명을 받지 못했으니 이는 천자도 허락하지 않은 것이고 천하도 알지 못한다."[213]

광해군이 명으로부터 세자로 인정받지 못하고 있으니, 진정 세자라고 할 수 없다고 한 것이다.

드디어 즉위

1600년_{선조 33}, 선조 왕비 의인왕후 박씨_{1555~1600}가 세상을 떠났다. 향년 46세. 자식 낳지 못한 죄 아닌 죄로 가슴앓이 심했던 여인이다. 광해군을 친아들처럼 예뻐했다고 한다. 광해군은 든든한 우군을 잃었다.

1602년_{선조 35}, 선조가 김제남의 딸을 새 왕비로 맞으니 인목왕후 김씨_{1584~1632}이다. 인목대비로 불리게 될 그녀가 1606년_{선조 39}에 아들을 낳는다. 드디어, 마침내, 선조의 적자가 태어난 것이다. 영창대군 _{1606~1614}이다. 이때 선조 나이 55세, 인목왕후는 23세였다. 세자 광해군은 32세. 아들이 새어머니보다 9살이나 많았다.

선조는 흔들렸다. 세자를 바꿀까, 생각이 많았다. 하루에도 몇 번씩 폈다, 접었다, 했을 것이다. 그러나 아무리 서자라도 광해군을 세자로 이미 세웠으니 쉽게 저지를 일이 아니었다. 더구나 영창대군은 너무 어리다. 주저주저하다가 결국은 그대로 세상을 떠났다. 이때 광해군 나이 34세였고 영창대군은 3살이었다.

3살에도 세자가 될 수 있나? 왕이 결단하면 가능하기는 했다. 선조 후대이긴 하지만, 경종과 문효세자_{정조의 아들}가 3살에 세자로 책봉됐다. 심지어 사도세자와 순종은 2살에 세자가 된다.

선조가 망설이고 있을 때, 선조의 속내를 읽고 영창대군 세자 만들기에 나섰던 사람들이 있었다. 주로 소북_{小北}에 속한 이들이다. 대표적인 인물이 조정 실세 영의정 유영경_{1550~1608}이다. 반면 대북_{大北}에 속한 이들은 계속 광해군을 밀었다. 정인홍, 이이첨 등이다.

선조가 승하한 날은 1608년_{선조 41} 2월 1일이다. 다음 날 2월 2일, 완

인목왕후릉(경기 구리)
왼쪽이 선조와 의인왕후의 능이고 오른쪽이 계비 인목왕후의 능이다.

평부원군 이원익 등이 대비에게 요청했다. 예종이 승하한 당일에 성종이 즉위한 전례가 있으니 광해군도 오늘 바로 즉위식을 치르자고. 대비는 그렇게 하라고 했다.

그래서 선조가 세상 떠난 다음 날인 2월 2일에 광해군이 정릉동 행궁에서 즉위했다. 조선 제15대 군주 광해군1575~1641, 재위:1608~1623. 18세에 세자가 되어 16년간 간난신고 겪다가 34세에 임금의 자리에 오른 것이다.

선왕先王 상중喪中에 치러지는, 그래서 간단하게 끝내기 마련인 즉위식이 의외로 오래 걸렸다. 광해군이 시간을 끌었기 때문이다.

「광해군이」 전상殿上에 있는 어좌의 동쪽에 서니, 통례 김권이 나와서 아뢰기를, "어좌로 오르소서" 하였으나, 왕이 응하지 않았다. 유몽인이 아뢰기를, "어좌로 오르소서" 하니, 왕이 이르기를, "심정이 매우 망극하여 차마 어좌에 오를 수가 없다" 하였다.[214]

광해군이 임금 자리에 앉지 못하겠다고 하자 신하들이 돌아가며 대략 스무 번이나 권하고 광해군은 계속 사양했다. 어좌에 앉지 않고 그냥 서서 하겠다고 고집했다. 날이 저무니 서두르라고 재촉하면서도 어좌에 앉지 않았다. 광해군은 전례가 있다고 말했다. 태조 이성계가 즉위할 때 어좌를 피하고 선 채로 신하들의 조하朝賀를 받은 적이 있기는 했다.[215]

"여러 사람의 심정을 돌아보아 생각하시어 어좌에 오르심으로써 행례를 제대로 이루게 하소서."

신하들이 거듭 간절하게 말했다. 이제야 광해군이 어좌에 오르고 의식을 끝낼 수 있었다. 모두 지치게 한 특이한 즉위식이었다.

▌유영경과 정인홍

선조가 승하하기 몇 개월 전인 1607년선조 40 10월 11일, 병환 위중한 선조가 삼공을 급히 불러 비망기備忘記를 내렸다.

"병에 걸린 지 1년이 다 되어가는데 조금도 차도가 없어 정신이 아득하고 심병이 더욱 심하다. 이러한데도 왕위에 그대로 있을 수 있겠는가? 세자 나이가 장성하였으니 고사에 의해 전위傳位해야 할 것이다. 만일 전위가 어렵다면 섭정하는 것도 가하다. 군국軍國의 중대사는 이처럼 하지 아니할 수 없으니 속히 거행하는 것이 좋겠다."[216]

　　　　　　　　　연산 광해 강화

광해군에게 왕위를 물려주겠다고 했다. 이번엔 정말인 것 같다. 그런데 '전위가 어렵다면 섭정하는 것도 가하다'라고 한 것으로 보아 선조의 진심은 선위가 아니라 세자 광해군의 대리청정이었던 것으로 보인다. 이제 광해군은 아버지 선조를 대신해서 임금의 일을 보게 될 것이다.

그런데 아니었다. 삼공, 즉 영의정 유영경, 좌의정 허욱, 우의정 한응인이 선조의 지시를 따르지 않았다. 중전인목왕후까지 나서서 삼공에게 일렀다. 선조의 뜻을 따르라고 했다. 세자에게 나랏일을 맡겨야 선조가 마음 편하게 치료에 전념할 수 있다고 했다. 그러나 유영경 등은 "신들은 죽는 한이 있어도 끝내 감히 따르지 못하겠습니다" 하였다. 영의정이 왕과 왕비의 거듭된 명령을 거부한 것이다. 얼마 뒤 사헌부 장령 유경종이 선조에게 글로 청했다.

'국가의 대소사는 비밀에 관계되는 것이라고 하더라도 삼사가 참으로 모를 수가 없는데 더구나 비밀에 해당되지 않는 일이겠습니까. 지난번 상께서 비망기로 삼공에 하문하실 때 정원이 비밀로 하고 즉시 전하지 아니하여 삼사가 전혀 알지 못하게 하였으니, 매우 놀랍습니다. 당일 해당 승지와 주서를 함께 파직시키어 뒤 폐단을 막으소서.'[217]

무슨 소리인가. 유영경 등이, 세자 광해군에게 왕위를 잇게 하든가 아니면 대리청정하게 하라는, 선조의 비망기를 숨긴 것이다. 그 자리에 있던 승지와 사관의 입도 막았다. 어떻게 해서든지 광해군을 밀어내고 영창대군을 세우려는 의도가 읽힌다.

선조의 건강이 웬만큼 회복된 1608년선조 41 1월, 전 공조참판 정인홍1536~1623이 유영경을 신랄하게 비판하고 광해군을 두둔하는 상소를 올렸다.

'영경의 이간질이 이와 같으니 이는 세자를 업신여긴 것이고 천하를 배반한 것'이라고 지적하면서 '전하의 부자父子를 해치는 자도 영경이고 전하의 종사宗社를 망치는 자도 영경이며 전하의 나라와 백성을 해치는 자도 또한 영경'이니 그의 죄를 빨리 들추어 정당한 형벌로 다스리시라, 요청했다.

그러면서 '혹 전위하고 혹 섭정하여 인심을 결집시키고 국가의 근본을 안정시키며 옥후玉候, 임금의 건강를 조섭하여 완쾌되는 경사를 빨리 부르는 것은 조정 신하들의 뜻이고 서울 남녀들의 뜻이며 온 지방 백성들의 뜻'218이라는 말도 상소에 슬쩍 끼워 넣었다. 세자 광해군에게 왕위를 물려주시든가 아니면 대리청정하게 하시고 전하께서는 몸조리에 전념하시지요, 이런 소리다.

선조, 죽을지도 모르겠다는 생각이 들 만큼 심하게 앓고 있을 땐 선위든, 대리청정이든, 하게 할 생각이었는데 어느 정도 회복된 지금, 그럴 생각이 없어졌다. 그래서 정인홍의 상소를 아주 불쾌하게 여겼다. "인홍의 말은 마치 실성한 사람이 한 것과 같으니 극히 마음이 아프다." 상소를 읽은 선조의 반응이 이랬다. 정인홍을 악독한 사람이라고도 했다.

선조는 생각할수록 정인홍이 괘씸했다. 그래서 한 마디 더한다.

"정인홍이 세자로 하여금 속히 전위傳位를 받게 하려고 하였으니 그 스스

로 모의한 것이 세자에게 충성을 다하는 것이라고 여겼겠지만 실은 불충함이 극심하다… 지금 인홍의 상소 때문에 위로는 내 마음이 불안하여 밤에는 잠을 자지 못하고 낮에는 밥을 먹지 못하며, 아래로는 대신과 대간이 모두 그 직책을 불안하게 여기니 전에 없었던 변고라고 하겠다."[219]

광해군은 미칠 노릇이다. 선조에게 다시 엎드려 빈다.

"신은 만 번 죽는 것 이외에는 다시 상달할 바가 없으니 땅에 엎드려 황공할 뿐입니다."[220]

1608년_{선조 41} 1월 26일, 사간원 정언 구혜가 정인홍과 정인홍을 사주한 전 정랑 이이첨 등을 귀양 보내라고 청했고, 선조는 그렇게 하라고 했다. 그런데 불과 나흘 뒤인 2월 1일에 선조가 세상을 떠나고 만다.

임금이 바뀌고 조정이 바뀌었다. 1608년_{광해군 즉위년} 2월 16일, 얼마 전 정인홍 등을 처벌하라고 목소리 높였던 사간원에서 이번에는 정인홍 등을 속히 석방하고 관작을 회복해달라고 광해군에게 청했다. 사관이 어이없었는지 선조가 승하한 지 불과 10여 일 만에 말을 바꾼 양사의 저급한 처신에 마음 아프다고, 실록에 적었다.

광해군은 일단 신중했다. "정인홍 등은 선왕께서 유찬_{귀양}시킨 지가 오래지 않는데 내가 어떻게 감히 갑자기 그 명을 어겨서 경솔하게 석방할 수 있겠는가?" 정인홍을 석방하라는 사간원의 요청을 거절했다.

연일 석방을 외치는 소리가 조정에서 계속됐으나 오래가지 않았다. 2월 23일, 광해군은 병이 심하다고 하는 정인홍만 우선 풀어주었다. 이이첨은 꽤 오래 있다 풀어줄 것 같았다. 그런데 정인홍을 석방한 바로 다음 날인 2월 24일에 "인홍을 이미 석방했는데 이이첨을 그대로 죄적罪籍에 두는 것은 억울할 것 같으니, 아울러 방송放送하라" 하며 이 이첨도 풀어주었다.

3월 1일, 광해군이 명했다. "정인홍을 판윤判尹에 제수하라." 정인홍이 사양하고 광해군이 거듭 벼슬을 내리는 과정을 거쳐 결국 정인홍이 조정으로 돌아오게 된다. 사흘 뒤 3월 4일, 광해군이 이이첨을 병조정랑으로 임명했다. 이제 이들과 정반대 처지가 된 사람, 유영경이다.

유영경을 처벌하라는 조정의 요청이 거듭됐다. 1608년광해군 즉위년 3월 10일, 광해군은 "선조先朝의 대신을 너무 야박하게 대우해서는 안 된다. 그러나 공의도 중한 것이니 이에 억지로 따른다" 하면서 유영경을 유배 보내라 명한다.

함경도 경흥에 수개월 갇혀 있던 유영경은 자결하라는 임금의 명을 받고 목숨을 버렸다.

"유영경은 비단 선조의 대신일 뿐만 아니라, 나에게는 과거에 사부였다. 공의에 몰리어 내가 끝까지 비호하지 못한다마는, 그렇다고 차마 사약을 내리지도 못하겠으니, 이 계사에 따라 낭청을 보내어 유시하고 자진하게 하라."[221] 광해군의 명령이었다.

▌ 대북, 소북?

이제 조선의 당쟁黨爭을 살펴보아야 하겠다. 요즘은 '당쟁' 대신 붕당정치朋黨政治라는 말을 주로 쓴다. 『선조실록』에 붕당지쟁朋黨之爭이라는 표현이 보이는데, 어떤 글자를 택하는가에 따라 당쟁이 되기도 하고 붕당이 되기도 한다. 벗 붕朋 자를 썼으니, 붕당정치는 뜻 맞는 벗끼리 당을 만들어 정치한다는 의미가 되겠다. 이 글에서는 낯익은, 당쟁이라는 용어를 그대로 쓴다.

연산군 시기 조선 조정은 당黨이 없었기에 당쟁도 없었다. 사화는 당쟁이 아니라 훈구파로 분류하는 기득권 세력과 사림파로 말해지는 신진 세력의 대립이 기본 틀이 되었던 사건이다.

당쟁은 선조 때 시작되었다. '사림'이 장악한 조정이 동인과 서인으로 나뉘어 대립하게 된 것이다. 이후 분파分派 과정이 너무 복잡하다. 자세히 들여다보려면 머리가 아프다. 꼭 필요한 경우가 아니라면 머리 아플 필요 없다고 생각한다. 그러니 그냥 굵직한 흐름만 정리해 보자.

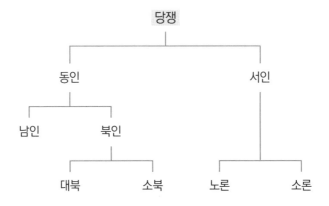

선조 대에 동인이 남인과 북인으로 갈라지고 북인은 다시 대북과 소북으로 나뉘었다. 정인홍, 이이첨 등이 대북이고, 유영경 등이 소북이다. 광해군 때는 상대적으로 대북이 강했다.

서인은 광해군을 폐하고 인조 조정을 이끌게 된다. 숙종 대에 이르러 서인은 노론과 소론으로 나뉜다. 이후 조선 조정은 거의 서인 노론 세력이 주도해 간다.

일제강점기, 일제는 당쟁을 한국민의 민족성으로 확대하고 왜곡해서 교육했다. 싸움박질만 해대는 열등한 민족성, 망할 수밖에 없는 나라, 그러니 일본의 지배를 다행으로 여기고 감사하라! 한국민의 자존감을 뭉개고 열패감을 심어서 식민 지배를 수월하게 하려는 의도였다. 이를 식민사관이라고 한다.

그런데 당쟁 자체가 나쁜 것은 아니다. 당과 당이 서로 견제하고 경쟁하고 타협하면서 좀 더 나은 정치로 나아갈 수 있는 시스템이다. 또 당쟁이라고 할 만한 정치판의 다툼은 어느 시대 어느 나라에나 있는 거다. 조선만의 특성이 아니다.

민주 사회에서도 정치는 정당 간에 다툼을 통해 성숙한다. 좀 시끄럽긴 하지만, 그래야 살아있는 거다. 일본처럼 다툼이 없는 정치, 그게 좋은 게 아니다.

당쟁을 나쁘게 말하면 일제 식민사관에서 벗어나지 못한 것인가? 그렇지 않다. '일제 잔재'라는 단어에 가위눌리지 말고 이제는 느긋하게 접근해도 된다고 생각한다. 이미 조선 후기 당대에도 많은 이가 당쟁의 병폐를 구체적으로 지적하고 비판했다.

당쟁, 당과 당의 다툼! 무엇을 위해 다투는가가 중요하다. 백성의 밥을 위해 싸우는가, 자신들의 밥을 위해 싸우는가. 싸우는 말과 글 속에 현란한 학식이 동원되지만, 대개 본질은 자기들 밥을 위한 싸움이었다.

상대를 파트너로 여기는가? 그래야 한다. 상대 당은 적이 아니라 선의의 경쟁자다. 공존의 중요성을 서로가 인식하고 있어야 한다. 당쟁이 잘 굴러갈 때는 그랬다. 하지만 망가졌을 때는 상대를 완전히 제거해야 할 적으로 인식했다.

임해군을 교동으로

공빈김씨 묘 곡장(경기 남양주)

왕위 계승 후보 1순위자가 즉위하지 못했을 때 그의 운명은 비극이 될 가능성이 크다. 선조 때 1순위자였던 임해군도 그랬다.

갖은 악행으로 널리 알려진 임해군1572~1609, 임진왜란 때 선조를 호종하지 않았다. 선조는 장남 임해군을 함경도로 보내 근왕병을 모집하게 했다. 그런데 백성들을 제대로 도닥이지 못했다. 여전히 욕을 많이 먹었다. 다른 이들의 잘못까지 임해군이 뒤집어쓴 측면도 있다.

선조가 임해군을 함경도로 보내면서 순화군을 강원도로 보냈었다. 순화군 역시 온갖 못된 짓으로 선조를 괴롭힌 왕자다. 강원도로 근왕병 모집하러 간 순화군이 얼마 안 있어 함경도로 옮겨 가 임해군과 합류했다. 왜군이 강원도에 다다르자 북쪽으로 피해 간 것이다.[222] 함경도에서도 순화군은 여전했다. 순화군을 모신 그의 장인 황혁은 한술 더 떴다.

"황혁은 관동에서 북도로 옮겨갈 적에 군부君父의 어려움도 생각하지 않고 또 부탁한 중책도 잊고서 모든 행위가 다 패려悖戾, 도리에 어그러지고 사나움하여, 각 고을에서 공억供億, 접대하는 것이 조금만 뜻에 맞지 않으면 마구 매질을 하였는데, 지나는 곳마다 소란하여 마치 난리를 겪는 것 같으므로 민심이 원망하고…"[223]

순화군을 호종하던 황혁이 하도 못되게 굴어서 민심이 이반했다는 것이다. 이래저래 임해군에 대한 평판은 더 나빠졌다. 그런데 함경도에 이미, 선조가 왕위에서 쫓겨나고 새로운 왕이 등장할 것이라는 유언비어가 돌고 있었다. 선조에 대한 지역민의 반감이 유독 강했다. 임해군과 순화군의 잘못으로만 민심이 나빠진 것은 아니었다.

설상가상, 임해군과 순화군이 반란 일으킨 토관진무 국경인鞠景仁에게 붙잡혀 왜장 가토加藤淸正에게 넘겨졌다. 조선의 왕자들이 왜군의 포로가 된 것이다. 한참 뒤에야 겨우 풀려났다.

광해군이 즉위하자마자 사헌부와 사간원에서 아뢰었다.

"임해군 이진은 오랫동안 딴마음을 품고서 사사로이 군기軍器를 저장하고 몰래 사사死士를 양성하였습니다… 철퇴와 환도를 빈 가마니에 싸서 많은 숫자를 들여갔으니, 헤아릴 수 없는 화가 금방 닥치게 되어 있습니다… 대신과 병조에서 조속히 처치하게 하여 절도絕島로 유배시킴으로써…"[224]

임해군이 남몰래 무기를 비축하고 사병을 모았다고 했다.

『연려실기술』은 '정미년1607 겨울에 임금의 병환이 위급해지자 인심이 동요되어 공포 속에 있었는데, 모두 임해군이 불측한 뜻이 있지 않나 의심하였다'라고 기록했다. 임해군이 광해군 즉위 전부터 역모를 꾀하는 조짐이 있었던 듯한데 어디까지가 진실인지 제대로 알기 어렵다. 아무튼, 이제 임해군은 역모 죄인이 되었다.

위기감을 느낀 임해군은 여인네 복장으로 변장하고 도망가려다가 발각되어 집에 감금된다. 광해군이 승정원을 통해 대신들에게 일렀다.

"국가가 불행하여 이런 공의公議 **가 유발되었으니, 동기**同氣, 형제 **사이에 조처할 바를 몰라 그저 스스로 통곡만 할 뿐이다… 원컨대 대신들은 상의하여 선처함으로써 힘써 우의를 보존할 수 있는 계책을 강구하여 주었으면 더 없는 다행이겠다."**225

형님을 용서하고 싶다! 차라리 이런 말은 하지 않는 게 좋았을 걸 그랬다. 대신들은 선처해달라는 왕의 요청을 '무시'했다. 결국, 임해군을 진도에 안치하기로 결정이 났다. 그런데 조정에서 다른 의견이 오갔다. 먼 진도보다 가까운 교동이 낫다는 것이다.

대신들이 임해군 유배지를 교동으로 바꾸는 게 어떠냐고 물으니 광해군은 단박에 거절했다. 1608년광해군 즉위년 2월 18일, 광해군은 임해군을 진도로 압송하라고 명한다. 한 나라의 왕자였던 임해군은 이제 유배 죄인이 되어 진도로 간다. 그런데 사흘 뒤인 2월 20일, 광해군이 이런 명을 내린다.

"임해에 대한 일은 다시 생각해 보니 남방으로 정배하는 것은 온당하지 못한 것 같다. 급히 선전관을 보내어 강화로 옮겨서 안치시키고 진도津渡를 엄히 지키고 담장을 높게 쌓아 출입을 금하게 함으로써 외부 사람과 서로 접촉하지 못하게 하라. 무장武將을 가려 군사를 많이 데리고 가서 떠나지 말고 수직하게 하라."

강화도로 보내 엄히 지키라고 한 것이다. 그러더니 명을 또 바꾼다. "임해를 교동으로 이배하라." 먼 진도로 보내기가 좀 불안했나 보다. 그래서 강화도로 보내라고 했다가 마음 바꿔 교동으로 확정한 것이다. 1608년 광해군 즉위년 3월 2일, 임해군이 결국 교동현에 안치되었다.

그런데 이게 어찌 된 일인가? 임해군이 교동에 안치되고 석 달 넘은 어느 날, 한양 근방에 나타났다! 임해군 비슷한 사람이 아니라 진짜 임해군이다.

사연이 이러하다. 명나라에서 사신이 왔다. 선조의 장자 임해군이 왕위를 계승했어야 마땅한 일인데 어찌하여 차남 광해군이 즉위했는지 그 사정을 알아보겠다고, 온 것이다. 그들은 임해군을 만나겠다고 했다. 그래서 임해군이 교동도에서 한양 가까이 불려 올라간 것이다.

광해군은 임해군에게 김예직을 보내서 명 사신의 물음에 어떻게 대답해야 하는지 알려주게 했다. 임해군이 '예직을 보고는 통곡하며 자신은 아무 죄가 없다고 말하니, 이 말을 들은 자들이 불쌍하게 여겼다.'226

김예직은 임해군과 광해군의 생모인 공빈김씨의 동생이다. 그러니까 임해군의 외삼촌이다. 오랜만에 외삼촌을 만나니 새삼 어머니가 그리웠을 것이다. 공빈김씨1553~1577는 25세 나이에 사망했다. 임해군 6살, 광해군 3살 때였다.

일괴 등은 비록 이러한 말을 다 사실로 믿지는 않았지만 타고난 성품이 탐욕스러워 수만 냥의 은을 받고는 평이하게 조사한 뒤에 갔다.[227]

1608년 광해군 즉위년 6월 20일 한강가. 명 사신으로 온 요동 도사 엄일괴가 임해군에게 이것저것 물었다. 임해군은 모범답안대로 대답했다. 병이 몹시 심해서 왕위를 사양했다고 말했다. 엄일괴는 그냥 알았다고 하며 싱겁게 조사가 끝났다. 엄청난 뇌물의 효과였다. 엄일괴는 이번 기회에 한몫 잡자는 작정으로 조선에 온 것이었다.

한편 임해군은 명 사신을 만난 그 날로 다시 교동으로 호송된다. 유배지 교동에서 여름을 만났고 가을을 느꼈고 겨울을 견뎠다. 몸은 그럭저럭 괜찮았던 것 같다. 그리고 다시 봄.

귀양살이 1년여 만에 죽임을 당하고 만다. 1609년 광해 1 4월 29일 실록에 사망 사실이 적혀 있으나 그전에 이미 살해됐을 수도 있다. 실록은 '임해가 죽은 것을 사람들이 능히 밝히지 못하고 또 죽은 날도 알지 못하였다', '반정 후 임해군의 가족이 교동에서 임해군을 모시던 그 관비를 불러 묻고서야 비로소 그 실상을 알았다'라고 덧붙였다. 누가 어떻게 죽였는지도 명확하지 않다.

임해군이 위장圍墻 안에 있을 때 다만 관비官婢 한 사람만이 그 곁에 있으면서 구멍으로 음식을 넣어주었는데, 이때 이르러 수장守將 이정표가 핍박하여 독을 마시게 했으나 따르지 않자 드디어 목을 졸라 죽였다.[228]

실록에 이렇게 나오는데 『연려실기술』은 다르게 적었다.

이진이 교동도에서 죽었다. 사람들이 모두 현감 이직이 죽인 것이 아닌가 의심은 하면서도 감히 말은 하지 못하였다. 혹자는 별장 이응표가 죽였다고 한다.

광해가 처음에 임해를 교동도에 가두었을 때 이현영이 현감으로 있었다. 적신賊臣 이이첨이 현영의 인척이었는데, 임해를 죽여서 화근을 없애라는 뜻을 암시하니 현영이 노하여서 낯빛이 변하여 이첨의 말에 따르지 않았다. 이에 이첨이 도당에게 지시하여, 현영을 '죄인을 지키는 데 게을리하였다'는 죄로 탄핵하고⋯ 이직을 현영의 후임으로 보내어 마침내 임해를 죽였다.

▌국왕 책봉

세자 시절 광해군은 명의 책봉을 끝내 받지 못했다고 했다. 즉위하고는 조선 국왕으로 책봉 받았을까? 받았다. 그것도 즉위하고 불과 수개월 만에, 의외로 빨랐다. 그 과정이 순조롭지는 않았다.

1608년광해군 즉위년 2월 2일, 광해군이 즉위했다. 2월 21일, 책봉 받는 임무를 띠고 연릉부원군 이호민 등이 명나라로 향한다. 5월에 연경북경에 도착한 이호민은 어려움에 봉착한다. 임해군이 중풍이 심해 왕위를 사양했다고 둘러댔으나 잘 먹히지 않았다. 명 조정은 광해군이 즉위한 것을 못마땅해했다. 여전히 임해군이 즉위해야 한다고 여겼다.

"임해군은 어떻게 지내고 있소?"

"선조의 여막을 지키고 있습니다."

"중풍이 심하다는 사람이 어떻게 여막을 지킬 수 있소?"

"......"

이렇게 말실수도 있었다.

명 예부의 낭중郞中은, 병이 심해 왕위를 동생 광해군에게 양보했다고, 임해군이 직접 쓴 글을 받아오라고 했다.[229] 호흔이라는 명의 관료는 제 나라 황제에게 상소하여 '속국에서 봉하는 일이 사체에 틀리고 어긋난 것이 있으므로 칙서를 내려서 조사하고 의논하여 전례典禮를 신중하게 할 것을 청합니다. 국왕 자리에 맏이를 세우는 것은 만고의 강상綱常입니다. 그 나라는 본래 예의의 나라라고 일컫는데 어찌 자의 대로 장자를 폐하고 차자를 세워서 스스로 어지럽고 망할 계제를 만듭니까?'[230] 하였다.

결국, 명은 임해군의 병 상태 등을 확인하려고 사신을 파견한다. 6월 15일에 엄일괴가 한양에 와서 6월 20일에 임해군을 만나고 돌아갔다.

그리고 8월 2일, 이호민이 명에서 보낸 장계가 조선 조정에 도착했다. 엄일괴 등이 귀환하는 대로 황제가 광해군을 조선 국왕으로 책봉할 것이라는 소식이었다. 10월 17일, 이호민이 돌아와 광해군에게 복명했다. 이제 광해군은 조선의 임금으로 공식적인 인정을 받았다.

처음 명나라의 반응으로 보아 책봉이 지난할 것 같았는데 이렇게 마무리된 이유가 무엇일까. 뇌물의 효과만은 아니었다. 여진의 부상이 중요한 배경이 되었다.

누르하치가 여진족을 거의 통합하며 힘을 드러내고 있었다. 아직 후금을 건국한 것은 아니지만, 충분히 명에 위협적인 존재가 되어 있었다. 이호민은 명이 광해군을 책봉하지 않아서 "조선의 정국이 안정되지 않는다면 분명히 「누르하치의 여진이」 그 틈을 노리려고 할 것이며 천조天朝, 명가 소방小邦, 조선을 돌보지 않는다는 잘못된 메시지를 보낼 수 있다"라며 명 조정을 설득했다.[231] 광해군을 책봉하는 것이 명에도 이득이라는 얘기다. 그래서 명이 광해군을 조선 국왕으로 책봉했다.

이렇게 해서, 광해군이 세자가 된 1592년선조 25부터 시작된 조선과 명 양국의 책봉 갈등이 17년 만인 1608년광해군 즉위년에야 봉합되었다.

왜 그랬는지

왜 강화인가

대사헌 오정위가 아뢰었다.

"제주는 서울로부터 아득히 먼 곳이므로 이다음에 일어날지도 모를
화란을 알기도 어려운 곳이니, 교동으로 옮기는 것만 못합니다."

이어서 대사간 권대재가 아뢰었다.

교동 앞바다

"제주는… 까마득히 멀어 왕화王化가 미치기 어려운 곳이니, 필시 간사한 사람들이 연줄을 대어 서로 통할 것입니다. 교동은 삼면이 바다로 막혀 있고 또 서울에서 가까우니, 지키는 길이 제주보다 나을 것입니다."[232]

숙종 때인 1679년숙종 5에 역모 사건에 연관된 왕족 이혼과 이엽의 귀양지를 정하는 과정에서 나온 말이다. 대사헌과 대사간은 제주도보다 교동도가 유배지로 적합하다고 했다.

조선 시대, 섬 가운데 대표적인 유배지가 거제도와 제주도였다. 강화도와 교동도는 큰 비중을 차지하지 않는다. 그런데 폐위된 왕이나 주요 왕족들은 대개 강화강화 본섬과 교동도로 귀양 갔다. 그 이유가 위 사료에서 설명되었다.

강화는 최고 등급 유배지인 섬이면서 한양에서 가깝다. 누군가 역모를 꾀하여 유배 중인 왕족이나 폐왕을 임금으로 추대하려고 할 때, 이를 사전에 감지하고 대처하려면, 한양에서 가까운 곳에 '죄인'을 가두고 감시·통제해야 한다. 이런 면에서 강화도와 교동도가 적합했다.

광해군이 임해군을 전라도 진도로 귀양 보내라고 했다가 갈팡질팡 끝에 교동도로 가게 한 것도 이런 사정 때문이었을 것이다.

인조반정 주도 세력도 마찬가지였다. 폐위시킨 광해군과 그 가족을 '멀리 떨어진 섬에 정배 시키면 뜻밖의 근심이 없지 않을 것이니, 가까이 강화와 교동 등지에 안치하는 것이 좋겠다'[233]는 것이 그들의 생각이었다.

연산 광해 강화

외척, 척신

외척外戚의 '척'은 친척이라는 뜻이다. 외척은 일단 외가, 그러니까 어머니 쪽의 친척을 말한다. 외할아버지나 외삼촌 등이다. 그런데 국어사전은 '어머니 쪽의 친척'뿐 아니라 '같은 본을 가진 사람 이외의 친척'도 외척으로 규정했다. 부인 쪽 친척, 이를테면 장인, 처남 등도 외척이고 며느리의 부모 형제 등도 외척이 되는 것이다. 따라서 임금의 외척은 선왕비어머니, 왕비부인, 세자빈며느리의 친척 정도로 볼 수 있다.

외척이 있으면 내척도 있는 거 아닌가. 그렇다. 왕의 친형제, 사촌 형제 등, 그러니까 왕족들이 내척이다. 그런데 왕족은 원칙적으로 조정에서 신하로 활동할 수 없다. 그래서 내척이라는 용어가 쓰일 일이 별로 없다.

임금의 외척으로 존재감을 드러낸 이들은 조정 신하이기도 하다. 그들 외척 신하를 보통 척신戚臣이라고 부른다. 어느 임금 때나 척신은 있었다. 척신이 잘하면 다행인데 그렇지 않은 경우가 더 많았다.

광해군 대에도 척신이 있었다. 대표적인 사람이 광해군의 처남인 유희분을 비롯해 박승종, 이이첨, 임취정 등이다. 이들은 조정에 자기 사람을 심으며 세를 불렸고 더 가지려고 서로 물어뜯기도 했다.

광해군은 즉위하면서부터 요직에 척신들을 앉혀 자신의 친위세력으로 삼았다. 조정 내외 두루 살펴서 능력 갖춘 적임자를 썼으면 좋았을 것을, 말로만 그렇게 했다. 명망 있는 이들이 고위직에 배치되기는 했으나 얼굴마담에서 크게 벗어나지 않았다.

즉위 초에 이런 일이 있었다. '이조판서를 차임함에 있어, 처음에 이

광정·김수·이정구를 의망했는데, 왕이 가망하라고 명하자 신흠을 가망하였고, 또 가망하라고 명하자 한효순·정창연·김신원을 가망하였다. 정창연을 이조판서로 삼았다.'[234]

　관련 부서에서 세 명의 후보자를 올리면 임금은 그 세 명 가운데 한 사람을 해당 직에 임명하는 게 원칙이고 관례다. 그런데 광해군은 적임자가 없다며 추가로 추천하라고 했고 또 추가로 추천하라고 했다. 무리수다. 그렇게 해서 정창연을 이조판서로 삼았다. 정창연은 왕비의 외삼촌이다.

　광해군은 처음부터 왜 그랬을까? 불안했던 것 같다. 자신보다 정통성에서 앞서는 임해군과 영창대군이 있다. 세자 때 다섯 번이나 명 황제에게 책봉을 요청했으나 모두 거절당했었다. 즉위하면서도 조선 국왕으로 책봉 받지 못할까 봐 걱정했다.[235]

　이래저래 임금으로서 권위가 제대로 서지 않았다. 그래도 믿을 만한 사람은 척신이라고 생각했던 모양이다. 그래서 척신에게 힘을 실어주는 방법으로 왕권을 안정시키려고 했던 것 같다.

**　송나라의 신하 왕소가 '누구를 정승으로 삼아야 하겠는가?' 하는 인종의 하문에 대해 답하기를 '환관과 궁첩**宮妾**이 이름을 모르는 사람을 선임해야 한다'고 했습니다. 오늘날 전하께서 신중히 해야 할 것은 더더욱 사람을 기용하는 한 가지 일에 있습니다.**[236]

　뜻있는 이들이 상소를 올려 광해군 인사의 문제점을 지적했다. 함흥 판관 이귀가 송나라 사례를 들어 '궁첩이 이름을 모르는 사람'을 써야

　　　　　　　　　　　　　 연산 광해 강화

한다고 했다. 왕비 등 궁궐 여인들이 이름을 모르는 사람은 외척이 아닌 사람을 의미하는 것이다.

삼사가 가만히 있지 않을 텐데? 그땐 삼사에도 척신 쪽 사람들이 많았다. 대구부사 정경세가 상소하여 광해군이 사람 쓰는 문제를 지적하면서 말했다. "그런데 삼사는 입을 다문 채 한마디도 하지 않고 있습니다."[237] 연산군 조정의 삼사와 광해군 조정의 삼사의 결이 참 많이 달랐다.

광해군 때 삼사가 언제나 입 다물고 있던 것은 아니다. "아니 되옵니다!"를 자주 했다. 그런데 광해군은 별로 신경 쓰지 않았을 것이다. 왜?

광해군은 이이첨과 은밀히 편지를 주고받곤 했다. 남들에게 드러나지 않는 그들만의 대화였다. 이이첨이 1615년광해 7에 광해군에게 보낸 편지가 인조 때 발견됐다. 편지에서 이이첨은 광해군에게 이렇게 말했다.

"요즈음 신의 동료들이 다행히도 성상의 은혜로운 등용에 힙 입어 삼사에 들어 있는 자가 많으므로 사론邪論, 도리에 어긋나는 주장이 빗발쳐도 굳이 염려하실 필요 없습니다."[238]

▌인사가 만사라는데

숙의를 의금부 도사 허경의 딸로 정했다. 허경은 사헌부 지평에 제수되었다. 온 집안이 모두 관작을 뛰어넘어 제수되었으며 뇌물이 폭주하였다. 왕의 후취 윤씨·홍씨·원씨·권씨도 그 은택이 허씨의 예와 똑같았다. 왕이 끝까지 사랑하며 함께 거처한 자는 임씨·정씨 두 소용인데 정씨는 교태를 잘

부리고 일에 익숙하여 출입하는 문서를 관리하여 임금을 대신하여 계하啓

下, 임금의 답변 또는 지시하였으므로 왕이 더욱 믿었다.²³⁹

화산서원(경기 포천)
이항복을 모신 서원이다. 1631년(인조 9)에 세워졌고 1720년(숙종 46)에 사액되었다.

광해군이 후궁들의 집안사람들에게 관직을 선물했다. 심지어 정소
용은 왕이 할 일을 자기가 하기도 했다. 그런 정소용을 광해군은 오히
려 기특해했다.

허경의 딸을 후궁으로 맞고 반년이 지났을 때 광해군은 다시 허경을
승진시킨다. 그러자 사관이 이를 평했다. '허씨 때문에 이러한 명이 있
었다. 이때 여알女謁이 가장 성행하였는데 살리고 죽이고 귀해지고 천
해지는 것이 그 뇌물의 많고 적음에 달려 있었다.'²⁴⁰

『한국고전용어사전』은 여알女謁을 이렇게 설명한다. '궁중의 여인에
게 청탁하여 임금을 뵙고 자신의 뜻을 이루는 것을 일컫는 말. 정상적
인 경로가 아니었으므로 뇌물이 오가는 등 정치 기강을 해치는 경우

가 많았음.'

뇌물만으로도 승진이 가능한 광
해군 조정이었나 보다. 『연려실기술』
에는 '산삼 정승', '잡채 상서'라는 표
현이 나온다. 어떤 이는 광해군에게
산삼을 바쳐 정승이 되었고 또 어떤
이는 잡채를 올리고 호조판서가 되
었다는 이야기이다. 이런 내용도 실
렸다.

장만 초상
장만 당대에 그려진 초상이다. 공식 명칭은
'장만 선생 영정'이다. 이 초상과 함께 관복
입은 모습의 초상도 전한다. 장만 사당인 옥
성사(경기 김포)에 있었는데 지금은 경기도
박물관으로 옮겨 모시고 있다.

을묘년1615 **때에는 나라 안팎의 높고
낮은 벼슬이 각각 값이 매겨져 있었는
데 관리들의 임명은 모두 뇌물로 하였
다. 이이첨이 저의 탐한 것을 힘써 덮고 가리면서도, 이조에 들어가기를 원
하지 않고 항상 예조판서 겸 대제학의 직을 가지고 그의 앞잡이인 조정·이
정원과 같은 무리를 슬며시 이조에 심어 두고 종과 같이 지휘하였다.**

조정이 이조판서였으나 상주喪主**가 되어 관직에 나오지 못하게 되자, 그
후임을 임명하지 않고 이조참의 이정원으로 하여금 3년간 혼자 맡게 하였
으며, 조정이 상주를 벗은 뒤에 다시 이조판서에 임명하여 위로는 감사·병
사·수사로부터 아래로 권관, 찰방에 이르기까지 모두 값에 따라 추천하고,
낙점하는 것도 역시 납입하는 돈의 액수를 보고 결정하였다.**

이이첨이 자신을 드러내지 않고 뒤에서 조정趙挺과 이정원을 움직여

관직 장사를 했다는 얘기다. 이조판서 자리가 오래도록 비어 있어도 괜찮은 건가? 광해군 후반기에 이조판서가 없던 때가 자주 있었다. 대간 등 중요 관직도 공석으로 있을 때가 있었다. 정상적인 모습은 아니었다.

1617년 광해군 9, 우승지 우대건이 아뢰었다.

"이조판서와 대간의 선임이 하루가 급하며, 기타 회답사回答使와 수령들 역시 속히 차출하지 않을 수 없습니다. 황공하게도 감히 아룁니다."

그러자 광해군이 이렇게 대답했다.

"몇 개월이나 아파서 침 맞고 약 먹어도 소용이 없다, 어찌 승지라는 사람이 임금 아픈 것도 생각지 않고 이런 글을 올리나, 내가 놀고 있는 줄 아는가, 지금 있는 대간도 적지 않은 데 굳이 결원을 채워야 하는가, 내 지금 조용히 몸조리하고 있으니 번거롭게 하지 말라."[241]

얼마 뒤 대사헌 남근 등이 다시 아뢰었다.

"이조판서는 백관을 총괄적으로 다스리고 인물을 진퇴 시키니, 하루라도 없어서는 안 됩니다. 그런데 오래도록 비워두고 차임하지 않은 지가 지금 8개월이나 되었습니다."[242]

조정朝廷 꼴이 이랬다. 뜻 바른 사람들은 스스로 조정을 버리고 나오거나 탄핵받고 밀려났다. 그래서 말년의 광해군 조정에는 쓸만한 인물이 거의 남아있지 않게 되었다.

이덕형1561~1613이 영창대군 처형을 반대하다가 조정에서 쫓겨났다. 이항복1556~1618은 인목대비 폐위에 반대하다 귀양 가서 죽었다. 이항복을 따르던 이들이 돌아섰다. 장만1566~1629이 그러했다.

병조판서 장만은 광해군 조정에 정나미가 떨어졌다. 평소 직언을 피하지 않았고 광해군의 외교정책 수립에도 큰 영향을 끼쳤던 장만, 최선을 다해 광해군을 보필하려고 애썼던 장만이, 작정하고 상소했다.

'삼가 바라옵건대 전하께서는 통렬히 반성하신 다음, 애통하다는 교서를 내려서 기왕의 잘못을 개진하시고, 장사의 사기를 고무하여 충의忠義의 마음을 가다듬도록 하소서. 신하들을 접견하여 시정時政의 득실을 강론하시고 인재들을 찾아내어 어려운 국사를 해결하소서. 토목의 공역을 정지하고 변경의 수비에 전력하시며, 탐관과 오리를 쫓아내어 민심을 기쁘게 해주소서.'[243]

광해군의 실정 양상을 통틀어 지적하고 비판했다. 심지어 사실상, 잘못했다는 사과를 담은 교서를 내리라고까지 했다. 통렬히 반성하시라 했다.

장만은 아픈 몸을 치료해야 해서 사직하겠다고 간곡하게 청했다. 정말로 여러 군데 많이 아팠다. 그런데 그게 다가 아니었다. 광해군에 대한 실망이 쌓인 것도 조정을 떠나려고 한 이유였다. 광해군은 장만의 사직 요청을 거부하며 말했다.

"요즈음 나랏일이 위급한 지경인데, 수상부터 모두가 질병을 핑계하여 번거롭게 진달한 소장이 지금 이미 여러 차례이다. 아무리 생각해도 그 저의를 알지 못하겠다. 기쁨과 슬픔을 함께해야 할 대신들이 무정하게 나라의 위급함을 돌아보지 않으니, 다른 사람들이야 말할 것이 있겠는가. 이는 모두 임금답지 못한 내가 왕위에 있어서이니, 천장만 바라보며 부끄럽고 애통해할 뿐이다."[244]

장만뿐이 아니었다. 저마다 광해군 조정을 떠나고파 사직을 청하고 있던 것이다.

장만이 광해군에게 요청한 것 중에 탐관오리를 처벌해서 백성의 응

어리를 풀어달라는 내용이 있었다. 흡족하진 않아도, 그래도 성과를 기대할 수 있는 게 암행어사 파견이다. 광해군도 즉위 초에는 암행어사를 내보냈었다. 하지만, 잠시뿐, 재위 기간 대부분 암행어사 파견은 없었다.

제발 어사라도 보냅시다! 신하들이 청했다.

"어사는 백성들의 폐단에 관해 묻고 비리를 살피는바, 조종조 때에는 반드시 봄가을에 으레 보내었으며, 혹 수시로 보내면서 '순무巡撫'니 '암행暗行'이니 칭한 지 오래되었습니다. 그런데도 폐하고 보내지 않은 지 지금 9년이나 되었습니다."[245]

광해군은 따르지 않았다. 그런데 이런 일에는 신속하게 대처했다.

"청양현감 임길후가 정철正鐵 1천5백 근을 별도로 마련하여 올려보냈습니다. 그것은 중대한 공사에 성의가 있는 것이므로 아주 좋게 여길 만합니다. 그것을 받아 썼으면 하는 뜻으로 감히 아룁니다."[246]

궁궐 짓는 데 쓰시라고 저 멀리 청양의 현감이 쇠를 보냈다. 그랬더니 광해군이 아무렇지 않게 명령한다. "품계를 올려주고 목사 또는 부사로 임명하라." 인사가 엉망진창이다.

이이첨과 실록

이이첨1560~1623! 그는 세자빈의 집안과 연결되는, 그러니까 광해군의 외척 범위에 드는 인물이다. 연산군 시대를 살았던 이극돈의 후손이다.

연산 광해 강화

광해군에게 충성한 덕분에 컸다. 임금을 위한 충성이 아니라 자신을 위한 충성이었다. 그래서 이이첨의 충성은 광해군에게 독이 되었다.

선조 말 유영경이 영창대군을 세우려 할 때 이이첨은 광해군 편에 섰다. 그러다가 선조의 미움을 사 귀양 갔다. 광해군이 즉위해서 병조 정랑에 임명한다. 이후 이이첨은 짧은 기간에 사헌부, 홍문관, 사간원의 요직을 두루 거치고 승지가 되더니 어느 틈엔가 대사간, 대사헌을 하고 1613년 광해군 5에는 예조판서에 임명된다.

'사대부들의 거마가 골목에 차고 넘치도록 이이첨을 찾아와서 밤낮으로 문전성시를 이루었고 두려워하여 빌붙는 사류들도 또한 많았다.'247

예조판서는 과거를 주관하는 책임자다. 이이첨은 자리를 이용해 시험문제 빼돌리기, 대필 등을 통해 자기 사람들을 합격시켰다. 또한, 많은 사람을 죄 씌워 죽였다. 광해군이 했던 몹쓸 짓들 대개가 이이첨의 부추김에서 나왔다. 지금 말로 하면 무고죄와 살인교사죄를 숱하게 저질렀다. 물론 영창대군도 이이첨에게 당한 희생자이다.

일하는 방식이 음험했다. 전면에는 거의 나서지 않고 아랫사람을 내세웠다. 광해군과는 은밀히 편지로 소통하며 일을 꾸몄다. 그래서 겉으로 보기엔 별짓 안 한 것처럼 보이기도 한다.

한성부에 거주하는 백성들이 상소하여 영창대군 등을 처벌하라고 요청한 일이 있다. 그런데 사관의 평에 따르면 '이때 글을 올려 의영창대군를 죄주도록 청한 자들을 보면 아래로 일반 천민과 시정 백성들에 이르기까지 그 수를 헤아릴 수 없었다. 그러나 모두 이이첨 등이 몰아세워 그렇게 하도록 한 것이지 본래의 마음에서 우러나온 것은 아니었다.'248

이이첨은 인조반정 때 참형을 당해 죽었는데 죽임 직전 이이첨이 외쳤다.

"하늘이 나의 무죄를 내려다보고 계실 것이다. 살아서는 효자이고 죽어서는 충신이다."

그러자 이이첨의 하수인 역할을 하다 같이 붙들려온 이위경이 이이첨에게 말했다.

"우리가 죽게 된 것은 모두가 당신이 악한 짓을 했기 때문인데, 당신이 어떻게 충신이 될 수 있으며 효자가 될 수 있겠는가?"[249]

『선조실록』과 별도로 『선조수정실록』이 있다. 『선조실록』은 북인이 주도한 광해군 조정에서 편찬했다. 서인과 남인에 속한 이들을 안 좋게 쓰고 자신들을 미화한 경향이 있다.

『선조수정실록』은 말 그대로 『선조실록』의 '잘못'을 수정하고 미흡한 부분을 보완한 실록이다. 서인이 장악한 인조 조정에서 편찬이 시작되어 효종 때 완성됐다. 수정실록은 『선조수정실록』 외에도 『현종개수실록』, 『경종수정실록』이 있다.

원 실록과 수정실록 가운데 어느 것이 옳고 어느 것이 그르다고 쉽게 단정할 수 없다. 수정실록 편찬 작업을 어떻게 평할지도 관점에 따라 다를 수 있다. 오류를 바로잡으려고 수정했다면 잘한 일이요, 저쪽 사람들을 깎아내리고 이쪽 사람들을 높이려는 의도로 수정했다면 잘못한 일인데, 아마도 이 두 가지 의도가 모두 반영되었을 것이다.

율곡 이이1536~1584가 사망하자 실록은 그의 졸기를 실었다. 이이는 서인이다. 북인이 주도한 『선조실록』에 실린 이이 졸기 원문을 옮긴다.

吏曹判書李珥卒.[250]

끝이다. 다른 사람도 아니고 이이다. 그런데 '이조판서이이졸', 일곱 글자, 이게 다다. 반면에 서인이 편찬한 『선조수정실록』이이의 졸기는 다음과 같다. 번역은 말고 그냥 분량만 보자.

吏曹判書李珥卒。珥自爲兵判, 盡瘁成疾。至是疾甚, 上委醫救藥。時, 徐益以巡撫御史, 赴關北, 上令就問邊事。子弟以爲: "病方少間, 不宜勞動, 請辭接應。" 珥曰: "吾此身, 只爲國耳。正復因此加重, 亦命也。" 强起延待, 口號六條方略以授之, 書畢而氣塞, 復甦踰日而卒。年四十九。…[251]

이하 생략. 아주아주 길다. 두 실록의 차이가 보인다.

그러면 『선조실록』속 이이첨과 『선조수정실록』속 이이첨은 어떤 모습일까. 전혀 다른 사람 같다. 먼저 『선조실록』에 기록된 이이첨이다.

사신은 논한다. 이이첨은 바른 사람이다. 문예에 능했는데 그 문장이 웅장하고 화려했으며, 위인이 단정하고 명민하여 조행과 언어가 분명하였다… 어버이 섬김을 효로 하고 임금 섬김을 충으로 하는 것 중 그 하나도 오히려 쉽게 얻을 수 없는데 하물며 이를 모두 겸한 자임에랴. 그러므로 당세에 제일 가는 사람이라 한다.[252]

이번엔 『선조수정실록』에 담긴 이이첨이다.

이이첨은 간사하고 악독한 성품으로 일찍이 대각臺閣, 사헌부와 사간원에 들어가 오직 공격하고 해치는 것을 능사로 삼았다… 영창대군이 제명에 죽지 못

한 것은 실로 이 적賊에게서 말미암은 것이며, 또 자신이 문병文柄을 잡아 실제로 『실록』 편수를 전담하였는데, 자기를 기리는 말이 이처럼 낭자하니, 정말 꺼리는 바가 없는 소인이라 하겠다.[253]

행적으로 보아 『선조수정실록』의 이이첨이 실제에 가깝다. 『선조실록』에 실린 이이첨 칭송이 설사 사실이라고 해도 이미 정도를 잃었다. 『선조실록』 편찬 작업에 이이첨 본인이 편수관으로 참여했다. 누군가 아부꾼이 이이첨을 '당세에 제일 가는 사람'이라고 썼다. 이이첨이 모르지 않았을 것이다. 개인 문집도 아니고 나라의 역사를 기록하는 실록에 어떻게 자기 칭송하는 글을 담게 하나. 참으로 후안무치했다. 역사를 너무 우습게 여겼다.

▎강화사람 권필

명나라에서 사신이 온다. 큰 행사다. 선조는 예조판서 이정구 1564~1635를 원접사로 임명한다. 원접사는 사신을 맞이하고 접대하는 책임자이다. 1601년선조 34 11월, 조정. 이정구는 선조에게 권필 1569~1612을 영접단원으로 데려가겠다고 했다. 선조가 허락해서 권필이 이정구 팀에 합류했다.[254]

권필? 선조는 이정구 뜻대로 하게 했지만, 권필이 누구인지 몰랐다. 모를 수밖에 없었다. 관료가 아니었다. 권필은 강화도 시골 마을에 묻혀 사는 선비였다. 선조는 의아했다. 사신 맞이는 글 잘하는 이들이 해

권필 유허비(강화군 송해면)

앞면에 石洲權先生遺墟碑(석주권선생유허비)라고 새겼고 뒷면에 권필의 행적을 기록했다. 강화 유수 권적(권필의 4대손)이 선생 생전의 흔적을 되새기며 1739년(영조 15)에 초당 옛 터에 세웠다.

야 한다. 조정에 문장가가 째고 썼는데 굳이 벼슬도 없는 권필을 뽑아 올린 이유가 무엇일까.

선조는 권필의 작품을 구해 오라고 지시한다. 아랫사람들이 권필 시 수십 편을 베껴서 올렸다. 선조는 놀랐다. 권필 작품의 수준이 어마어마했다. 기쁜 마음에 특별히 권필에게 벼슬을 내렸다. 말직이었으나 그렇게 관직 생활을 시작해서 커가면 되는 거였다. 선조 마음에 쏙 들었으니 앞날도 순조로울 것이다. 그런데 웬걸 권필이 벼슬을 거절했다. 하늘의 별 따기만큼 어려운 벼슬을 준다는 데 길가 돌멩이 걷어차듯 차버렸다. 만만치 않은 심지를 가진 권필이다.

그의 존재를 임금은 몰랐지만, 알만한 사람은 이미 다 알고 있었다. 그의 문장, 특히 시가 유명했다. 관련해서 이런 이야기가 전해온다.

길 떠난 권필, 어느 지방에선가 길 가다 큰비를 만났다. 근처 어느 양반집으로 피해 들어갔다. 잠시 쉬어가기를 청했다. 주인이 친구들과 술 한잔하며 서로 시를 지어 이태백이네, 두보네, 호기롭게 껄껄껄 품평하고 있었다.

주인은 남루한 권필을 내몰지 않았지만, 무시하는 기색이 역력했다. 그때 일행 중 한 사람이 권필에게 시 한 수 지어보라고 장난치듯 말했다. 이에 권필은 시를 지었고 마지막에 이런 내용을 담았다. 혹시 한양에 오시거든 내 이름을 대보시라, 주막집 아이들도 내 이름을 알리니.

'주막집 아이들도 이름을 안다고? 술꾼인가?' 누군가 물었다. 당신 이름이 무엇이오? 대답했다. 나는 권필이라고 하오! 순간 정적, 일행은 뒤집혔다. 거들먹거리던 모습은 간데없고 저마다 황급히 일어나 권필을 윗자리로 모시고 고개를 조아렸다. '권필' 이름 두 글자의 위력이 이러했다.

글 잘 짓는 이들이 중국 사신을 맞아야 했던 이유가 무얼까? 그게 예의라서? 물론 손님에 대한 예의라고 할 수도 있다. 그런데 나라의 체통도 중요한 이유이다.

중국에서 학문과 문장으로 이름난 이가 사신으로 올 때가 있다. 그들은 내심 조선을 낮추어 본다. 필담 중에 수준이 드러나기 마련이다. 우리 수준이 떨어지면 비웃음 받게 된다. 그러나 그 반대이면 그들이 고개 숙인다. 문화력이 곧 국격으로 여겨지던 시대의 특성이다. 그렇기에 시가 중요했다. 그 자리에서 주고받는 시는 작품을 준비하고 구상하고 할 시간이 많지 않다. 평소 머릿속에 가슴속에 든 게 있어야 품격 갖춘 시를 지을 수 있다. 진짜 시는 단순한 글재주로 짓는 게 아니다.

성리학은 물론 중국의 역사와 문화에 대한 깊은 학식을 갖추어야 그걸 시에 적절히 녹여 인용하고 비유할 수 있다. 그래서 시를 통해 그 나라의 문화 수준을 가늠하게 되는 것이다. 권필은 탁월한 시로 중국 사신들마저 놀라게 했다.

그는 한양 출신이다. 친구들과 함께 공부하며 과거를 준비했다. 19살에 과거_{소과}를 봐서 급제했으나 바로 합격이 취소됐다. 그가 써낸 글 가운데 한 글자가 문제가 되어 최종 탈락한 것이다. 딱 한 글자! 아마도 절대 써서는 안 되는 글자, 이를테면 임금의 이름 자 같은 걸 실수로 적었던 것 같다.

이후 평생 과거에 응시하지 않았으나 학문은 계속 깊어졌다. 합격 취소가 속상해서 과거를 포기한 것은 아니다. 조정 세력 간의 다툼, 분탕에 실망하고 좌절하면서 재야에 남기로 작정한 것 같다. 사실, 그의 성정도 관직과 잘 맞지 않았다.

때는 당쟁 초기. 권필 역시 붕당의 연에서 자유롭지 못했다. 집안 내력이 서인 쪽이었다. 권필이 각별하게 존경했던 송강 정철1536~1593도 서인이다. 정철은 동인과 다툼 과정에서 나락으로 떨어지기도 했다정철은 말년에 강화도에서 살다가 사망했다.

광해군이 즉위하자 이이첨이 권세를 잡았다. 많은 이가 이이첨에게 잘 보이려고 애썼다. 이이첨의 줄을 잡으면 출세가 당연한 시기였다. 그 이이첨이 권필을 가까이하고 싶어 했다. 한번 숙여주면 '인생 역전'이 될 터이다. 그러나 권필은 딱 잘랐다. 얼굴조차 마주치려고 하지 않았다. 언젠가 마주칠 뻔했을 때 권필은 담장을 넘어 도망가버렸다.

권필, 세상에 대한 관심 끊고 그저 자기 공부만 하며 그렇게 산 것인가? 아니다. 누구보다 치열하게 세상을 걱정했다. 특히 고달픈 백성의 처지를 염려했다. 민본民本을 외치며 백성 등쳐먹는 지배층의 위선과 부패를 날카롭게 공격했다. 그의 무기는 붓이었다. 그러다 언제 죽임을 당해도 이상하지 않은 세상에서 권필은 시로 싸웠다.

고관대작 집들이 궁궐을 둘러싸고 있네

노래 부르고 춤추며 잔치만 일삼고

값비싼 갖옷에 살찐 말 다투어 사들이네

잘 사느냐 못 사느냐 영욕을 따질 뿐

옳으냐 그르냐는 문제 삼지도 않으니

어찌 그들이 알겠는가 쑥대지붕 아래에서

추운 밤 쇠덕석 덮고 우는 백성들을[255]

권필이 강화도와 인연을 맺은 계기는 임진왜란이었다. 전쟁이 터지자 강화로 피란 와서 한동안 머물렀다. 이후 오가기를 반복하다가 1597년 선조 30에 강화에 정착했다.

권필이 강화에 정착하자 소문이 났다. 곳곳에서 배움을 청하는 이들이 몰려왔다. 자연스레 선생이 되었고 제자들을 열심히 가르쳤다. 주민들 삶에 보탬이 되려고 애썼다. 시나브로 강화의 인물이 되어갔다.

그의 나이 31세 때인 1599년 선조 32에 이런 일이 있었다. 강화에서 큰 사건이 터졌다. 양택이라는 사람이 자기 아버지를 살해했다. '효'를 유독 강조하던 조선이다. 아버지 죽인 죄는 반역죄와 동일하니 내려지는 벌은 사형이다. 그런데 처벌이 이루어지지 않고 있었다. 강화부사도 문책이 두려워 쉬쉬하는 분위기였고 조정에서도 별 반응이 없었다. 질질 끌다가 유야무야 묻힐 판이다. 뇌물의 효과였다.

불의에 눈 감지 않는 사내, 권필이 나섰다. 상소를 올렸다. 사건 전모를 소상히 밝히고 사건 수사의 문제점을 정확히 적었다. 해당 관리들의 잘못을 질타했다. 그리고 임금의 조처를 촉구했다.[256]

권필의 상소를 읽은 선조는 양택 사건을 철저히 조사해 밝히라고 명했다. 이제야 아랫사람들이 움직여 양택을 끌어내 심문했다. 양택은 곤장 맞다가 죽었다.

1603년_{선조 36}에 선조는 권필에게 벼슬을 다시 내렸다. 동몽교관! 아이들 가르치는 일이다. 행정이 아니라 교육직이어서인지 이번엔 권필이 사양하지 않았다. 그런데 그것도 잠시 곧 그만두었다. 관복 갖춰 입고 예조에 나아가 윗분들에게 인사드려야 한다는 얘기를 듣고 미련 없이 벼슬을 버렸다. 멋있다. 하지만, 가족을 건사해야 할 가장의 모습으로 아름답지는 않다.

1610년_{광해군 2}, 42세 권필은 강화도 생활을 정리하고 한양으로 거처를 옮긴다. 강화와 인연을 맺은 지 거의 20년 만이다. 그런데 강화를 떠난 지 2년 만에 세상을 뜨고 말았다. 권필다운 마지막이었다. 그의 마지막을 따라가 보자.

임숙영이라는 사내가 있었다. 광해군 재위 3년 때인 1611년에 과거에 급제했다. 이제 마지막 단계, 순위 결정전만 남았다. 임금 앞에서 치르는 전시_{殿試}이다.

조선 시대 과거_{대과}는 초시, 회시_{복시}, 전시 이렇게 3단계로 치른다. 초시에 합격하면 회시를 본다. 회시에서 최종적으로 33명을 선발하는 것이 관례이다_{무과는 28명}. 이들이 급제자다. 전시에서는 순위만 결정하기 때문에 떨어지는 사람이 없다.

전시에서 임숙영은 외척을 매섭게 비판하는 글을 써냈다. 대략 이런 내용이었다.

지금 조정은 비굴한 아부쟁이들이 등용되고 벼슬도 오르고 있다.

왕비와 후궁의 친척들이 특히 그렇다. 임금이 관직을 내리기도 전에 이미 궁 밖에서는 중전의 친척인 누가 임명될 것이다. 후궁 일족인 누가 임명될 것이다. 소문이 돈다. 그런데 소문에 오르내리던 그 사람들이 정말 그 관직에 임명된다. 해당 기관에서 이를 막지 못하고 대간들 역시 논하지 못하니 이것이 바로 정의가 행해지지 않는 까닭이다!

임금 앞에서 임금을 비판한 셈이다. 그것도 과거 시험 답안으로. 아닌 게 아니라 외척의 횡포가 만만치 않았다. 왕비의 친오빠인 유희분이 특히 그랬다. 유희분은 이이첨과 때로 손잡고 때로 대립하면서 힘을 키워갔다. 이이첨과 도긴개긴이었다.

정보 빠른 한양에서 권필은 임숙영 사건 경위를 보고 들었다. 그래서 궁류시宮柳詩라고 불리는 시를 지었다. 궁궐 궁宮, 버들 류柳. 직역하면 궁궐 버들이다. 내포된 의미는 궁궐의 유씨柳氏들이다. 왕비가 유씨고 왕비의 오라비 유희분이 유씨다.

궁궐 버들 푸르고 어지러이 꽃 날리니

성 가득 벼슬아친 봄볕에 아양 떠네

조정에선 입 모아 태평세월 하례하나

뉘 시켜 포의 입에서 바른말 하게 했나

'봄볕'은 광해군, '포의'벼슬 없는 선비는 임숙영을 빗댄 것이다. 궁류시로 권필은 완전히 찍힌 몸이 되었고 시는 널리 퍼져나갔다. 얼마 후 엉뚱한 역모 사건이 일어났는데 그 사건에 연루된 사람 집에서 권필의 궁류시가 나왔다. 졸지에 권필은 역모 세력과 한패로 엮여 끌려갔다. 광

연산 광해 강화

해군이 직접 국문했고 가혹한 매에 몸은 속절없이 망가졌다. 결국, 함경도 경원으로 유배형이 내려졌다.

유배길에 오르기 전 권필을 보려고 벗들이 동대문 밖에 모였다. 타는 목 축이려 벗들이 내민 송별주를 마시다 쓰러진 권필은 그렇게 허무하게 생을 마감했다. 장독杖毒이 솟구쳐 사망한 것이라고 한다. 1612년광해군 4, 그때 권필 나이 44세였다. 오성과 한음 이야기로 널리 알려진 이항복이 한탄했다.

"정승 자리에 있으면서도 권필을 살리지 못했으니 선비 죽였다는 책망을 어찌 면할 것인가?"

▎천도 대신 궁궐

1612년광해군 4 실록에 이런 기사가 보인다. '술관 이의신이 상소하여, 도성의 왕기旺氣, 왕성한 기운가 이미 쇠하였으므로 도성을 교하현에 세워…'[257]

천도다. 조선의 수도를 한양에서 교하 즉 지금의 파주로 옮기자는 주장이다. 광해군도 원했다. 우리가 이미 알고 있듯 천도는 이루어지지 않았다. 반대가 극심했기 때문이다.

역사에서 천도는 대략 두 가지 이유에서 시도된다.

우선 전쟁이 배경이다. 외적의 침략에 대항하는 전략으로 이루어지는 천도다. 고려 때 몽골과 항쟁 과정에서 이루어진 강화도 천도가 있다. 전쟁 때문에 수도를 빼앗겨 이루어지는 천도도 있다. 백제가 고구

이안눌 불망비(강화전쟁박물관)

留守李公安訥氷淸玉白恩愛將卒大
開軍營不忘之碑(유수이공안눌빙청
옥백은애장졸대개군영불망지비)라
고 새겼다. 1631년(인조 9)에 세웠다.

려에 밀려 서울에서 공주로 천도한 것이 예이다.

또 한 가지는 심기일전이라고 할까? 새 도읍에서 새로 시작하면서 왕권을 안정시키고 또 강화할 의도로 추진되는 천도다. 이러한 천도는 성공 가능성이 작다. 신하들 대개가 찬성하지 않는다. 그들의 세력 기반이 수도에 있는데 낯선 곳으로 옮겨가면 뿌리가 뽑히는 격이 된다. 고려 때 묘청의 서경 천도 운동은 천도 반대 세력의 진압으로 실패했다.

광해군도 심기일전하려는 마음으로 천도를 생각했던 것으로 보인다. 풍수도참을 업으로 하는 이의신은 임진왜란이 일어나고 또 각종 역모 사건이 터지는 것은 도읍 한양의 나쁜 기운 때문이라고 했다. 그래서 수도를 옮겨야 한다고 했다. 이에 예조판서 이정구가 광해군에게 왜 천도를 반대하는지 아뢰었다.

"2백 년 당당한 나라에서 일개 필부의 허황한 말을 따라 천도를 추진하는 것은 나라 꼴을 우습게 하고 백성을 고통스럽게 하는 행위일 뿐입니다!"[258]

이정구는 또 정치와 형벌을 바르게 하고 백성을 아끼는 정책을 펼치면 나라가 번영할 것이고 그렇게 하지 않으면 해마다 도읍을 옮긴다고 해도 위란을 벗어날 수 없다고 지적했다. 설득력 있는 호소였다. 광해군이 비변사에 글을 내렸다.

'자고로 제왕들은 반드시 성읍을 따로 건설하여 예기치 않은 일을 대비하였으니, 도읍 옮기는 것을 이르는 것이 아니다. 교하는 강화를 앞에 마주하고 있고 형세가 심히 기이하다. 독성산성의 예에 따라 성을 쌓고 궁을 짓고는 때때로 순행하고 싶다.'[259]

교화로 천도하는 것이 아니라 비상시 사용할 일종의 행궁을 교하에 지으려는 것이라고 했다. 천도 불가 주장에 막히자 신하들을 설득하려고 이런 말을 했던 것 같다. 아무튼, 파주 천도는 없었던 일이 되었다. 이후 광해군은 궁궐 공사에 매진한다. 궁궐이 필요하면 지어야 한다. 실제로도 필요했다. 경복궁·창덕궁·창경궁 등 한양에 궁궐이 셋 있었는데 임진왜란 때 모두 불탔다. 선조가 경복궁을 재건하려다가 포기하고 대신 창덕궁을 다시 짓게 했다. 광해군 즉위 초에 창덕궁이 완공되었다. 전쟁 겪으며 모든 게 피폐해진 형편에서 어렵게 완공된 창덕궁이다.

그동안 선조는 어디서 지냈나? 피란 갔다가 한양으로 돌아온 선조는 월산대군 집안의 저택을 행궁으로 삼아 그곳에서 생활하며 점점 넓혀 갔다. 이 행궁이 '정릉동 행궁'으로 불리다가 경운궁이 되었고 이후 고종 때 덕수궁으로 다시 이름이 바뀌게 된다. 광해군이 즉위한 곳도 정릉동 행궁이다.

창덕궁에 경운궁, 이제 궁궐이 둘이다. 그런데 광해군이 창경궁도 짓게 한다. 그럼 셋이 된다. 임진왜란 전과 같아지는 거다. 여기서 멈추었으면 좋았을 텐데 새로운 궁궐 조영을 계속한다. 인경궁과 경덕궁경희궁까지 짓게 한 것이다.

창경궁 통명전

창경궁 함인정

거듭되는 궁궐 조영에 신료들이 반발하자 광해군은 "백성이 곤궁하고 재정이 바닥나 나랏일이 극히 어려운 때 토목 공사를 일으키는 것이 불가한 일인 줄을 어찌 모르겠는가?" 하면서도 계속 궁궐을 조영하겠다고 했다. 그 이유도 말했다.

"자전께서 마땅히 창경궁에 사셔야 하고, 창덕궁은 답답하고 음침해서 한 곳도 환하게 소통된 곳이 없으며, 침전은 궁인들이 드는 곳과

연산 광해 강화

멀지 않아서 잡다하게 떠드는 소리가 서로 들린다. 나는 본래 심병이 있어서 사람이 시끄럽게 떠드는 소리를 가장 싫어하므로 거처는 반드시 소통되고 확 트인 곳이어야 한다."[260]

창덕궁 후원

'백성이 곤궁하고 재정이 바닥나 나랏일이 극히 어려운 때' 굳이 또 새 궁궐을 지으려는 이유가 겨우, 창덕궁이 답답하고 시끄러워서 싫다는 거다. 그래서 창덕궁에서 지내기 싫어 새로운 궁궐이 필요하다는 얘기다. 몇 년 뒤, 광해군은 창덕궁이 싫은 새로운 이유를 밝혔다.

"창덕궁은 큰일을 두 번 겪었으니 내 거처하고 싶지 않다."[261]

두 번의 큰일은 노산군_{단종}과 연산군이 폐위됐던 걸 가리킨다. 창덕궁이 왠지 자신도 폐위되게 할 흉지처럼 여겨졌던 모양이다. 1616년_{광해군 8}, 궁궐 조영 담당 관서에서 광해군에게 건의했다. 산지에서 박석을 캐 수송해 오는 일이 백성들에게 너무 큰 부담이 되니, 경복궁 뜰에 깔려있는 박석을 걷어다 쓰면 좋겠다고 했다. 그랬더니 광해군은 '경복궁도 중건해야 하니, 깔아놓은 돌을 모두 가져다 쓰지는 말고'[262] 조금만 옮겨다 쓰라고 했다. 경복궁까지 다시 세울 계획이었던 것이다.

박석_{薄石, 두께가 얇고 넓적한 돌}의 산지 중 한 곳이 강화다. 강화에서 한양

까지 돌을 캐서 옮기느라 주민들이 죽어났다. 강화부사 이안눌이 비변사를 통해 하소연했다.[263]

"그동안 강화부에서 나는 박석을 창경궁 등 궁궐 공사장으로 운송한 것이 몇천만 장인지 모릅니다. 이번에 또 박석 1만 장에 석회 530여 석을 보내라고 하여 주민들의 원성이 매우 높습니다."

강화부사 이안눌은 인조 때 다시 강화유수로 부임하게 된다. 그때 지은 시 가운데 이런 내용이 있다.

'밥을 넘기는 게 죄스럽다/ 강화 백성들 죽조차 먹지 못한다/ 그러니 이보시게 밥 많이 드시라 말하지 마시게/ 마을 사람들 굶주리고 있지 않은가 / 차라리 내 몸의 피를 빼내어 / 그대의 숟가락에 떨어뜨려서 / 늙은이 어린아이 모두 맘껏 마시면 / 배고픔도 없고 목마름도 없겠지'

백성을 실로 아끼던 이안눌, 궁궐 바닥에 깔 돌 깨고 옮기다가 엎어지고 무너지는 강화 주민들을 보면서 울화가 치밀어 올랐다. 그래서 글을 올려 시정을 촉구했다.

산골짜기의 잔약한 백성들이 남녀 모두 나와 험한 산을 넘어 몇 아름이나 되는 재목을 운반하느라 생업을 잃고 여기저기 떠돌아다니므로 마을이 쓸쓸하기만 합니다. 지금까지도 산골짜기 백성들은 벌목한다는 말을 들으면 모두가 도망하여 흩어질 마음을 먹고 있습니다.[264]

공사 실무 부서에서 광해군에게 보고한 내용이다. 궁궐 짓는데 쓸 나무를 베고 옮기는 데 동원된 백성들의 고통을 말했다. 특정 지역만의 사정이 아니었다. 전국 곳곳에서 백성의 신음 소리가 그치지 않았다.

"제발 그만하시지요. 궁궐 앉히느라 집 헐리는 백성들 원성이 들리지 않으십니까?"

창덕궁·창경궁·경운궁이면 충분하지 않냐며 신하들이 말렸다. 그랬더니, 광해군이 말했다.

"세 궁궐이 모두 안전하고 깨끗하지 못해서 장차 거처하지 못하게 되었으므로 부득이 이 일을 하는 것이다."

뭔 소리인지 신하들은 이해하지 못했을 것이다. 광해군의 궁궐 영건이 왕실의 권위를 높이려는 의도였다는 것은 짐작되나 내밀한 속사정까지는 알 수 없다. 실록은 이의신 등 술사들의 부추김 때문이라고 했다. 마음이 허하면 사이비 점쟁이의 유혹에 쉽게 넘어가듯, 술사들의 부추김이 한 이유가 되기는 했을 것이다. 그러나 그게 다는 아닐 것이다.

중종 때 이런 일이 있었다. 대비가 창덕궁에서 경복궁으로 거처를 옮겼는데 병환이 심해서 피접한 것이다. 그런데 실록은 또 다른 이유를 기록했다.

'대비가 거처하는 침전에 대낮에 괴물이 나타나 창문과 벽을 마구 두드리는가 하면 요사한 물건으로 희롱하기도 했다. 상上이 곁에 모시고 있지 않을 때는 못하는 짓 없이 함부로 더듬고 때렸다. 그래서 이어한 것이다.'[265]

대낮이니 악몽에 가위눌린 것은 아닐 테고, 대비가 헛것을 본 것일까? 세상에는 상식적으로 이해하기 어려운 일들이 적잖이 벌어진다. 혹시 광해군도 유사한 경험을 했던 것은 아닐지 모르겠다.

아무튼, 여러 궁궐 짓느라 나라 살림이 바닥났다. 후금의 위협이 상존하던 시기에 군량미까지 끌어다가 썼다. 강화도에 비축했던 훈련도감의 쌀 9천여 석도 궁궐 공사에 쓰게 했다.[266] 전국으로 사람을 풀어 세금을 독촉해서 백성을 쥐어짰다. 각종 세금에 짓눌려 고향 떠나 떠도는 백성은 어느 왕 때나 있었다. 그런데 광해군 때 더 심해졌다.

궁궐이 민생民生을 집어삼키는 세상이 오자 전라도 사는 엄대인이 상소했다.

'오래 남쪽에 있으면서 세상 돌아가는 것을 눈으로 보건대, 인심은 날로 흩어지고 원성은 구름처럼 일고 있어 위망의 조짐이 이루 말할 수 없이 나타나고 있습니다. 바라건대 궁역宮役을 빨리 정지하여 백성들이 힘을 좀 펴게'[267] 해주십시오.

궁궐 짓는 게 잘하는 거라고 부추기는 신하도 있었다. 우리는 그런 신하를 간신이라고 부른다.

'온 국민이 상이 거처를 옮기는 일을 기쁘게 여기고 있으므로, 그들로 하여금 별궁을 창건하게 하더라도 필시 원망하거나 괴로워하지 않고 마치 자식처럼 모여들어 일을 도울 것입니다.'[268]

이이첨이 광해군에게 편지로 한 말이다. 광해군은 창덕궁 공사 중에 즉위해서 인경궁 공사 중에 폐위됐다. 재위 기간 내내 '공사 중'이었다. 두 명이나 폐위된 창덕궁이 찜찜해서, 혹여 그렇게 될까 걱정돼서 다른 궁궐들을 더 짓게 했는데, 그 일이 자신이 폐위되는 또 하나의 이유가 될 줄을 어찌 알았으리오.[269] 사관은 다음과 같이 적으며 한탄했다.

'광해군이 궁궐 건설에 어떤 극단적인 일도 마다치 않고 마음과 힘을 다 기울였으니, 만약 궁궐을 짓고 보수하는 마음으로 나라를 다스

224

렸다면 어찌 어지럽거나 망하는 화가 있었겠는가.'[270]

한편 인경궁은 인조 즉위 뒤 해체되어 완전히 사라졌다. 인경궁의 재목 등은 이괄의 난1624과 병자호란1636~1637을 겪으며 크게 상한 창경궁, 창덕궁 복원 공사에 쓰였다.[271] 인조는 인경궁 별당의 재목과 기와를 강화도로 옮겨 관아 짓는 데 사용하게도 했다.[272]

▎ 누가 불 질렀나

임진왜란 때 궁궐이 소실됐다. 하나가 아니라 경복궁, 창덕궁, 창경궁 셋 모두 재가 되었다. 도대체 궁궐에 불을 지른 것은 누구인가? 조선 백성들이라고 하는데, 그보다는 왜군이 방화했을 가능성이 아주 크다. 자기들이 직접 하지 않고 도성 백성들을 잡아다가 강제로 불 지르게 했을 수도 있겠다.

거가가 떠나려 할 즈음 도성 안의 간악한 백성이 먼저 내탕고에 들어가 보물을 다투어 가졌는데, 이윽고 거가가 떠나자 난민이 크게 일어나 먼저 장예원과 형조를 불태웠으니 이는 두 곳의 관서에 공사 노비의 문적이 있기 때문이었다. 그리고는 마침내 궁성의 창고를 크게 노략하고 인하여 불을 질러 흔적을 없앴다. 경복궁·창덕궁·창경궁의 세 궁궐이 일시에 모두 타버렸는데….

『선조수정실록』 1592년선조 25 4월 14일 기록이다. 이에 따르면 궁궐을 불 지른 주체는 난민으로 표현한 조선 백성이다. 그런데 궁궐 방화

사건이 벌어진 날은 4월 14일이 아니다. 『선조수정실록』은 4월 14일 전후로 일어난 일들을 모두 이 날짜에 뭉뚱그려 기록했다.

거가가 떠난 날은, 그러니까 선조가 궁궐을 나서 피란길에 오른 것은 4월 30일 새벽이었다. 그러니까 난민들이 궁궐을 불지르는 때는 4월 30일이거나 그 다음 날쯤 된다는 얘기다. 『선조수정실록』은 또 '적이 처음 도성에 침입했을 때 궁궐은 모두 타버리고 종묘만 남아있었으므로'[273]라고 해서 궁궐 방화의 주체를 우리 백성으로 못 박았다.

납득 안 되는 게 있다. 임금의 피란이, 거대한 궁궐 셋을 모두 불태울 만큼 백성들을 분노하게 할 일일까. 더구나 그날 온종일 비가 내렸다는데? 궁궐에 불 지를 시간에 차라리 피란 짐을 싸는 게 현실적이지 않은가?

이번에는 『선조실록』을 보자. 선조가 개성에 머물던 5월 3일에 도성이 함락되는 상황을 기술하면서 '이때 궁궐은 모두 불탔으므로'라고 썼다. 선조가 한양을 떠나 피란길에 나서고 이후 며칠 동안 궁궐은 멀쩡했다는 얘기다. 직접 말하지는 않았으나 도성을 점령한 왜군이 궁궐을 불 질렀다는 의미로 읽힌다. 『선조실록』의 기록이 사실일 것이다.

왜군 장수들이 남긴 글 중에 한양 점령 직후의 조선 궁궐 모습을 묘사한 것들이 여럿 있다. 왜군이 궁궐을 보았다는 것은 그때까지 궁궐이 불타지 않았음을 의미한다. 한 왜군 장수가 기록했다.

'궁전은 텅 비었고 사대문은 제멋대로 열려 있었다. 그제야 전각을 자세히 살펴보니 궁궐은 구름 위에 솟아 있고 누대는 찬란한 빛을 발하여 그 아름다운 모습은 진궁秦宮의 장려壯麗함을 방불케 하더라.'

경복궁·창덕궁·창경궁을 불태운 것은 조선 백성이 아니며 왜군들의 소행이다. 이렇게 보는 게 적절한 것이다.[274] 다만, 궁궐 밖 광화문 남

　　　　　연산 광해 강화

쪽에 있던 장예원掌隷院과 형조는 노비 신분에서 벗어나고자 하는 조선의 하층민들이 방화했을 개연성이 높다. 그들의 목표는 건물 자체가 아니라 노비 문서였을 것이다.

경덕궁에 서린 기운

『광해군일기』에 경덕궁 터에 깃든 이야기가 실렸다.

> '정원군 및 전佺에게 특이한 상相이 있고 그들이 사는 곳인 새문리의 집 부근에 왕기旺氣가 있습니다.' 하니, 왕이 전을 시기하여 죽이고 그 집을 빼앗아 허물어 경덕궁을 지었다.[275]

왕기旺氣는 '왕성한 기운', '왕성하게 될 징조'라는 뜻이지만, 여기서는 왕기王氣, 왕이 나거나 왕이 될 징조와 같은 의미로 해석하는 게 자연스럽다. 정원군 집에 왕이 날 기운이 스몄다는 소리에 예민해진 광해군이 정원군의 아들 이전을 죽게 하고 그 집을 헐어 경덕궁을 지었다는 얘기다.

정원군은 선조의 다섯째 아들이다. 광해군의 이복동생이다. 이전은 정원군의 아들 능창군이다. 광해군이 조카 능창군 이전을 교동으로 유배 보내 죽게 했다. 능창군에게 형이 있었다. 능양군이다. 능양군이 바로 인조다. 인조반정은 동생의 죽음에 대한 형의 복수이기도 한 셈이다.

가만있자, 정원군 집에 '왕기'가 있었다? 정원군 아들 인조가 왕이 되었으니 그러면 인조는 하늘이 내린 왕이 되는 셈이다. 인조반정은 자연

스레 정당화된다. 인조 조정에서 『광해군일기』를 편찬할 때 '왕기'라는 말을 끼워 넣은 것이 아닌가 하는 추정이 있다.[276] 합리적인 의심이다.

이전李佺을 위리안치된 곳에서 죽였다. 전이 위리안치에 나아가자 수장守將이 찬 돌방에서 자게 하고, 또 모래와 흙이 섞인 밥을 지어 주니, 전이 먹지 못하였다… 전이 괴로움을 견디지 못하여, 하루 저녁에는 글을 써서 관동에게 부쳐 부모와 결별을 고하고는 관동이 문을 나서자 스스로 목을 매어 죽었다. 그런데 수장은 거짓으로 병이 들었다고 보고하고 곧이어 죽었다고 알리자, 왕이 겉으로 놀라고 괴이한 표정을 지었지만 실제로는 넌지시 유도한 것이었다.[277]

능창군 이전의 죽음에 대한 실록 기록이다. 마지막 부분 '왕이 겉으로 놀라고 괴이한 표정을 지었지만 실제로는 넌지시 유도한 것이었다' 여기가 좀 걸린다.

원종왕릉 장릉(경기 김포)

　광해군이 인조의 동생 능창군을 유배 보낸 것은 역모에 엮였기 때문이다. 송명국이라는 이가 고변했는데 이전이 40년간 나라를 잘 다스릴 군주가 될 운명이라는 말을 들었다고 했다.[278] 관련인들이 붙들려 왔고 광해군이 직접 심문했다. 하여 능창군 이전은 억울한 죄를 쓰고 교동에 유배되어 죽었다.

　그런데 광해군은 교동의 능창군이 병들어 앓을 때 의원을 보내 정성다해 치료하게 했었다. 이전을 지키는 별장에게 각별히 잘 돌보도록 명했었다. 제대로 돌보지 않으면 용서하지 않겠다고 경고도 했었다.[279]

　능창군이 죽었다는 소식을 들은 광해군은 이전을 먹이고 치료하는데 소홀했던 죄를 물어 별장과 교동현감 등을 처벌했다.[280] 곧바로 '교동의 새 현감을 속히 차출한 다음 말을 주어 즉시 내려보내 이전의 상을 치르게 하라'[281] 명했다. 이 모든 과정이 의도된 위장술일까? 능창군 이전의 죽음만큼은 광해군이 원한 일이 아니었다고 믿는다.

경덕궁慶德宮이라는 궁궐 이름은 광해군이 직접 지은 것이다.[282] 음은 같으나 한자가 다른 敬德宮경덕궁과 혼동할 수 있는데 敬德宮은 조선 전기에 개성에 있던 궁궐이다. 영조 때 가서 경덕궁慶德宮의 궐호闕號, 궁궐이름가 경희궁慶熙宮으로 바뀌어 지금에 이르렀다. 영조가 궁궐 이름을 바꾼 이유가 이러하다.

'경덕궁이 장릉章陵의 시호와 음이 같다는 이유로 대신과 관각 당상에게 명하여 빈청에 모여서 대책을 의논하여 들이도록 한바 경희궁으로 고쳤다.'[283]

장릉章陵, 원종왕릉은 인조의 생부 정원군을 가리킨다. 인조가 1632년인조 10에 아버지 정원군을 원종으로 추존했다. 그리고 경덕인헌 정목장효 대왕敬德仁憲靖穆章孝大王이라는 존호도 올렸다.

영조는 원종의 존호 두 글자 '경덕敬德'과 경덕궁의 '경덕慶德' 두 글자의 음이 같다고, 한자는 다른데, 이름을 바꾸게 한 것이다. 원종의 존호가 결정되기 10여 년 전에 이미 경덕궁이 경덕궁으로 있었건만, 이렇게 그 이름을 잃게 된 것이다.

영창대군

영창대군1606~1614은 선조의 13번째 아들인데 14명 아들 가운데 유일하게 왕비가 낳은 적자다. 어머니는 김제남의 딸인 인목왕후다.

선종宣宗의 아들 이의를 봉하여 영창대군永昌大君으로 삼았다.[284]

광해군이 재위 3년 때인 1611년에 이의를 영창대군으로 봉했다. 선조宣祖의 묘호가 원래 선종宣宗이었다. 'O조'로 할지 'O종'으로 할지 조정에서 의견이 분분했는데 선종으로 결정했었다. 그런데 1616년광해군 8에 가서 '선종'을 '선조'로 바꾼다.[285]

용연서원(경기 포천)
1691년(숙종 17)에 건립된 서원으로 이덕형과 조경을 모셨다. 대원군의 서원 철폐 때 그대로 보존된 47개 서원 중 한 곳이다.

永昌大君, 永昌. 길 영 자에 창성할 창 자. 영원히 번창하라는 의미를 담았다. 그런 군호를 준 사람들이 어린아이 영창대군의 목숨을 끊어 놓았다. 그냥 죽일 수는 없다. 선조의 유일한 적자 아닌가? 죄가 있어야 한다. 그런데 당장 죄가 없으니 역모죄가 만들어진다.

여기 권력층 자제 7명이 있다. 아버지는 높은 사람들이었으나 어머니가 아버지의 정식 부인이 아니다. 즉 서자다. 조선에서 서자는 과거문과에 응시하지 못하는 등 차별이 심했다. 동병상련으로 모인 7명은 모임을 만들어 함께 어울렸다. 술이나 마시고 놀고 그랬으면 괜찮을걸, 몹쓸 짓을 꽤 많이 벌였다. 뭔 짓인가? 강도살인이다. 결국에는 체포된다.

이이첨 등은 이들을 심문하면서 거짓 죄를 덧씌웠고 범인들은 허위 자백했다. 고문이 워낙 심했고 범인의 가족까지 끌어다 들볶는 상황

**영창대군 묘 동자석
(경기 안성)**

에서 이루어진 일이다. 자백 내용은, 반란을 일으켜 영창대군을 왕으로 세우려고 했다, 강도질한 것은 거사 자금을 마련하기 위해서다, 반란을 부추긴 이는 인목대비의 아버지인 김제남이다!

이 사건이 1613년_{광해군 5} 계축년에 벌어졌기에 계축옥사라고 한다. 7명의 서자 중심으로 벌어진 사건이라 '7서의 옥'이라고도 한다. 김제남이 죽임을 당했고 그의 아들들도 죽임을 당했다. 김제남의 부인 노씨가 맨발로 달렸다. 딸 인목대비가 있는 궁전 담밖에 서서 대비의 이름을 부르며 울부짖었다.

"어찌하여 너의 아비를 죽이는데 구해주지 않는단 말이냐."[286]

며칠 뒤 광해군이 명했다.

"김제남은 종사에 관계된 죄를 지었다. 왕법이 매우 엄하므로 할 수 없이 여러 사람의 마음을 애써 따라 법을 낮추어 사사하였다. 대비_{인목대비}께서 마음이 몹시 아프실 것이니, 내의녀 한 명이 번갈아가며 약방에 숙직하도록 하라."[287]

말 그대로 병 주고 약 주고다. 이제 영창대군의 순서가 되고 말았다. 1613년_{광해군 5} 7월 27일, 광해군이 영창대군을 강화도에 위리안치하라고 명하면서 말했다.

"서인 이의가 어리석어서 지식이 없다고 하더라도 雖愚無知識 간사한

연산 광해 강화

무리가 이를 빙자하여 엉뚱한 마음을 먹고 있으니 이는 실로 국가 화란의 계제이다. 비록 함께 역모하지는 않았더라도 역적의 무리가 그를 힘입어 세력을 펼치니, 이는 실로 종묘사직의 화근이다."

영창대군의 왕자 신분을 박탈하고 서인庶人, 즉 일반 백성의 신분으로 내렸다. 그래서 '서인 이의'라고 했다. '어리석어서 지식이 없다고 하더라도'는 그냥 '나이가 어려서 아는 게 없다고 하더라도' 정도로 푸는 것이 좋겠다. 영창대군이 직접 잘못한 것은 없지만, 그의 존재 자체가 위협이 되기에 처벌할 수밖에 없었다는 고백이다.

이의를 내보내는 날에 대비가 그를 부둥켜안고 차마 떠나보내지 못하였다. 주위 사람들이 온갖 방법으로 권하고 만류하자, 액문掖門 안에까지 안고 와서 울부짖으며 작별하였다.[288]

8월 2일, 영창대군이 강화도에 도착했다. 영창대군을 지키는 이는 이정표이다.

'이의가 강화에 이르자 가시나무로 둘러놓고 지켰는데, 삼엄한 감시가 임해군 때보다 배나 되었다. 이정표는 흉악하고 혹독한 자로서 일찍이 임해가 위리안치되었을 때 수장守將이었는데 임해를 살해하고는 병으로 죽었다고 보고하였다. 상이 이 사실을 알고 있었기 때문에 특별히 차송하여 수장으로 삼았던 것이다.'[289]

광해군은 영창대군을 강화도로 보낼 때 시중들 궁녀 두 사람을 딸려 보냈다. 인목대비가 아들 입을 옷 한 벌을 만들어 보냈다. 영창대군이 옷을 펼쳐보니 곳곳에 얼룩이 있었다.

"새 옷에 어찌하여 얼룩이 있는가?"

영창대군이 묻자 궁녀들이 대답했다.

"자전인목대비께서 눈물 흘리신 흔적입니다."

영창대군은 옷을 끌어안고 오열했다.[290]

영창대군을 강화도에 가두고 몇 개월 뒤에 광해군이 강화부사를 교체한다. 기존 부사 기협을 자르고 정항을 강화부사로 임명했다.[291] 기협은 끌려가서 오래도록 옥살이까지 했다.

'부사 기협이 자주 음식물을 보내주어 이의영창대군가 힘입어 조금 살아갈 수 있었다… 기협은 이의를 후대했다는 이유로'[292] 처벌받은 것이다. 새로 부임한 강화부사 정항이 영창대군을 어찌 대할지는 이제 뻔한 일이다.

정항이 강화부사로 도임한 뒤에 대군에게 양식을 주지 않았고, 주는 밥에는 모래와 흙을 섞어 주어서 목에 넘어갈 수 없도록 하였다. 읍 안의 한 작은 관리로서 영창대군의 위리를 수직한 자가 있었는데 불쌍히 여겨 몰래 밥을 품고 가서 먹였는데 정항이 그것을 알고는 곤장을 쳐서 내쫓았다.[293]

정항은 강화부사로 부임한 지 한 달이 되어 갈 때, 영창대군을 죽인다. 이정표와 함께했을 것이다. 그때가 1614년광해군 6 2월 10일이다. 영창대군, 강화 유배 6개월여 만에, 9살 나이에, 생을 마감하고 말았다.

조정이 온통 영창대군 처벌의 소용돌이에 빠졌을 때다. 광해군의 측근 세력만 영창을 처벌하라고, 죽여야 한다고 외친 것이 아니다. 대신들이 나서고 종실이 나서고 백관이 나서서 거듭 영창대군을 처벌하

——————— 연산 광해 강화

라고 했다. 삼사는 더했다. 감히 반대를 말할 수 없는 분위기였다.

그래도 반대를 말한 이가 있었다. 영의정이라는 직책의 성격상 적극성을 띄지는 못했으나 영창대군을 구해보려고 애썼던 사람 바로 이덕형이다. 이덕형은 사직을 청하는 글을 광해군에게 올리면서 영창대군 문제를 짚었다. '나이가 혹 차지 않았을 경우 법적으로 형을 시행할 수 없는데, 법은 왕이 삼가 지켜야하는 것입니다'[294] 했다. 나이 어린 영창을 죽여서는 안 된다는 의도의 발언이었다. 사관이 당시 이덕형의 형편을 실록에 적었다.

'이때 구신과 명사로서 조정에 근근이 용납받아 오던 자들이 모두 역당逆黨이라는 이유로 쫓겨나 거의 남아있지 않았다. 이덕형이 홀로 중망을 지녀 수상의 자리에 있었는데… 대세가 이미 결정되어 할 수 있는 일이 없었으니, 이견을 세우자니 큰 화를 입을 것 같았고 세속을 따르자니 그의 본심이 아니었으므로, 항상 술을 마시고 눈물만 흘릴 뿐이었다.'[295]

이리될 걸 예상했던 걸까? 이덕형은 애초 광해군 조정에 나오고 싶지 않았다. 즉위 초에 광해군이 영중추부사 이덕형을 영의정으로 임명하자 이덕형은 글을 올려 사직을 청했었다. 허물 많은 몸이라 영의정 자리에 오를 자격이 아니 된다며 자신을 한껏 낮추었다. 건강이 안 좋은 것도 말했다. 그러면서 '재상의 직분이 가벼워진 것이 지금에 이르러 더욱 심해져 위계질서는 모두 사라지고 기강은 무너져, 공도를 배반하고 윗사람을 능멸함이 나날이 치열해지고 있습니다'라며 조정의 그릇된 분위기도 지적했다. '이런 조정에서는 영의정을 맡고 싶지 않습니다'란 의도를 슬쩍 내비친 것이다.

광해군이 글을 내려 붙잡았다.

'내가 경에게 기대함이 강을 건널 때 필요한 배와 노 정도만이 아니다. 오늘날 국가 안위를 부탁할 만한 사람이 경이 아니면 누구이겠는가. … 경은 사직하지 말고 곧 출사하여 나의 소망에 부응하라.'[296]

그래도 이덕형은 나오려 하지 않았다. 거의 10번 글을 올려 사직하게 해달라 거듭 요청했고, 그때마다 광해군이 만류했다. 아픈 이덕형을 치료해주라며 어의를 보내기도 했다. 이덕형은 영의정을 맡을 수밖에 없었다. 그랬는데 이렇게 영창대군 문제로 다시 사직을 청하게 된 것이다. '나이가 저리 어린데 어찌 죽이나?' 하는 이덕형의 이 한마디에 기다렸다는 듯 조정이 들고일어났다. 연일 이덕형을 처벌하라, 외쳐댔다.

홍문관이 차자를 올려, 영의정 이덕형을 법대로 처벌하여 임금을 위협하고 역적을 두둔한 죄를 바로잡으라 청하고는, 이어서 무겁게 탄핵하지 못한 양사의 잘못을 지적하였다.[297]

이덕형에 대한 사헌부·사간원 양사의 탄핵이 약하다며, 홍문관이 양사까지 공격할 정도였다. 광해군은 이덕형을 파직하는 데서 그쳤다. 이덕형은 양근경기도 양평 시골집으로 내려갔다. 그래도 조정은 낙향한 이덕형을 유배하라, 처형하라, 광해군에게 계속 요구했다. 그러기를 며칠. 양근의 이덕형이 세상을 떠났다. 쓸쓸한 죽음이었다. 이때가 광해군 재위 5년 때인 1613년이다.

정구는 말했다

정구1543~1620라는 이가 있었다. 동시대에 활동했던 이정구와는 다른 사람이다. 정구는 일반적인 경로를 거치지 않고 조정에 든 사람이다. 과거를 보지 않고 등용된 것이다. 과거는 시험이다. 합격하려면 '시험공부'를 해야 한다. 어찌 보면 '시험공부'는 진정한 공부가 아니다. 정구는 과거에 뜻을 두지 않고 진정한 학문을 궁구했다. 그의 학문이 깊고 넓어지면서 그의 명망은 점점 높아졌다.

선조가 재야에 묻힌 인재를 추천하라고 명했을 때, 이조에서 정구 등을 추천했다. 홍문관 수찬 김우옹이 다시 정구를 말했다.

"지난번에 이조에서 산야의 조행이 있는 선비를 써서 아뢰었는데… 유학 정구는 나이가 가장 젊어서 대신들이 모르지만, 학문이 통명通明하여 장래가 있는 사람입니다. 이황을 따라 글을 배웠고 전에 조식의 문하에 왕래하였으며 재식才識이 있는 데다가 학문도 있습니다. 신은 정구와 같은 동리에 살기 때문에 그 사람됨을 잘 압니다."[298]

선조가 맘에 들어 그를 쓰려고 여러 번 벼슬을 내렸다. 그런데 정구는 계속 사양했다.

정구를 창녕현감으로 삼았다. 정구는 몸단속을 매우 엄하게 하였으며 예학에 힘써 명성이 날로 드러났다. 여러 차례 벼슬을 제수하였으나 나오지 않다가 이때 비로소 소명을 받고 현으로 부임하였다.[299]

계속 사양하던 정구가 1580년선조 13에 처음으로 관직을 수용했다.

회연서원(ⓒ민성환)

경북 성주에 있다. 정구와 이윤우를 기리는 서원이다. 1622년(광해군 14)에 창건되었고 1690년(숙종 16)에 사액되었다.

창녕현감이었다. 이후 정구는 여러 지역의 수령으로 부임해서 백성을 살뜰히 보살폈다. 웬만하면 중앙 관직은 맡지 않으려고 했다. 보통 사람들과 거꾸로다. 이이가 선조에게 정구를 요직에 쓰라 하니 선조가 말했다.

"불러도 오지 않는 그를 어떻게 할 것인가?"[300]

시민여상視民如傷! 정구가 늘 가슴에 새겼던 네 글자라고 한다. 시민여상이란, '다친 사람을 돌보는 마음으로 백성을 돌보라는 뜻으로, 백성을 지극히 아끼고 보살펴야 함을 이르는 말'이다. 정구가 지방관으로 있던 지역의 백성은 행복했을 것이다. 그런 정구를 광해군이 즉위하면서 대사헌으로 임명했다. 사양하고 사양하던 정구가 대사헌 직을 맡았으나 임해군 옥사에 반대하면서 사직을 청했다. 광해군이 거절하자 몇 번이나 거듭해서 물러나게 해달라고 했다.

'전하께서 등극하신 처음에 원근의 백성들이 목을 길게 빼고 마치 굶주린 사람이 배부르기를 기다리고 추위에 떠는 사람이 따뜻하기를 기다리는 것처럼 뛸 듯이 기뻐하지 않는 이가 없었습니다. 오늘날 줄줄이 묶여온 죄수들도 또한 그런 부류들 속의 하나였는데 지극한 은택을 받기도 전에 먼저 원통하고 억울한 마음이 맺히게 한다면 새로운 교화를 시작하는 즈음에 있어 또한 하나의 불행인 것입니다.'[301]

정구는 사직을 청하는 상소에서 임해군 사건에 엮인 이들도 다 당신의 백성이니 선처해달라고 했다. 결국, 광해군은 정구의 사직 요청을 수용했고 정구는 바람처럼 낙향했다. 그 무렵 광해군은 정구에게 세자 보양관 직을 내렸다. 그리고 정구에게 장문의 편지를 썼다. 얼추 이런 내용이다.[302]

그렇게 낙향해버릴 줄은 몰랐다. 그대가 떠나가니 너무도 허전하다. 사직을 허락한 것은 늙고 병든 그대가 잠시 쉬며 건강을 회복하게 하려는 뜻이었다. 이렇게 빨리 멀리 가버릴 줄은 몰랐다. 그대를 그리는 내 마음 애절한데, 그대는 어이하여 나를 이리 괄시하는가? 그대가 나를 도울만한 임금이 못 된다 여기더라도 선왕을 봐서라도 조정으로 돌아오라. 와서 세자를 가르치고 보살펴 달라.

광해군이 간청했다. 그러나 정구는 돌아오지 않았다. 광해군의 진정성을 믿지 않은 것 같다. 실록에 실린 정구의 졸기에 이런 내용이 있다.

'임해군의 옥사 때 상소하여 맨 먼저 골육의 은혜를 온전히 할 것을 청하니, 광해군이 아름다움을 훔치고 이름을 산다고 하였다. 이 일로 말미암아 상의 뜻을 거슬러 고향으로 돌아갔다.'[303]

광해군이 정구를 이름이나 드러내려고 한다는 의도로 비난했다. 이를테면, '대사헌이라는 사람이 말이야, 관련자들을 법대로 처벌하자고 해야지, 풀어주자고 하면 어떡하냐'는 것이다.

정구가 비록 조정에 다시 나아가지는 않았어도 임금을 걱정하는 마음마저 버린 것은 아니었다. 영창대군 사건 때 지방에서 다시 상소를 올렸다.

'영창대군이 나이 어리고 유약하여 기혈이 안정되지 않았는데, 깊은 궁궐의 큰 집에서 편안히 살다가 홀연히 나가서 좁고 누추한 곳에 있게 되었으니, 춥고 더움을 조절할 수 없고 굶주리고 배부름이 때를 잃으며, 모친을 생각하고 옛집을 그리다가 억울하여 울 것입니다. 그런데 아무도 듣고 보지 않으며 아무도 문안하고 구원하지 않으니, 그 안개나 이슬처럼 잠깐 사이에 죽어 버리지 않으리라고 누가 보장할 수 있겠습니까… 바라건대 생각을 더하시어 그를 살 수 있는 길로 가게 하여 후회가 없도록 하소서.'[304]

영창대군을 죽여서는 안 된다는 뜻이다. 정구는 또 '그 여파로 연루된 나머지에 대해서는 큰 도량으로 조용하게 내버려 두어' 그러니까 이 사건에 결부된 이들을 놓아주어, 임금의 의연함을 보여주라고 요청했다. 정구의 이 상소가 '말의 뜻이 명백하고 절실하여 사람들이다 그를 위하여 위태롭고 두렵게 여겼다.'[305] 그런데 이 상소문이 중간에 사라질 뻔했다. 두려움을 느낀 정구의 아들이 상소를 빼돌리고 조정에 올리지 않았던 것이다. 이를 뒤늦게 알게 된 정구는 다시 상소문을 썼고, 아들이 숨겼던 원래의 상소문까지 덧붙여서 조정에 올렸다. 그래서 광해군에게 전달될 수 있었다. 정구를 처벌하라고 조정이 들고 일어나지는 않았다.

'이덕형이 올린 차자는 이 한마디 말 때문에 법에 따라 처벌하자는 논박을 당하였는데, 정구의 상소는 비록 말이 직절直截하였으나 성의가 간절하여 왕도 너그럽게 용납하여 답하였고, 시론時論도 역시 그가 중한 명망을 갖고 있었기 때문에 감히 해치지 못하였다.'[306]

경상도 성주 가야산 제2봉이 비가 오지 않았으나 저절로 붕괴되었는데 그 소리가 우레처럼 진동하였다. '이듬해에 성주에 사는 유신 정구가 죽었는데, 영남 사람들은 이것이 징조였다고 하였다.'[307]

증살? 소살?

영창대군은 어떻게 죽었을까? 강화부사 정항이 증살蒸殺, 쪄 죽임했다고 말해지지만, 실록은 소살燒殺, 태워 죽임이라고 적었다. 그러면 영창대군이 참혹하게 타 죽은 게 맞을까? 그랬을 가능성은 1/3 정도다. 의외로 실록에 각각 다른 내용이 실려 있다. 우선『광해군일기』를 살펴본다.

영창대군 묘(경기 안성)

영창대군 묘는 원래 남한산성 아래 있었는데 1971년에 현 위치로 옮겨 모셨다고 한다. 문인석, 동
자석, 망주석이 한 쌍씩 설치되어 있다. 누군가 따뜻한 이가 꽂아 놓은 진달래는 시들었고 영창대
군이 곱게 피운 할미꽃 한 송이 고개 숙이고 있었다.

밥을 얻어먹지 못하여 기력이 다하여 죽었다. 어떤 사람이 말하기를或云
'정항은 그가 빨리 죽지 않을까 걱정하여 그 온돌에 불을 때서 아주 뜨겁게
해서 태워 죽였다. 대군이 종일 문지방을 붙잡고 서 있다가 힘이 다하여 떨
어지니 옆구리의 뼈가 다 탔다'고 하였다.[308]

굶겨서 죽게 했다. 그런데 태워 죽였다고 말한 사람도 있었다. 굶기다
가 빨리 안 죽자 소살, 즉 태워죽인 것일 수도 있겠다. 비슷한 듯하면
서도 다른 기록도 있다.

정항이 고을에 도착하여 위리 주변에 사람을 엄중히 금하고, 음식물을 넣

242　　　　　　　　　　　　　　　　　　　　　　　　연산 광해 강화

어주지 않았다. 침상에 불을 때서 눕지 못하게 하였는데, 의가 창살을 부여잡고 서서 밤낮으로 울부짖다가 기력이 다하여 죽었다.[309]

그런데 『인조실록』은 전혀 다른 내용이다.

광해가 이정표를 별장으로 삼아 지키게 하면서 몰래 빨리 죽이게 하자, 이정표가 광해의 뜻을 받들어 영창대군이 거처하는 데로 가서 방에 불을 넣지 않았다. 이에 영창대군이 늘 의롱衣籠, 옷을 넣어 두는 농짝 위에 앉았고, 때때로 섬돌 가에 나아가 하늘을 향하여 빌기를 "한 번 어머니를 보고 싶을 뿐입니다" 하였다. 이정표가 음식에다 잿물灰水을 넣어 올리자 영창대군이 마시고서 3일 만에 죽었다.[310]

방구들을 뜨겁게 해서 태워 죽이기는커녕 아예 불을 넣어주지 않았고, 잿물을 먹여 죽게 했다는 것이다. 정항이 아니라 이정표가 그 짓을 했다고 한다. 굶겨 죽인 건지, 태워 죽인 건지, 잿물 먹여 죽인 것인지, 어느 기록이 진짜인지 분별하기 어렵다.

강화별장 이정표가 영창대군의 죽음을 광해군에게 알렸다. 광해군이 말했다.

"내가 덕이 없어 이 외로운 아이孤가 섬에서 병으로 죽게 하였으니, 비통하기 그지없다."[311]

광해군이, 영창대군이 병사病死했다고 말했다. 선조를 다시 떠올린다.

"너는 인효仁孝한 자품을 타고났기 때문에 나의 신민들의 기대를 한 몸에 모으고 있으니 이는 실로 국가의 경사인 것으로 내가 다시 무슨 걱정할 것이 있겠는가… 동기同氣를 사랑함에서는 내가 살아있을 때처럼 하여 시종 혹시라도 간격이 없게 하라."[312]

선조가 광해군에게 내린 마지막 글, 즉 유교遺敎의 일부이다. 광해군을 칭찬하면서 형제를 사랑하라고 당부했다. 아버지 선조의 걱정이 충분히 이해된다. 그런데 광해군은 아버지의 칭찬이 가슴에 와 닿지 않았을 것이다.

선조가 여기서 그쳤으면 좋았을 것을 유영경, 한응인 등 7명의 신하에게도 영창대군을 각별히 보호하라는 유교를 남겼다. '대군이 어린데 미처 장성하는 것을 보지 못하게 되었으니, 이 때문에 걱정스러운 것이다. 내가 불행하게 된 뒤에는 사람의 마음을 헤아리기 어려운 것이니, 만일 사설邪說이 있게 되면, 원컨대 제공들이 애호愛護하고 부지扶持하기 바란다. 감히 이를 부탁한다'[313] 7명 신하에게 남긴 글은 인목대비가 조작한 것이라는 설도 있다.

광해군은 '아버지가 끝내 나를 믿지 않으셨구나!' 서운했을 것이다. 남에게 내 새끼 보호해달라는 부탁하지 말고 광해군에게 이렇게 말했다면 어땠을까?

"아들아, 미안했다. 아비가 아비답지 못해서 너에게 상처를 많이 주었구나. 그동안 마음고생 컸을 생각하니 내가 부끄럽다. 대군 그 어린 녀석, 네 동생이다. 아비의 마지막 부탁이니, 동생을 잘 보살펴다오."

인목대비, 서궁이 되다

이제 화살이 인목대비에게로 향한다. 조정에서 폐모론廢母論이 본격

이항복 묘(경기 포천)

적으로 나오기 시작했다. 대비의 직위를 박탈해서 서인으로 내려야 한다는 주장이다. 영창대군을 죽인 것보다 어쩌면 더 위험한 일이다.

임금은 만백성의 어버이이다. 만백성의 효의 주체이다. 하여 임금은 부모에 대한 극진한 효를 실천하는 모범을 보여야 한다. 인목대비는 광해군에게 어머니 신분이다. 아들이 어머니를 처벌해 폐서인廢庶人하는 것은 극단의 불효인 것이다.

폐모 이전에 유폐가 먼저 이루어졌다. 영창대군 사건이 벌어지기 전에 이미 인목대비는 서궁경운궁에 거처하고 있었는데 사건이 터지면서 거기 그대로 감금된 것이다. 1614년광해군 6 그때, '대비가 문안에 금고되어 있었으므로 수종하며 모시는 나인들이 괴롭게 여겼다. 혹은 벽 틈을 통하여 부모에게 서찰을 보내어 안부를 묻기도'314 했다는 기록이 보인다.

인목대비를 폐하라는 주장이 연일 아니 몇 년간 집요하게 계속됐다. 이항복은 이를 막으려고 몸 사리지 않고 폐모를 반대했다. 인목대비 편을 들어서가 아니라 광해군을 지키려고 그랬던 것이다.

역시나 조정 안팎에서 이항복 처벌을 요구하는 목소리가 거세졌다. 심지어 유학 박몽준은 이항복을 '김제남 무리의 괴수'[315]라고 칭했다. 위리안치하라! 목을 베라! 벌떼처럼 공격했다.

1617년광해군 9 12월 17일, 광해군은 이항복을 평안도 용강에 유배하라고 명한다. 이후 이항복은 여기저기로 자꾸 옮겨지다가 1618년광해군 10 5월 13일에 함경도 북청 유배지에서 숨을 거두었다. 한음이 하늘로 간 지 5년 만에 오성이 따라가고 말았다.

'이항복 등이 유배된 뒤로는 온 조정이 조용히 침묵만 지킬 뿐 한 사람도 의기를 떨쳐 이의를 제기하는 자가 없었다.'[316] 모두가 그저 찬성이다. 인목대비를 폐위하라! 폐위하라! 그런데 광해군이 거부한다.

'하늘이여, 하늘이여. 나에게 무슨 죄가 있기에 어쩌면 이다지도 한결같이 혹독한 형벌을 내린단 말인가. 차라리 신발을 벗어 버리듯 인간 세상을 벗어나 팔을 내저으며 멀리 떠나서 해변가에나 가서 살며 여생을 마치고 싶다. 나의 진심을 살펴 연민의 정을 가지고 다시는 이런 말을 하지 말도록 하라'[317]

폐모하라는 조정의 외침이 얼마나 괴로웠으면, '차라리 신발을 벗어 버리듯 인간 세상을 벗어나 팔을 내저으며 멀리 떠나서 해변가에나 가서 살며 여생을 마치고 싶다'라고 했을까? 광해군이 글을 참 잘 쓴다. 진심이라고 믿고 싶다. 광해군이 폐모는 하지 않으려고 했을 것이다.

1618년광해군 10 1월 4일, 우의정 한효순이 백관을 인솔하고 궁에 들어 폐모를 외쳤다. 사관은 한효순, 이광정, 박홍구, 박승종, 유희분, 이상의, 이이첨…, 이름을 적다가, 적다가 포기하고 '이루 다 기록할 수가

연산 광해 강화

없어서 여기서는 대략만 거명했다'라고 기록했다.

사실상 조정 신료 거의 전부가 참여한 것인데, 폐모에 대한 소신과 주관을 갖고 온 사람들보다는 눈치를 보다가 '안 가면, 다칠지도 몰라' 걱정하며 온 이들이 더 많았다. 사관도 이 지점을 지적했다. '이때 분위기가 너무도 무시무시하여 사람들이 모두 정청에 불참하면 꼭 죽을 줄로 알았기 때문에' 모여들었다고 했다.

한효순 등은 인목대비를 폐해야 하는 이유 열 가지를 댔다. 대략 추려 보면, 유영경과 함께 선조를 설득해 영창대군을 세자로 세우려고 했고, 선조가 죽었을 때 장차 영창대군을 왕으로 올리려는 음모가 있었고, 아비 김제남을 궁궐로 들여 무기를 비축하고 무사를 모으게 하여 반역을 기획했고, 광해군을 저주하는 굿판 등을 벌였고, 고기 조각에 어휘御諱, 임금 이름를 써서 까마귀와 솔개에게 먹였고….

사관은 이날 벌어진 일에 덧붙여 자기 생각도 적었다.

한효순이 우상의 신분으로서 이이첨에게 내몰려 부림을 받은 나머지 앞장서서 백관을 인솔하고 나가 머리를 나란히 하고 정청庭請하는 일을 따름으로써 인륜을 파괴하는 일로 혼주昏主, 광해군를 인도하고 말았으니, 그야말로 개벽 이후로 겪는 일대 변고였다고 할 것이다.[318]

이번에도 이이첨이 '대리인'을 내세우고 뒤에서 이 모든 일을 조종했다는 것이다. 이이첨이 한때는 폐모에 반대하는 의견을 내기도 했다. '일이 이루어진 뒤에는 나쁜 이름이 나에게 돌아올 것이다'[319]라고 걱정해서 그랬다고 한다. 그러나 시작과 끝을 그가 책임졌다.

우의정 한효순이 말한 인목대비의 열 가지 죄를 모두 사실로 볼 수는 없다. 그렇다고 100% 허구라고 단정할 수도 없다. 만들어졌거나, 과장된 내용이 있을 것이지만, 인목대비가 책잡힐 행동을 했을 개연성이 있다.

몇 년 전에 광해군은 김제남과 인목대비 쪽에서 벌였다는 저주 행위를 구체적으로 지적했었다. 맹인을 시켜 저주의 경문을 외우게 하고, 종이에 사람을 그린 뒤 바늘로 눈을 찔러서 부엌 바닥에 묻었으며, 개를 죽여서 궁궐 소나무 숲에 묻었으며, 고양이 눈에 바늘을 꽂아 굴뚝에 넣었고, 매화나무에 쥐를 찢어서 걸었다고.[320] 하여 광해군은 절대 악이요, 인목대비는 절대선이, 아닌 것이다.

1618년_{광해군 10} 1월 30일, 결국 폐모가 결정됐다. '아비는 역적의 수괴이고 자신은 역모에 가담했고 아들은 역적의 무리에 의해 추대된 이상' 어쩔 수 없이, 대비라는 두 글자를 없애고 '서궁_{西宮}'으로 부른다는 결정이었다.

이제 인목대비는 대비가 아니다. 광해군 어머니의 지위도 잃었다. 그래서 모후_{母后}나 자전_{慈殿, 임금의 어머니}으로도 불릴 수 없게 되었다. 그냥 '서궁'이다. 서궁은 세자궁이 동궁_{東宮}이기에 세자를 '동궁'으로 불렀던 것과 쓰임이 유사하다.

가슴을 치다

대외정책

여진족은 늘 거기 있었다. 북쪽 국경에 맞닿 여진은 조선에 신경 쓰이는 이민족 정도로 존재했다. 그런데 임진왜란쯤부터 위협적인 존재로 부상했다. 부족별로 흩어져 살던 여진족을 하나로 통합한 누르하치가 1616년 광해군 8에 후금을 세웠다.

후금이 명을 본격적으로 침공하면서 한반도 주변 정세가 요동치게된다. 광해군은 소용돌이에 휩쓸리지 않으려고 노심초사했다. 후금 정세를 면밀히 살피며 그들의 침략에 대비했다.

명은 속절없이 밀렸다. 그들은 노쇠했고 후금은 기운찼다. 명은 조선에 병력을 요청했다. 임진왜란 때 조선에 군대를 보내 도왔고 조선이사대하여 섬기는 나라가 명나라다. 아니 보낼 수 없다. 그러나 광해군은 버틴다.

도리상 보내야 하지만 조선군이 명나라 군대와 합세하여 후금을 공격하는 것은 후금을 적으로 규정하고 후금의 침략 가능성을 키우는행위다. 임진왜란으로 망가진 조선의 국방력이 복구되지 않아서 후금을 이겨내기 어렵다. 백성을 전쟁이라는 불구덩이에 또 빠지게 하고 싶지 않다. 그래서 광해군은 신하들을 설득하면서 이런 말도 했다.

"우리 군사력이 강하다면 당연히 보내서 명을 도와야 한다. 그런데 우리 병사들이 너무 부실하지 않은가? 병력을 보내도 우리가 먼저 무너져 명군에 아무런 도움이 되지 않을 것이다. 오히려 민폐가 될 수 있다. 또 출병은 후금의 침략을 부를 텐데, 그들 강력한 철기병을 우리가 과연 막아낼 수 있겠는가."[321]

광해군은 명나라의 전술도 맘에 들지 않았다. 명나라는 후금 진영으로 쳐들어가려고 조선에 병력을 요청했다. 광해군이 볼 때 공격보다는 수비다. 공격은 필패. 명은 후금을 이기지 못할 거다. 아까운 우리 병사들만 죽을 것이다. 그래서 군대를 보내지 않으려고 버텼다. 하지만 출병해야 한다는 조정의 목소리가 워낙 높았다. 심지어 심복 이이첨마저 명을 도와야 한다고 했다. 승문원의 관원을 통해 광해군에게 의견을 전했다.

"중국에 난리가 났을 경우에는 제후가 들어가 구원하는 이것이 바로 춘추의 대의요 변방을 지키는 자의 직분이라 할 것입니다. 더구나 우리나라는 소생시켜 준 은혜를 입어 오늘에까지 이를 수 있었으니 어떻게 해서든 조금이라도 황제의 은덕에 보답하기 위해 노력해야 할 것입니다."[322]

광해군의 뜻을 지지하는 이가 있기는 있었다. 임연이다.

"중국 조정이 만약 저 적에게 병화를 입어 아래 나라에 구원을 요청해 왔다면 나라의 존망이나 일의 이해 따위는 돌아보아선 안 될 것입니다. 그러

연산 광해 강화

나 지금은 중국 조정에서 군대를 징발하여 저 적의 죄를 물으려 하고 있으니 일의 완급에 있어 크게 차이가 납니다."[323]

명나라가 후금의 공격을 당해 위기에 빠졌다면 우리 군대를 보내 돕는 게 당연하지만, 명나라가 후금으로 쳐들어가는 것이니 우리는 신중하게 대처해야 한다고 임연은 지적했다. 광해군과 상황 인식이 비슷했던 것이다. 그러자 양사가 임연을 처벌하라고 몰아붙였다.

"임연은 사론邪論, 도리에 어긋나는 주장을 맨 먼저 끄집어낸 사람으로서 모두 그 혀를 저미고 싶어 하는데 이러한데도 다스리지 않는다면 여론의 통분함을 풀어주기 어려우니 임금을 함정에 빠뜨리고 나라를 그르친 죄를 법대로 처단하소서."[324]

거부하고 거부하던 광해군은 어쩔 수 없이 임연을 파직했다. 도저히 파병 불가를 말할 수 없는 분위기였다. 결국, 광해군은 강홍립을 책임자로 임명하여 1만여 명을 보냈다.

명군은 후금으로 무작정 진격했다. 명나라와 조선 등의 10만여 명 연합군은 1만여 명에 불과한 후금군과의 전투에서 대패했다. 조선군의 수장 강홍립은 남은 병력과 함께 후금에 항복했다. 1619년광해군 11에 벌어진 이 싸움을 심하전투深河戰役, 사르후 전투라고 한다.

인목대비는 광해군을 폐위하는 명분의 하나로 광해군이 '장수에게 사태를 관망하여 향배를 결정'하게 했다고 지적했다. 광해군이 강홍립에게, 지겠다 싶으면 항복하라고 몰래 지시했다는 것이다. 이에 사실인지 아닌지 의견이 갈린다. 그런데 광해군이 강홍립에게 보낸 편지에서 '중국 장수의 말을 그대로 따르지만 말고 오직 패하지 않을 방도를 강구하는 데 힘을 쓰라'[325]고 한 것으로 보아서 광해군이 강홍립에게 돌아가는 상황을 잘 보고 싸울지 항복할지 결정하라고 지시했을 가능성이 있다.

비변사에서 항복한 강홍립을 비판하자 광해군이 냉정하게 말한다.

"명이 패할 것을 처음부터 알고 있었다… 명나라에서 만약 군병을 진열하여 무력을 과시하고 중국의 국경을 굳게 지킨다면 마치 호랑이나 표범이 산속에 있는 형세와 같아 적이 비록 날뛴다고 하더라도 감히 업신여기지 못할 것이다. 그런데 이 점은 생각지 않고 가벼이 깊이 들어갔으니 반드시 패하리라는 것은 의심할 것이 없었다."[326]

광해군은 이어서 앞으로의 대책도 말했다.

"이 적의 용병用兵하는 지혜와 계략을 실로 당해내기 어려우니 앞으로의 변고를 예측할 수 없다. 오늘날 우리나라를 위한 계책은 군신 상하가 마땅히 잡다한 일은 버리고 오로지 부강에만 힘쓰는 것이다."

이후에도 명나라는 거듭 군사를 요구했다. 하지만 광해군은 응하지 않았다. 명나라 쪽에서 조선에 보낸 편지에 이런 말이 나온다. 조선이 후금군의 보복이 두려워 군대를 보내지 않는 것은 '범이나 승냥이에게 절을 하면서 잡아먹지 말라고 하는 것입니다.'[327]

광해군은 명군과 후금군의 특성 그리고 장단점을 꿰뚫고 있었다. 후금이 명을 압도하게 될 것도 알고 있었다. 그래서 후금을 적절히 대우하고 연락도 주고받으며 침략을 예방하는 정책을 펼쳤다. 물론 굽신굽신 후금에 비굴하지도 않았다. 광해군은 훌륭한 분석가이자 전략가였다. 광해군은 자신의 외교정책을 이렇게 설명했다.

"명에 대한 사대에 정성을 다하여 조금도 느슨하게 하지 말며, 한창

연산 광해 강화

기세 오른 적을 기미하여 잘 미봉하는 것이 바로 오늘날 나라를 보전하는 좋은 계책이다."[328]

기미羈縻란, 말의 굴레羈와 소의 고삐縻라는 뜻으로 중국 왕조가 주변 이민족을 적절히 통제하고 또 회유하면서 평화를 유지하려던 외교정책을 가리킨다. 광해군도 후금을 조선의 기미 대상으로 표현했다.

광해군의 외교정책을 흔히 중립외교, 또는 등거리 외교라고 한다. 명나라 편에 완전히 서지 않고 후금 편에 서지도 않는 실리적 외교이다.

심하전투 후에 명의 사신과 후금 쪽 사람이 동시에 조선에 온 적이 있다. 그때 광해군은 '차관이 서울에 들어온 후에 오랑캐한테서 서신이 왔다는 말을 누설하지 말라. 그리고 만포에 나온 호인은 각별히 잘 접대하여 전일과 다름없이'[329] 하라고 명령했다. 명 사신이 후금에서 조선에 사람 보낸 걸 모르게 하고, 편지를 가지고 온 후금인도 전처럼 잘 접대하라는 지시였다.

광해군 재위 기간에 후금이 조선을 침략한다면, 가능성이 제일 컸던 시기가 심하전투 이후였다. 그러나 그때 후금의 침략은 없었다. 『청태종실록』에 누르하치가 광해군에게 보낸 글이 수록됐는데, '너희 조선이 출병하여 명을 도운 것이 너희의 뜻이 아님을 나는 알고 있다. 형세에 쫓겨서 부득이함이 있었을 것이고 또, 명이 일찍이 너희를 왜의 침략에서부터 구해주었으므로 그 은혜에 보답하기 위해 온 것일 뿐이리라'[330] 이런 내용이 있다.

광해군의 외교가 후금의 침략을 예방하는 데 이바지했다고 볼 수 있다. 오늘날 외교정책 수립에도 긍정적으로 참고할만하다. 다만, 현대 한국의 외교정책에 광해군의 외교 전략이 엄청난 교훈이 되는 것처럼 말해지는 것은 좀 호들갑스럽다고 할 수 있겠다. 광해군의 외교정책을 굳이 들춰보지 않아도 한국이 미국과 중국 가운데 어느 한 나라에 올인하는 게 위험하다는 걸 다 안다. 외교에서 '국익'이 '명분'보다 중요하다는 것도 안다.

광해군 이전 조선의 외교정책은 어땠을까? 사실 역대 임금들과 광해군의 정책이 크게 다르지 않았다. 조선의 외교는 '사대교린事大交隣'으로 말해진다. 명나라에는 사대하고 여진, 일본 등은 교린하는 것이다. 명은 높여 섬기고, 나머지 나라들과는 우호적으로 지낸다는 의미다. 교린은 사귈 교에, 이웃 린 자이다. 이웃과 사귄다는 뜻이다. 그러니까 명을 섬기며 후금과도 사이좋게 지낸다는 광해군의 정책은 새로운 것이 아니라 앞의 임금들이 펼쳐온 전통적인 정책이다.[331] 다만 광해군 때 여진이 새로운 강자로 등장하면서 명과 충돌했다는 차이는 있다. 광해군은 전통적인 외교를 고수하려고 했고 조정 신료들은 후금에 대한 교린을 버리고 명에 대한 사대에 집중하는 '변화'를 요구했던 것인데 광해군이 따르지 않았다.

"한편으로는 기미책을 쓰고 한편으로는 자강책을 쓰는 것은 진실로 장구한 계산으로 한 가지도 폐지해서는 안 된다. 그러나 생각건대, 이 두 가지 계책이 모두 착실하게 시행되지 않고 있으니, 내가 매우 가슴 아프게 여긴다."[332]

1619년광해군 11에 광해군이 비변사에 알린 말이다. 기미도 그렇지만, 자강自强이 정말 중요했다. 군사를 키우고 군량을 비축하고 무기를 만들고 성을 쌓고 그래야 강해진다. 다 돈이다. 그런데 돈이 없다. 끈질기게 밀어붙이는 궁궐 공사는 돈 먹는 하마다. 반대를 무릅쓰고 집요하게 궁궐 짓는 광해군! 그 자신이 원인 제공자인 셈이다. 그런데 '자강'이 제대로 되지 않아 가슴이 매우 아프다고, 광해군이 말했다.

군신 상하가 마땅히 잡다한 일은 버리고 오로지 부강에만 힘써야 한다고도 했던 광해군이다. 그런데 다 함께 머리 모아 후금에 대한 대책을 수립하고 추진해 가야 할 시기에 조정은 온통 인목대비 폐모 문제로 뜨거웠다. 그것도 몇 년씩이나 계속해서. 그래서 광해군이 취한 외교정책을 긍정하고 그가 제시한 각종 대책의 적절성을 높게 평가하면서도 그의 국방에 대한 간절함과 진실성이 가슴에 와닿지는 않는다.

▮ 대면, 비대면

그런데 좀 이상한 것은 광해군의 태도다. 후금의 위협이 구체화될수록 신료들과 마주 앉아 대책을 논하고 또 설득해야 자연스러운 모습이다. 하지만 광해군은 이 중요한 문제를 글로 전할 뿐 신하들을 거의 만나지 않았다. 군사 훈련, 군량 비축, 무기 정비 등을 지시하면서 하는 말이 '내가 직접 만나서 의논하고 싶으나 병이 낫지 않으니' 다음에 보자고 하는 식이다.[333]

'내가 시사時事를 보니… 천하 난적의 우두머리가 될 것이다… 우리나라는 불행하게도 이 적과 국경이 닿아 있고 거리도 가까우니… 스스로 수비할 대책을 착실하게 강정講定하고 마음을 다해 준비했다가… 만약 침범해

광해군 묘 문인석(경기 남양주)

온다면 죽음으로써 굳게 지켜서 기율紀律을 엄히 밝히며 기계를 수선하고 장수를 선발하여 군사를 훈련시키며 험지에 웅거하여 곡식을 쌓아놓고… 일각도 해이하게 하지 않아야 나중에 후회하지 않게 될 것이다.'[334]

구구절절 다 옳다. 이런 말은 조정에서 특히 비변사에서 해야 자연스럽다. 그런데 글로 써서 내렸다. 글 마지막에 비변사에서 잘 논의하여 처리하라고 했다. 비변사備邊司의 비備에는 갖추다, 예방하다라는 뜻이 있다. 변邊은 변방이다. 나라의 경계 지점, 국경 지역을 의미한다. 한자를 보면 비변사가 군사기구임을 짐작할 수 있다. 외적의 침략에 대비하는 임시 군사기구로 출발한 비변사가 임진왜란을 겪으며 크게 강화되더니 급기야 의정부를 능가하는 조선 최고 기관이 되었다. 비국備局, 묘당廟堂 등으로도 불렀다.

비변사에서 광해군에게 답장을 올렸다. 여러 가지 대책을 보고했다. 그리고 마지막에 이렇게 썼다. '매양 한 번 성상을 뵙고 각기 어리석은 견해를 진달하고자 하였습니다. 그런데 서쪽의 일에 대해 한 해가 지나도록 등대登對, 대궐에 나아가서 임금의 물음에 대답함하라는 명이 없어 군정群情이 민망해하고 답답하며 원근이 일손을 놓고 있는 형편입니다.'[335]

1619년광해군 11의 일이다. 대신들이 오래도록 광해군을 만나지 못해

알현을 청했다. 이에 광해군은 다시 글을 내렸다.

'전일에는 비록 만나보았지만 내 말을 한 가지 일도 몸 받아 시행하지 않았으니, 지금 비록 다시 말한다고 하나 무슨 이익되는 바가 있겠는가.' 그동안 만나서 내가 한 말, 하나도 안 따랐는데 뭐하러 만나느냐는 것이다. 신하 길들이기일까? 이에 사관이 논평했다.

사신은 논한다. 접대接見를 폐지한 지 오래되어 상하가 멀리 막혀 있으므로 군정이 민망한 생각을 품고 있으며, 모든 관청의 기강이 풀려버렸다. 그리하여 나라를 도모하는 일과 변방을 대비하는 계책에 있어서 다만 한 장의 문서만으로 책임을 막기 위해 출입하고 있을 따름이니, 이렇게 하고도 나라를 영위할 수 있겠는가. 지금 비국이 등대登待를 청하자 도리어 무슨 이익이 있겠냐고 전교하였으니, 더욱 가탄스러운 일이다.[336]

사실, 이번만이 아니다. 이미 즉위 초부터 광해군은 신하들과 제대로 어우러지지 않았다. 즉위한 해인 1608년에 홍문관 부교리 이준이 상소하여 이 문제를 짚었다.

'지금 전하께서 신료들을 접견하지 않으신 지 반년에 다다라 기주관들이 무엇을 기록했는지 적막하여 들어보지 못하였습니다.'[337]

광해군이 무려 반년 동안 신하들을 만나고 있지 않아서 사관들이 기록할 게 없었다는 얘기다. 광해군이 지나치게 '대면' 처리를 싫어하고 '비대면'을 선호했다. 신하들의 말은 대개 잘하시라는 잔소리, 싫은 소리. 광해군이 싫은 소리를 글로는 읽어도 귀로 듣는 건 못 견뎌 했던 것도 같다. 아무튼, 군주의 자세로는 문제가 있었다. 광해군이 신하들을 너무 만나지 않자, 이를 걱정한 사관이 자신의 심정을 기록했다. 즉위 초인 1609년광해군 1 실록 기록이다.

사신은 논한다. 상이 즉위한 이래로 한 번도 정사를 보지 않았으므로 양사와 옥당이 번갈아 상소한 것이 한두 번이 아니었으되, 매양 조섭몸조리한다는 것으로 전교하였다. 1년이 넘는 조섭 기간에 어찌 하루도 병이 나은 날이 없었겠는가? 군신 사이가 막혀 상하의 정이 통하지 않아 장차 나라를 다스릴 수 없게 될까 매우 두렵다.[338]

어느덧 재위 3년째 광해군은 여전했다. 사간원이 아뢰었다.
"근래에 접견하는 일을 오랫동안 폐하고 계셔서 상하가 서로 막혀 있으니 신하들은 모두 답답하게 여기고 있습니다. 요즘 서북방에 걱정거리가 많고 변방의 경보가 날마다 이르며 중국 사신을 접대하는 계책과 군국軍國이 조처할 업무가 수없이 많으니, 상께서는⋯ 때로 대신들을 맞이하여 아뢰는 말을 겸허하게 받아들여 치도治道를 바로잡는 것이 바로 오늘날의 급선무입니다."[339]
광해군은 일단 생각해 보겠다고만 했다. 사관이 또 한탄한다.

정사를 보는 일이 없어서 정원이 아뢰고 간관이 말한 것인데 '내가 다시 말할 때까지 기다리라'고 하교하고 '뒤에 마땅히 헤아려 할 것이다'라고 답하여 지연시키고 미루면서 그저 세월만 보내고 있다. 옛날에 정치를 논하는 자는 임금이 조정에 나아가 정사 보기를 일찍 하느냐 늦게 하느냐를 가지고 세상의 융성과 쇠퇴를 점쳤으니, 늦게 하는 것도 불가한데 더구나 폐지하고

연산 광해 강화

행하지 않는단 말인가.[340]

즉위한 지 6년째인 1614년, 광해군은 이런 명을 내린다.

"내가 안질이 극심하여 접응을 감내할 수 없다. 긴급한 공사公事만 들이고 여타 긴급하지 않은 일은 우선 정원에 보류하였다가 차도를 기다려 들이라."[341]

눈병이 심해서 신하들을 일일이 만날 수 없으니 긴급한 일 아니면 나중에 보자는 얘기다. 임금이 나랏일을 당분간 중단하겠다는 선언인 셈이다. 긴급한 일은 어떤 일일까? 사관이 연산군의 명령을 실록에 적으며 덧붙였다.

'이때부터 항상 병을 핑계하며 정사를 돌보지 않았다. 역옥逆獄, 역모 사건 처리과 궁궐 영건에 대해 아뢴 일 밖에는 재결裁決하는 것이 드물었다.' 긴급한 일은 역모 사건과 궁궐 조영 관련 업무였다.

1617년광해군 9 1월 21일, 사간원이 작정하고 나섰다. 신하들을 멀리하는 광해군을 비판하며 "모르겠습니다만, 상께서 접하시는 자가 누구이며, 친하게 지내는 자가 누구이며, 자문을 받는 자가 누구입니까?" 물었다. 그리고 다시 청했다. "비록 평소의 일이 없는 때라고 하더라도 오히려 하루도 신료들을 접하지 않아서는 안 되는데, 더구나 이처럼 어렵고 일이 많을 때이겠습니까. 바라건대 지금 이후로는 편전에 납시어 여러 신하를 만나서 크고 작은 계책을 마음을 열어놓고 물으소서" 했다. 그랬더니 광해군은 몸이 좀 아프니 다음에 하겠다고 하였다.

그럼, 경연은?

그럼 경연은 어떻게 했을까? 재위 기간 내내 거의 하지 않았다. 각 기관마다 나서서 줄기차게 경연을 요구했으나, 광해군도 연산군처럼 건강 핑계를 댔다. 날이 추워서 못 하겠다고도 했다. 추위를 많이 타기는 했던 것 같다.

광해군은 늦은 나이에 세자가 되어 체계적으로 교육받을 기회가 없었다. 세자가 되고 바로 전쟁 수습에 나서야 했기에 서연이 제대로 행해지지 않았다. 임진왜란이 끝난 후에도 그랬다. 세자 광해군은 기침이 심하다는 등의 이유로 서연에 나서지 않았다. 선조는 "나의 경우는 어릴 때 배울 기회를 놓치고 이제는 나이가 많아 배우지 못한 사람이 되었는데 세자도 나이가 들어 배우는 일이 늦었으니, 늙은 뒤에는 비록 뉘우치더라도 어찌 돌이킬 수 있겠는가?"[342] 하며 걱정만 했다.

광해군을 세자 삼을 때 선조는 광해군이 총명하고 학문을 좋아한다고 말했었다. 그냥 신하들 들으라는 의례적인 말이었을까? 아니면 광해군이 세자 되기 전까지는 학문에 충실했던 것일까….

즉위 초에 승정원이 경연을 청했다. 광해군은 더위가 심하니 다음에 하자고 했다. 다음에는 그다음에, 또 그다음에. 경연 주관 관청인 홍문관의 부교리 이준이 상소했다.

'지금 전하의 건강이 좋지 못하고 날씨마저 매우 추우므로 감히 자주 나와 날마다 경연에 납시라고 말씀드릴 수는 없습니다. 그러나 어리석은 신의 욕심으로는 전하께서 시험 삼아 날씨가 따뜻할 때 때때로 측근의 신료들을 부르시되, 꼭 날짜나 시간을 한정하지 말고 경술經術

을 강론하고 치도 治道를 물으셨으면 합니다.'343

상당히 부드럽고 또 느슨한 요청이다. 경연은 원래 하루에 세 번이다. 임금에게 주어진 사실상의 의무이다. 광해군이 하도 거부하니 아무 때나 시간 날 때라도 조금씩 하자고 했다. 그랬더니 광해군이 '마땅히 마음에 새겨두겠다' 했다. 그러나 마음에 새기지 않았다. 경연은 계속 거부됐다.

1609년 광해군 1 8월 10일, 사간원 정언 김치원이 '전하께서 즉위한 이후 지금까지 몇 년이 되었으나, 한 번도 유신정사 儒臣正士들과 함께 경학을 강론하고 국가의 큰일을 자문하신 일이 없습니다. 매일 측근의 총애하는 신하들과 함께 깊은 궁궐 안에만 계시니' 걱정이라고 아뢰었다.

'초봄에 양사가 서로 글을 올려 경연을 열 것을 요청하였으나, 상께서 봄 추위가 아직 심하니 훗날을 기다리라'고 전교하셨으며, 그 뒤는 중국 사신이 잇따라 와서 겨를이 없었습니다. 그러나 지금은 더위의 기세도 점차 물러가고 가을 기운이 서늘해지기 시작했으니, 바로 이런 때 경연을 열어 강학하는 것입니다. 이제 만약 머뭇거리고 다시 훗날을 기다린다면 세월은 금방 가버려 겨울 추위가 또 닥칠 것이니, 전하께서 강학하시는 날은 끝내 없지 않을까 삼가 두렵습니다.'344

정언 김치원이 이렇게 아뢰고는, 임금을 제대로 모시지 못한 죄인이니 '신의 직책을 파직하여 내치도록 명하소서' 하였다. 그랬더니 광해군 답하였다.

"이렇게 사직하고 있으니, 아뢴 대로 하라."

아뢴 대로 하라! 이건 작은 일이 아니다. 대간이 임금에게 뭔가를 청하며 사직하겠다고 말하곤 한다. 진짜 사직하려는 경우는 거의 없다. 임금을 압박하는 관용적인 말일 뿐이다. 이럴 때 임금은 "사직하지 말라" 하는 게 관례다. 그런데 광해군은 기다렸다는 듯이 단박에 김치원을 그만두게 했다. 사관이 가만있을 리 없다.

사신은 논한다… 왕이 간언을 싫어하는 것이 한결같이 여기에 이르러, 그 체직을 요청한 말을 들어주어 전에 없었던 일을 열어놓았다… 이처럼 조정이 위축된 시기를 당하여 누가 감히 임금의 그릇된 마음을 바로잡고 뜻을 거스르려고 하겠는가? 아, 국가의 일은 끝났구나.[345]

그렇게 세월만 갔다. 1615년광해군 7, 양사가 합계해서 경연을 여시라 청했다. 임금이여, 제발 책 좀 읽으시라? 이것만이 아니다. 신하들이 광해군에게 경연이 왜 필요한지 새삼스레 설명했다.

"경연을 설치한 것은 비단 장구章句, 문장에 관해서 토론하기 위한 것일 뿐 아니라 반드시 의리를 강구해 연마하고 군덕君德을 성취하기 위한 것입니다. 이에 시정時政의 득실과 인물의 현부賢否 및 고금의 치란과 생민의 휴척休戚, 기쁨과 슬픔 등에 대해 모두 말할 수 있는 것입니다. 그러므로 조강으로는 부족하여서 주강이 있고 주강으로는 부족하여서 석강이 있으며…"[346]

사간원과 사헌부가 함께 나서서 경연을 간절하게 호소했건만 광해군은, 짐작대로, 아프니 우선 몸조리를 하고 나서 하겠다고 했다. 사관이 또 한 마디 적었다.

'왕이 즉위한 후로 경연을 연 적이 없었고 매양 병 때문이라 하였지만, 죄인을 친국할 때는 혹 밤늦도록까지 이르렀으니, 어찌 그리 사람을 죽이는 일은 급히 하면서 학문을 강론하는 일은 등한히 한단 말인가.'[347]

▍어머니를 위하여

공빈김씨 묘, 성묘(경기 남양주)

연산군은 어머니 폐비 윤씨를 추숭하려고 조정과 오래도록 대립했었다. 어머니는 결코 원하지 않았건만, 그 '어머니'라는 세 글자가 연산군을 무너트렸다.

광해군은 3살 때 어머니를 잃었다. 생모에 대한 그리움을 가슴에 묻어두고 가끔 꺼내 보기나 했으면 좋았을 것을, 즉위하자마자 조정으로 어머니를 불러냈다.

연산군이 그랬듯 광해군도 생모 공빈김씨 추숭을 밀어붙여 조정에 분란을 더했다. 후궁 신분인 어머니를 왕후로 올리겠다는 것이다. 광해군은 예조를 통해 대신들의 의견을 묻게 했다. 영의정 이덕형은 공빈김씨를 추숭하는 것은 오히려 욕을 끼치는 행위라며 반대했다. 다른 대신들도 마찬가지였다.

실무 부서인 예조에서 반대했고 삼사도 반대했다. 논리적으로 광해군을 설득하려고 했다. 광해군은 설득되기를 거부하며 비장하게 말했다.

"왕후의 호를 올리는 일은 결단코 그만둘 수 없다."[348]

어머니 추숭은 아들의 효도 행위이다. 그런데 사실은 어머니를 위한 추숭이 아니라 아들 본인을 위한 추숭이다. 광해군이 헛헛함을 채우려고 욕심을 부리는 것이다. 서자 출신으로 왕이 된 이가 광해군만이 아닌데, 광해군은 그걸 지나치게 의식한 것 같다. 어머니를 왕후로 올리면 이론상 자신이 적자가 된다.

이 '싸움'의 결말은? 광해군이 이겼다. 그렇다고 신하들이 진 것도 아니다. 일종의 타협이 이루어졌다. 공빈김씨를 공성왕후로 올리되, 종묘에는 모시지 않는 것으로 절충된 것이다. 공빈김씨가 공성왕후가 되면서 묘는 성릉成陵, 사당은 봉자전奉慈殿으로 부르게 되었다. 봉자전은 다시 남별전南別殿으로 이름이 바뀌게 된다.

그런데, 광해군이 이내 공성왕후를 종묘에 모시려고 나섰다. 약속 위반이다. 조정의 반대가 극심했다. 광해군은 물러서지 않고 맞섰다. 양사가 반대하자 양사 관원들을 교체해버렸다. 승정원마저 나서서 광해군이 대간의 입을 막는 행위를 비판했다. 그러자 처남인 유희분을 승정원의 수장인 도승지에 임명해버렸다.[349]

광해군은 이런 말도 했다.

"추숭하는 이 일만큼은 차라리 간언諫言을 막는 죄를 지으면 지었지

포기하지 않겠다.”[350]

　이런 결기와 단호함으로 실질적인 국방 강화에 애썼다면 좋았을 터다. 1610년광해군 2 6월. 삼정승이덕형·이항복·심희수이 함께 아뢰었다.

　“대간의 논계는 일반적 관례에 따라 올린 것이니, 그 사이에 언어의 구사가 맞지 않은 곳이 있더라도 겸허하게 포용하고 용서하여 그대로 둘 일입니다. 그런데 지금 가차 없이 배척하여 용서하지 않고, 계속하여 부묘하라는 명을 도감에 내리니, 보고 듣는 사람치고 누군들 놀라지 않겠습니까… 이는 마땅히… 깊이 성찰해야 할 일입니다. 삼가 원하건대, 성명께서는 마음을 비워 충고를 듣고 중도를 잡아 일을 다스려 아랫사람들의 마음을 위로하소서.”[351]

　광해군이 대답했다.

　“나는 그만둘 수 없다.”

　광해군은 그만두지 않았다. 그렇게 밀고 당기고 몇 년간 계속됐다. 1615년광해군 7, 광해군이 양양하여 명령한다.

**　“성모聖母를 추봉하는 예가 천자의 은명恩命을 받아서 고명이 이미 내려졌으니, 휘호徽號를 올린 뒤에 그대로 태묘에 부묘하는 일을 상세히 의논하여 거행하라.”**[352]

　‘성모’ 하면 마리아가 떠오르는데 여기서는 ‘국모國母를 성스럽게 일컫는 말’로 쓰였다. 천자의 은명? 광해군이 명나라에 생모를 왕후로 책봉해달라고 청했었다. 명나라가 순순히 광해군의 요청을 들어주었다. 공성왕후를 정식 왕후로 공인해 준 것이다.

여진의 동태가 심상치 않음을 의식한 명나라가 조선을 자기편에 두려고 광해군의 요청을 들어준 것으로 보인다. 대외 정세를 잘 읽는 광해군도 명나라가 자신의 요구를 받아 줄 것으로 여겼을 것이다. 비록 세자 시절에 책봉 거부로 발목을 잡았던 명나라이지만, 광해군 자신과 척지는 것을 그들도 원하지 않으리라 짐작했을 것이다.

광해군이 명의 권위를 활용해 어머니 공성왕후를 태묘 즉 종묘에 모실 수 있게 되었다. 그러나 광해군이 폐위되면서 모든 추숭이 취소되고 만다. '공성왕후'는 '공빈김씨'로 돌아갔고 성릉은 성묘成墓로 불리게 된다. 한편 공빈김씨 추숭 문제는 1610년광해군 2부터 1617년광해군 9까지 7년에 걸쳐 이루어졌다. 비슷한 시기에 인목대비 폐모 '작업'도 진행됐다. 서로 연결되고 있던 것이다.

왕계로 볼 때 광해군의 어머니는 인목대비였다. 그래서 모후母后라고 불렀다. 이제 모후는 친모인 공성왕후가 된다. 그래서 인목대비 폐위는 자식 광해군이 어머니를 폐하는 불효를 저지르는 것이 아니라 역모에 연루된 죄인을 벌하는 것이 된다.

광해군의 공빈김씨 추숭에는 인목대비를 폐위하는 데 따르게 될 윤리적 비판을 희석하려는 의도가 스민 것으로 볼 수 있다.[353] 광해군의 전략가다운 면모가 드러난다.

"하늘이여, 하늘이여. 나에게 무슨 죄가 있기에 어쩌면 이다지도 한결같이 혹독한 형벌을 내린단 말인가. 차라리 신발을 벗어 버리듯 인간 세상을 벗어나 팔을 내저으며 멀리 떠나서 해변가에나 가서 살며 여생을 마치고 싶다. 나의 진심을 살펴 연민의 정을 가지고 다시는 이런 말을 하지 말도록 하라."

인목대비를 폐하라는 주장이 빗발칠 때 광해군이 이 정도로 괴로워하며 거부했었다. 광해군의 이 말은 진심이라고 믿고 싶었다. 연민마저 느꼈다. 그런데 다시 살펴보니 진심이 아니었던 것 같다.

▌ 광해의 시간은 가고

『속잡록』에 명나라 장수 조도사趙都司가 한양에 와서 지은 시가 나온다. 『대동야승』과 『연려실기술』에 실려 있다. 광해군 말년인 1622년광해군 14 2월 3일에 지은 것이라고 한다. 조도사는 실록에 나오는 조유격인 것 같다. 유격 遊擊, 관직명 조우 趙佑이다.[354] 다음은 조도사가 지은 시이다.

맑은 향 맛난 술은 천 사람의 피요 / 淸香旨酒千人血
가늘게 썬 좋은 안주는 만백성의 고혈일세 / 細切珍羞萬姓膏
촛불 눈물 떨어질 때 사람 눈물 떨어지고 / 燭淚落時人淚落
노랫소리 높은 곳에 원성도 드높구나 / 歌聲高處怨聲高

『속잡록』은 이 시를 '광해군 시대에 정사가 어지럽고 백성이 곤궁함을 지적한 것'이라고 해석했다. 그런데 어디 광해군 시대뿐이랴. 어디 조선 시대뿐이랴.

이 시를 어디선가 들어본 듯하다. '금준미주 천인혈'이요…. 춘향전에서 어사 이몽룡이 변사또에게 써 준 시다. 이몽룡의 시는 조도사가 지은 시의 리메이크 작품이라고 할 수 있겠다. 이몽룡이 시를 쓰자 변사

또가 파직됐고, 조도사가 시를 짓자 광해군이 폐위됐다.

1623년광해군 15 3월 12일, 광해군이 결국 왕위에서 쫓겨나고 말았다. 창덕궁이 싫어서 몇 년을 경운궁으로 나가 견디기도 했던 광해군, 어쩔 수 없이 다시 창덕궁으로 들어가 재위하다가 폐위당한 것이다.

이날 뒤늦게 반정 정황을 인지한 광해군은 궁궐 호위와 조사를 지시한다. 유희분과 박승종이 거듭 말해서 그렇게 한 것이다. 그러나 허무하게 궁궐 문이 열렸다. 궁성 수비 책임자인 훈련대장 이흥립이 문 열고 나가 반정군을 맞이한 것이다. 이흥립은 이미 반정군에 가담한 상태였다.

반정군이 닥치기 몇 시간 전에 이이반이 급히 반정 계획을 알려왔다. 그때 광해군은 하필 술판을 벌이고 있었다. 반정 음모를 듣고도 바로 조처를 하지 않고 심드렁했다. '설마' 했던 것 같다. 이렇게 광해의 시간이 가고 인조의 시간이 오고 있었다. 이이반의 고변을 들은 영의정 박승종은 조금 달랐다. 재빨리 이흥립을 불러 단도직입적으로 물었다.

"그대가 김류, 이귀와 함께 모반하였는가?"

이흥립은 박승종과 사돈 관계이며 박승종 빽으로 훈련대장이 된 사람이다. 이흥립이 대답했다.

"제가 어찌 공을 배반하겠습니까?"

박승종은 믿고 이흥립을 풀어주었다. 풀려난 이흥립이 궐문 활짝 열고 반정군을 맞았다. 반정군이 들이닥치자 신하들은 도망갔다. 즉위 이래 광해군은 수없이 옥사를 치렀다. 사실인지, 아닌지 모를 역모 사건을 자주 겪어왔다. 그래서 오히려 역모에 대해 좀 둔감해졌던 것 같다. '이번에도 아니겠지' 싶었던 모양이다.

해마다 옥사가 일어나 조금이라도 의심스러운 행적이 드러날 경우 모두 잡아다 반역죄로 얽어 넣었다… 역적을 치죄한 지 10년에 죄수들이 옥에 꽉 찼고 심지어 일시에 발생한 옥사가 6, 7건이 있기까지 하였다. 상광해군도 말년에는 옥사가 대부분 사실이 아닌 것을 알고… 역적의 옥사에 대해서 오히려 예사롭게 여겼고… 어느 것인들 천운이 아니겠는가?[355]

인조반정 세력은 광해군이 역모 기미를 보고받고도 제대로 대처하지 않을 걸 천운이라고 여겼다. '늑대가 나타났어요!' 외치고 다니는 양치기 소년이 떠오른다. 광해군, 자리 지키고 있다가 처연하게 반정군을 맞는 모습이었다면 꽤 괜찮은 그림이 될 것이다. 하지만, 달아났다. 후원 북쪽 담장을 넘어 도망갔다. 내시에게 업혀 의관 안국신네 집으로 갔다. 도대체 누가 반정을 일으킨 건지 궁금했다. 묻는다.

"혹시 이이첨이 한 짓이 아니던가?"

이이첨 이름이 여기서도 나온다. 광해군이 이이첨을 의심하게 된 이유를 사관이 설명해 놓았다.

왕이 이때 임취정 등을 신임하여 이첨의 권세를 억제하려고 했었는데 유희분이 은밀히 왕에게 아뢰기를 '이첨의 세력이 너무도 높으니 그가 꺾임을 받지 않고 변란을 일으킬 계략을 가질 듯합니다'라고 했기 때문에 왕이 의심했던 것이다.[356]

다음날 광해군은 궁궐로 불려왔다. 사실상 체포되어 끌려온 광해군은 이런 말을 한다.

"혼매한 임금을 폐하고 현명한 사람을 세우는 것은 옛날에도 있었던 일이다."

여기까지는 좋다. 그런데 이어지는 말은 예상외였다.

"어찌하여 나인·내시·급사들을 보내주지 아니하여 나를 대우하는데 있어 이처럼 박하게 하는 것인가."[357]

예조판서 임취정이 아뢰기를 "구주舊主를 폐하여 군君으로 봉하는 것이 오늘날의 가장 큰 절목입니다. 속히 의논하여 조처하소서."[358]

정해진 수순이다. 광해군은 폐위되어 '군君'이 되었다. 왕자 수준의 대우를 의미하는 게 아니다. 여기서 '군'은 폐된 왕을 낮추어 부르는 호칭이다. 그런데 광해군을 폐위하라고 인조에게 권한 게 누구? 임취정이다. 광해군이 신임해서 예조판서로 임명했던 그 임취정이다.

█ 임취정의 삶

때는 1592년소조 25 임진왜란, 선조는 서둘러 피란길에 오른다. 도중에 보니 사관들이 보이지 않는다. 사관은 임금하고 실과 바늘처럼 연결된 존재다. 언제나 임금 곁에 붙어있어야 정상이다. 선조는 길에서 자꾸 뒤돌아보며 사관이 어디 있느냐고 물었고 신하들은 보지 못했다고 대답한다.

선조는 사관이 탄 말이 허약해서 걸어오느라 뒤처졌다 여겼다. 그러나 예상과 달리 그들은 도망갔다. 사초를 불태워버리고 말이다. 참 기막힌 짓을 했다. 사관이 모두 달아났다는 걸 알게 된 선조는 '사색 辭色, 말과 얼굴빛이 참담하였다.'[359]

사간원이 아뢰었다.

"사관은 일을 기록하는 것으로 직분을 삼기 때문에 좌우에서 떠나지 않고 말과 행동을 반드시 기록해야 하는데, 주서 임취정·박정현, 검열 조존세·김선여 등이 안주에서부터 서로 이끌고 도망하였으니 일을 기록하는 직무가 폐지되고 시행하지 못하게 되었습니다. 이것은 전고에 없던 일이니, 모두 사판仕版, 관원 명부에서 삭제하도록 명하소서."[360]

선조는 당연히 이 말을 따랐고 도망자들은 모두 잘렸다. 이 안에 임취정1561~1628이 있다. 그는 29세 때인 1589년선조 22에 과거에 급제했다. 임진왜란 때 승정원 주서였다. 주서는 사관 역할을 한다. 『승정원일기』를 기록하는 매우 중한 일을 맡는다. 임금 곁을 지키는 최후의 1인이 되어야 할 위치이다. 그러나 임금을 버리고 역사를 버리고 저만 살겠다고 도망쳤다.

임진왜란이 끝나자 선조는 임취정을 호조좌랑으로 삼는다. 꽤 임취정을 아꼈던 모양이다. 임취정은 병조좌랑을 지내고 지방관으로 나아간다. 금산군수로 있다가 원주목사가 되었다. 그랬는데 광해군이 즉위하면서 위기가 닥쳤다.

"원주목사 임취정은 직질職秩, 벼슬 등급**이 높은 수령으로서 부임한 지가 오래인데도 조련하는 등의 일을 도외시하여, 점고하고 사열할 때 모양이 말이 아니었고 병기들도 전연 구비되지 않았습니다. 게다가 차역**差役, 노역을 시킴**이**

고르지 못하고, 세금 징수가 멋대로여서 백성들의 원성이 대단합니다."[361]

　무능하고 열정 없고 욕심만 많은 지방관이다. 비변사 통해 보고받은 광해군이 임취정을 파직했다. 이제 끝인가? 싶었으나 아니다. 임취정은 재기에 성공하고 출세 가도를 달린다. 1613년_{광해 5}에 형조참의가 되더니 승지가 되고 대사헌이 되고 도승지가 되고 예조판서가 됐다. 이 비결은? 이이첨 편에 붙었기에 이이첨이 밀어줬다. 또 한 가지 이유가 있다. 『광해군일기』에 그 이유가 나온다.

　임취정은 자기 형인 임수정 첩의 딸을 후궁으로 들여보내 소용이 되게 했다. 소용은 용모가 뛰어나고 약아서 일에 익숙했으므로 왕이 총애하였다. 이로써 임취정이 오래지 않아 승지가 되었다.[362]

　결국은 여인이었다. 미모의 조카딸을 이용해 광해군에게 접근했다_{임수정은 임취정의 형이 아니라 동생이다. 형은 임몽정이다. 『인조실록』에는 '형인 임몽정의 첩녀(妾女)가 후궁으로' 들어갔다고 나온다.}

　척신이 된 임취정은 광해군의 속마음을 미리 읽고 비위를 착착 맞추면서 총애를 받게 된다. 기생들을 관리하며 술자리를 잘 펼쳐서 광해군을 기쁘게 했다. 조정의 실세가 되면서 자신을 키워준 이이첨과 대립하기도 했다. 광해군 조정에서 임취정은 남부러울 것 없는 삶을 살았다. 그랬는데 반정이 일어나 광해군이 쫓겨나자 아무렇지 않게 새 왕인 인조 편에 서서 광해군을 폐하여 군君으로 삼으라고 청한 것이다. 그러면 예조판서 자리에 계속 있을 줄 알았을까? 웬걸, 인조는 바

　　　　　　　연산 광해 강화

로 임취정을 파직했다. 이제 재기는 불가능했다.

그러나 임취정은 포기하지 않고 재기를 꿈꿨다. 광해군 복위를 모의했던 것 같다.[363] 인조를 몰아내고 광해군을 다시 왕으로 삼는 역모! 만약 성공한다면 다시 일어설 수 있다. 하지만 실패하여 잡혀갔고 끝끝내 자백하지 않다가 죽었다.

▌사고와 『광해군일기』

실록을 편찬하고 보관하는 곳이 춘추관春秋館이다. 춘추관 한 곳에만 보관했다가 불이라도 나면 큰일이다. 그래서 같은 실록을 여러 부 만들어 충주사고·성주사고·전주사고에 보관했다. 이렇게 조선 전기에 춘추관 사고를 포함해 4개의 사고가 운영됐다.

그런데 임진왜란 때 전주사고를 제외하고 모든 사고와 실록이 불탔다. 왜군이 한 짓이다. 전쟁 후 전주사고 실록을 다시 인쇄하고 지방에 사고도 다시 지었다. 한양의 춘추관과 지방의 정족산사고·태백산사고·오대산사고·적상산사고로 정비되었다. 조선 전기에는 4개 사고였는데 임진왜란 이후에는 5개가 되었다. 지방 도시에 있던 사고들이 깊은 산속으로 들어갔다. 외적이 침략할 경우 도시보다는 아무래도 산이 안전할 거라 여긴 것이다. 임진왜란의 교훈이었다.

그럼 현재 5질의 실록이 모두 안전하게 남아있을까? 그렇지 않다. 춘추관 실록은 조선 후기에 이미 사라졌다. 오대산 사고의 실록은 일제강점기에 일제가 일본으로 빼돌렸다. 그런데 관동대지진 때 거의 불

정족산성 동문(강화군 길상면)

정족산성을 흔히 삼랑성이라고 한다. 단군의 세 아들이 쌓았다는 전설이 있다. 동문으로 들어가면 고찰 전등사에 이른다. 전등사 약사전 옆 오솔길로 올라가 삼성각을 지나면 바로 정족산사고이다. 절에서 가까워도 보이지 않는 위치에 사고가 자리 잡았다.

전등사 삼성각에서 본 명부전

탔다. 적상산사고 실록은 6·25전쟁 때 북한군이 가져갔다. 그래서 남한에 남은 것은 두 질뿐이다. 강화도 정족산사고에 있던 실록과 태백산사고에 있던 실록이다.

조선 후기에는 실록을 5질 인쇄했다. 사고가 5개니까 당연하다면 당연한 일이다. 그런데 광해군의 실록은 다해서 3질밖에 만들지 못했다. 3질 완성하는 데도 꽤 힘겨웠다. 『광해군일기』는 난산難産이었다. 실록 편찬 기간이 길어야 4, 5년이라고 한다. 그런데 『광해군일기』

정족산사고

왼쪽 큰 건물이 실록 등을 모셨던 장사각(藏史閣)이고 오른쪽 작은 건물은 왕실 족보를 모시던 선원보각(璿源寶閣)이다. 다른 지역 사고들은 건물이 2층 구조인데 정족산사고는 단층이다.

는 대략 11년이 걸렸다. 1624년인조 2 이괄의 난 때, 보관 중이던 사초 등이 불탔다. 자료를 겨우 모아가며 편찬하는데 도중에 정묘호란1627 이 터졌다. 그래서 중단되고 전쟁이 끝나고 재개되었다. 완성된 것이 1633년인조 11이다.[364]

실록이 완성되기까지 초초初草→ 중초中草→ 정초正草의 단계를 거친다. 초고 수정과 보완 그리고 교정 작업이 이루어지는 과정이다. 정초본을 인쇄해서 별도의 최종본을 완성한 것인지, 아니면 정초본 자체가 최종 인쇄본을 의미하는 것인지, 전문가들 의견이 좀 갈린다. 시기에 따라 다르게 볼 여지도 있다. 그런데 『광해군일기』는 인쇄되지 못했다. 대부분이 붓으로 베껴 쓴 필사본이다. 인조 조정이 재정 상태가 너무 어려워서 인쇄를 조금 하다가 포기했다. 대신에 일일이 손으로 써서 완성한 최종본, 그러니까 필사 정초본을 겨우 2질 만들었다.

사고는 다섯인데 완성본이 2질이다. 너무 적다. 할 수 없이 교정본인 중초본 1질도 정초본처럼 사고에 보관하기로 했다원래는 실록 완성 후에 초초

본과 중초본을 세초洗草 등의 방법으로 모두 없애버린다. 이렇게 『광해군일기』 3질이 마련된 것이다.

또박또박 깔끔하게 정서한 정초본보다 교정 표시로 지저분한 중초본이 사료적 가치가 더 높다고 할 수 있다. 중초본에는 삭제 표시와 오탈자 정정 내용 등이 그대로 표기되어 있다. 그래서 『광해군일기』 중초본에 나오는 내용이 정초본에는 나오지 않는 경우가 있다.[365]

다섯 사고 가운데 『광해군일기』를 보관한 세 곳은 어디일까? 우선 중초본은 태백산사고에 보관했다. 정초본은 강화부 사고 현종 이후 정족산사고와 무주 적상산사고에 보관했다. 춘추관이나 오대산사고에 보관했으면 사라지고 말았을 것인데 다행한 일이다. 그래서 지금 남한에 『광해군일기』 정초본 1질과 중초본 1질이 있고 북한에는 적상산사고에 두었던 정초본 1질이 있는 것이다.

▌마르지 않는 샘

실록이 딱딱하기만 한 것은 아니다. 말랑한 내용도 적지 않다. 팍팍하고 어려운 것만도 아니다. 소설만큼 재밌고 감동적인 내용도 많다. 번역본이 국사편찬위원회 사이트에 제공되고 있다. 인터넷에서 '조선왕조실록' sillok.history.go.kr을 검색하면 바로 연결된다.

지금부터 410여 년 전 어느 날 오전 10시쯤. 강원도 간성 땅. 구름 한 점 없는 가을 하늘 푸르다. 우렛소리에 놀란 사람들이 하늘을 올려본다. 햇무리처럼 생긴 뭔가가 하늘에 떠 움직이다가 멈추었다가 사라졌다.

비슷한 시각, 원주. 하늘에 붉은 베처럼 생긴 물체가 떠 있는데 북쪽으로 흘러가며 천둥소리를 냈다. 정체불명의 물체는 어느새 강릉 하늘에 나타났다. 큰 호리병처럼 생긴 괴물체는 추락하듯 수직 낙하했다가 올라가며 사람들의 혼을 빼놓았다. 천둥소리에 천지가 진동했다.

뭔가가 강원도 하늘을 헤집고 다니는 것이다. 낮 12시쯤, 이번엔 춘천 하늘이다. 커다란 동이

광해군일기[출처:서울대학교 규장각 한국학연구원]

처럼 생긴 괴물체가 연기와 천둥소리를 남기고 북쪽으로 사라졌다.

같은 날 오후 2시쯤 양양 하늘에 나타난 괴물체는 어느 집 처마 아래까지 내려왔다. 빛을 내뿜는 세숫대야처럼 생긴 그것이 땅에 내려앉을 것 같더니 어느새 하늘로 솟구쳤다. 하늘에 떠 있던 괴물체가 갑자기 둘러 쪼개져서 한 조각은 동남쪽으로 사라졌고 한 조각은 그대로 떠 있는데 그 모양이 마치 베로 만든 방석 같았다. 돌이 구르는 것 같은 소리, 북을 치는 것 같은 소리를 한참 냈다.[366]

이상은 강원감사가 강원도에서 벌어진 기이한 현상을 광해군에게 보고한 내용이다. 『광해군일기』에 실렸는데, 중초본은 물론 정초본에도 그대로 기록됐다. 1609년 광해군 1 9월 25일 그날, 강원도 하늘은 누빈 괴물체의 정체는 무엇일까? UFO?

이날 사건을 모티브로 탄생한 드라마가 전지현과 김수현이 나왔던 〈별에서 온 그대〉2013~2014이다. 한편 『중종실록』에 대장금이라는 여인이 단편적으로 언급됐다. 내의녀內醫女, 의녀, 여의女醫로 기록된 장금은 이영애 주연의 드라마 〈대장금〉2003~2004으로 피어났다. 실록에 나오는 각종 괴질과 역병 기록들은 〈킹덤〉2019의 소재가 되었다.

궁궐 공연에 관한 구절도 있다. 연산군이 공연을 보는데 광대優人 공길이 늙은 선비로 분장해서 논어 한 구절을 읊었다.

"임금은 임금다워야 하고 신하는 신하다워야 하고, 아비는 아비다워야 하고 아들은 아들다워야 한다. 임금이 임금답지 않고 신하가 신하답지 않으면 아무리 곡식이 있더라도 내가 먹을 수 있으랴"

연산군은 공길이 자기를 욕보인 것이라고 여겼다. 그래서 공길을 곤장 때려서 유배 보냈다.[367]

여기까지다. 이렇게 실록에 공길이 한 번 언급됐다. 그랬는데 이 씨앗 하나가 〈왕의 남자〉2005라는 영화로 풍성하게 꽃 피었다.

"숨겨야 될 일들은 조보朝報에 내지 말라."[368]

1616년광해군 8에 광해군이 명령했다. 광해군은 뭘 숨기고 싶었던 걸까? 이 의문에서 출발한 영화가 〈광해, 왕이 된 남자〉2012라고 한다. 가상과 현실의 의도된 혼재 속에서 관객은 현실 광해군과 희망하는 광해군을 이병헌 배우 한 사람을 통해서 만나게 된다. 다음 실록 기록도 주목할 만하다.

'천안 사는 유학 유언겸은 어미의 상을 당하여 3년간 여묘살이를 하는데 근처에 여역癘疫, 전염병이 크게 돌아 제사를 정지해야 할 형편이었습니다. 언

연산 광해 강화

겸이 곡소리를 그치지 않자 갑자기 호랑이 두 마리가 나타나 여역이 있는 집에 와서 부르짖으니 병이 드디어 없어졌습니다. 호랑이는 언제나 여막 옆에서 지키고 있는데 음식을 주면 먹고 사람을 해치지 않아 마치 가축과 같았습니다.

또 엄동설한에 샘물이 말라 언겸이 직접 먼 샘에서 길어왔는데 갑자기 부엌에서 물이 솟아나오다가 3년 뒤에 끊어졌습니다··· 이리하여 온 고을 사람들이 그의 순수한 효심에 감복하였습니다.'[369]

충청도 관찰사 허자가 임금 중종에게 보고한 내용이다. 그러니 꾸며 낸 말일 수는 없다. 몇 년 후 좌의정 홍언필이 유언겸1496~1558을 직접 만나 대화하고 그 내용을 임금에게 아뢰었다.

"유언겸을 찾아보고 그에게 범을 길들이는 일을 물어보니 '이것은 바로 우연한 일이지 어찌 감동한 바가 있겠습니까?' 하였는데, 그 인물이 또한 매우 순박하고 정직하였습니다. 그가 시행한 바를 보니 두 호랑이가 집에 들어와 한 달간을 함께 살았다고 합니다. 이는 그의 지성스러운 효도가 하늘을 감동시킨 것임을 알 수 있습니다."[370]

중종은 유언겸에게 특별히 사직참봉9품 벼슬을 내렸다가 얼마 후 6품으로 올려준다. 중종을 이어 즉위한 명종은 그를 인제현감으로 임명했다가 또 벼슬을 올려준다. '유언겸이 관리가 되어 청렴하고 공평하며 백성 돌보기를 자식같이 하여 온 경내가 심복하고 온갖 폐단이 모두 바로'[371] 잡혔기 때문이다.

명종은 유언겸을 형조정랑에 임명한다. 그런데 과거가 아니라 효행으로 선발된 처지인지라 학문이 부족하고 중앙 행정 실무에도 서툴러서 어려움을 겪는다. 그래서 명종은 그를 용담현감으로 보낸다. 이후 유언겸은 신계현령, 문화현령을 지낸다. 그런데 문화현령으로 부임한 지 두 달 만에 세상을 떠난다. 명종이 슬퍼하며 말했다.

"유언겸은 효자인데 뜻하지 않게 죽었으니 내가 매우 슬프고 애석하게 여긴다."[372]

조선왕조실록은 학술 연구의 대상으로 끝이 아니다. 눈 밝은 작가의 예술적 상상력을 더해 훌륭한 문화 작품을 탄생하게 하는 샘터이기도 하다. 뭔가 해야겠다 싶은데 딱히 할 게 떠오르지 않을 때, 조선왕조실록 사이트에서 아무 단어나 검색해 보면 혼자 즐기는 고품격 '놀이'가 될 수도 있다.

연산 광해 강화

물결 따라 흐르다

막전 막후

즉위 첫날인 1623년_{인조 1} 3월 13일, 인조는 폐주 광해군을 궐내 약방_{藥房}에 가두고 폐세자는 도총부에 가두었다. 갇힌 광해군은 생각이 참 많았을 것이다. 연산군도 떠올렸으리라. '당신처럼 마음대로 하고 싶은 욕망이 넘실댔지만, 당신처럼 무너질까 봐 참았습니다. 그랬는데도 당신처럼 무너지고 말았습니다.'

엿새 뒤인 3월 19일 아직도 광해군과 그 가족을 어디에 유배할 것인지 확정하지 못했다. 진작부터 강화도가 말해졌지만, 세부 사항에서 이견이 있었다.

인목대비는 광해군 부부와 폐세자 부부 이렇게 4명을 한 사람씩 따로따로 갈라 네 곳으로 유배 보내라고 했다. '내가 친히 그들_{광해군 부자}의 목을 잘라 망령_{亡靈, 죽은 사람의 영혼}에게 제사하고 싶다'[373]고 했던 인목대비였다. 죽이지 않고 유배 보내라 한 것은 인목대비 나름의 양보였다.

하지만 조정은 4명을 네 지역으로 나눠 보내는 걸 번거롭게 여겼다. 결국 '폐주와 폐비는 함께 강화에 안치하고 폐동궁과 폐빈 또한 함께 교동에 안치하여 엄히 수직하여 허술한 폐단이 없게'[374]하는 것으로 결정이 났다. 광해군 부부는 강화도로 보내고, 폐세자 부부는 교동으로 보내기로 한 것이다.

다음날, 3월 20일, 인목대비가 '포악한 역괴 이혼李琿, 광해군이 지금까지 대궐 뜰에 있다. 천지간에 일각이라도 살아 숨 쉬는 것이 용납되어서는 안 될 대역적이 무슨 연고로 편안히 앉아 있단 말인가? 경들은 위로 종묘사직을 위하여 속히 처리하라. 그런 뒤에 이어移御할 것'[375]이라고 했다. 광해군이 궁궐에서 사라져야 입궁하겠다는 압박이다.

인조는 정신을 차릴 수가 없었을 것이다. 그런 인조에게 반정의 주역 김류가 아뢴다.

"폐주를 강화에, 폐동궁은 교동에 위리안치하기로 금부가 이미 결정했습니다. 그런데 다시 생각해 보니, 강화는 지형이 몹시 견고하나 교동은 삼면이 모두 큰 바다라 하나도 막고 가린 데가 없습니다. 더구나 지금은 중국의 배가 왕래하여 사세가 전과 다릅니다. 일을 생각할 때는 신중히 하지 않을 수 없으니, 모두 강화에 안치함이 온당할 것 같습니다."

폐세자 부부를 따로 교동에 두기가 아무래도 불안한 거다. 탈출할 가능성, 중국 배라도 얻어 타게 된다면? 그래서 그냥 폐세자 부부도 광해군 가는 강화도로 보내자는 요청이었다. 이제 인조가 정해주어야 한다.

"한 곳에 안치함이 편리한 것 같기는 하나 내 마음대로 처리할 일이 아니니 자전께 여쭈어 처리하겠다."[376]

인목대비가 그렇게 하라고 한 모양인지 단 하루 만에 폐세자의 유배지가 교동에서 강화로 바뀌었다. 1623년인조 1 3월 20일 그날로 광해군 가족이 유배지 강화도로 출발한다. 다음날 3월 21일에 경운궁에

있던 인조가 '자전을 모시고 창덕궁로 이어하였다.'[377]

반정 세력은 광해군을 강화로 호송하는 중에 혹시라도 광해군 추종 세력의 기습이 있을까 염려했다. 그래서 그럴 필요 없다는 인조를 설득해 군대를 동원했다. '초군 1대隊 및 의병 3백 명과 정장精壯 40여 인'[378]이 광해군을 호송했다.

광해군이 총애하던 김상궁김개시 등은 처형되었다. 총애받던 또 한 여인 임소용은 광해군 따라 강화로 갔다.[379] 광해군을 시중드는 '시녀' 역할이었다. 임취정이 입궁시킨 임소용이 죽임을 당하지 않은 것은 '일찍이 이귀·김자점이 고변 당할 당시 두둔해 준 공이 꽤 있었기 때문'[380]이었다.

상이 이르기를, '폐비와 폐빈을 각기 거처하게 하라는 자전의 하교가 극히 준엄하나, 내가 차라리 책망을 받을지언정 어찌 그리할 수 있겠는가. 한 곳에 같이 거처하게 하는 것이 좋겠다.'[381]

인목대비가 광해군 가족을 모두 강화로 유배하되, 한 집에 한 사람씩 네 집에 가두라고 했다. 그런데 인조는 차마 그럴 수 없다며 광해군과 폐세자를 각각 가두되 부부가 함께 지내도록 배려했다. 그리하여 광해군 부부는 강화부성 동문 쪽에, 폐세자 부부는 서문 쪽에 위리안치되었다.

가만 보니 인조가 인목대비에게 절절매고 있다. 반정 당시 인조는 29세, 인목대비는 40세, 나이 차는 생각보다 크지 않으나 그래도 인조에게 인목대비는 자기가 즉위하도록 허락해주신 할머니이다. 절절매는 게 당연했다. 이유가 또 있다. 인조가 인목대비의 기세에 완전히 눌렸다. 이를테면 기선 제압당한 것이다.

인조가 즉위한 궁궐이 어디일까? 광해군을 몰아낸 창덕궁이라야 자연스러운데 인목대비가 유폐돼 있던 경운궁에 가서 즉위했다. 사정이 이러하다.

반정 직후 인조는 김자점 등을 경운궁으로 보내 인목대비를 창덕궁으로 모셔오게 했다. 인목대비, 춤을 추며 갈 일이다. 그런데 뜻밖에도 인목대비가 화를 내며 거부했다.

"너희가 뭔데 이 밤중에 승지와 사관도 없이 불쑥 와서 아뢰느냐?"

머쓱해진 김자점이 그냥 돌아와 인조에게 보고했다. 그러자 인조는 이귀와 도승지 등을 격식 갖춰 경운궁으로 보냈다. 그래도 인목대비는 입궐을 거부했다. 인조가 직접 오라는 의미였다. 결국, 인조가 경운궁으로 갔다. '신의 죄가 막심합니다.' 인조는 절하며 늦게 온 죄를 용서해 달라고 빌었다.[382]

인조는 인목대비를 창덕궁으로 모시고 와서 신속하게 절차 밟아 즉위할 생각이었다. 하지만 인목대비의 뜻에 따라 경운궁에서 즉위해야 했다. 어보御寶 전달을 지연시키며 능란하게 밀었다 당겼다 하는 인목대비에게 인조는 몹시 휘둘렸고 그렇게 왕이 되었다.

▌김개시

광해군의 여인 가운데 널리 알려진 이가 김개시이다.

김상궁은 이름이 개시介屎, 개똥**로 나이가 차서도 용모가 피지 않았는데, 흉악하고 약았으며 계교가 많았다. 춘궁**春宮**의 옛 시녀로서 왕비를 통하여 나아가 잠자리를 모실 수 있었는데, 인하여 비방**祕方**으로 갑자기 사랑을 얻었으므로 후궁들도 더불어 무리가 되는 이가 없었으며, 드디어 왕비와 틈이 생겼다.**[383]

춘궁은 왕세자라는 의미이다. 김개시가 광해군을 모신 게 세자 때부터임을 알 수 있다. 이제 '공식'대로 상궁 김개시의 일가붙이들이 벼슬을 받고 제법 세도도 부리게 된다.

김상궁의 조카사위인 정몽필은 바로 아전의 자식이었는데 권력을 믿고 기세를 부려 길가는 사람들이 모두 눈을 흘겼다. 그는 명례궁의 본궁에 사옥私獄**을 설치해 놓고 남의 노비를 빼앗고는 그 주인을 잡아 가두고 혹독한 매질을 가하여 노비문권을 바친 뒤에야 풀어주었다… 그런데 재신 이하 이익을 탐하고 염치도 없는, 이병과 같은 무리가 어두운 밤에 그의 집에 찾아가서 팔을 잡고 술에 취해 농담하며 서로 말을 놓고 지내는 친구가 되었다.**[384]

김개시보다 그녀의 조카사위 정몽필보다 그들에게 아양 떠는 높은 사람들이 더 한심하다. 하긴 이이첨도 김개시와 가깝게 지냈다. 김개시가 광해군과 이이첨을 비공식적으로, 은밀하게 연결하는 고리 역할을 했다.

이정원을 응교로 삼았다. 이정원은 괴산 사람인데… 김상궁김개시**과 내통**

하여 관직이 이조참의에 오르자…[385]

김개시가 조정 인사에까지 개입하고 있는 거다. 『연려실기술』은 적 나라하게 적었다.

정사를 열 때마다, 김상궁이 붓을 들어 마음대로 결정하고 임금도 마음 대로 못하였다. 여섯 명의 숙의와 열 명의 소원들이 김상궁이 없는 틈을 타 서 머리를 맞대고 임금에게 낙점해주기를 애걸하다가 김상궁이 오면 흩어 졌다.

김개시 마음대로였다는 얘기다. 후궁들도 상궁 김개시에게는 쪽도 못 썼다. 김상궁 없는 틈에 자기 집안사람 벼슬 달라고 광해군에게 조 르다가 김개시가 나타나면 후다닥 도망갔다.

계해년1623 1월에 정언 한유상 등이 아뢰기를, "이귀와 김자점이 오랫동 안 음모를 꾸미며 서궁을 돕고 보호하였으니 화가 멀지 않아 일어날 것입니 다. 청컨대, 미리 도모하소서" 하였다.

이때 광해는 마침 김상궁과 후원에서 잔치를 베풀어 놀고 있었는데 김상 궁이 광해의 손을 잡고 크게 소리 지르며 말하기를, "바깥 의논이 가소롭습 니다. 성지 김생원김자점이 어찌 이러한 뜻이 있겠습니까?" 하였다. 광해가 이르기를, "증거 없는 말로 충성되고 어진 이를 억울하게 해치지 말라" 하였 다. 이로써… 반정 모의가 날로 굳어졌다.

인조반정 2개월 전에 이미 이귀와 김자점 등의 역모 혐의가 광해군 귀에 들어간 것이다. 이때라면 대비가 충분한 시간이었다. 그때 김개시가 나서서 김자점을 두둔한다. 이미 김개시는 김자점과도 한통속이었다. 김개시가 반정 계획을 알고 있었는지 확실하지 않지만, 알고 있었다면 광해군이 불쌍하다. 연산군 때 장녹수는 몹쓸 짓 많이 했으나 연산군을 배반하지는 않았다.

김개시는 인조반정 때 죽임을 당한다. 실록은 '개시가 정업원에서 불공을 드리고 있다가 사변이 일어난 것을 듣고 민가에 숨어 있었는데, 군인이 찾아내어 베었다'[386]고 했고 『연려실기술』에는 능지처참했다고 나온다. 그런데 왜 김개시는 직위가 상궁에 불과하고 후궁이 되지 못했을까? 후궁 최고 지위인 빈嬪까지 얼마든지 오를 수 있는 여건이었을 텐데.

사관의 분석[387]에 따르면, 후궁이 못 된 것이 아니라, 스스로 안 한 것이다. 광해군이 김상궁을 후궁으로 올리려는 걸 김상궁이 마다한 것 같다. 남에게 보여주기 위한 거짓 겸손. '저, 욕심 없는 여자예요' 또, 후궁이 되면 행동반경이 좁아지고 행동거지도 제약받게 된다. 김개시는 그게 싫었을 것이다.

누구를 위한 반정인가

반정에 참된 정당성이 부여되려면 반정을 주도한 이들의 행실이 반듯해야 한다. 개인의 영달과 사리사욕을 채우기 위한 반정이 아니요,

인조왕릉 장릉(경기 파주)

나라와 백성을 위한 거사였음을 행동으로 보여주어야 한다. 그래야 멸문지화를 각오하고 일어났던 그 용기도 박수받을 수 있다.

예를 들자면, 반정을 성공 시킨 후 깨끗하게 은퇴하던가, 계속 벼슬하더라도 권력과 재산을 탐하지 않고 전 임금 때보다 나은 정치를 펼쳐보려고 애쓰는 장면을 보여주어야 한다.

하지만, 중종반정과 인조반정을 주도했던 이들 상당수가 바른길을 가지 않았다. 반정한 대가를 원했고 재물과 여인을 욕심냈다. 그들 대개가 연산군이나 광해군에게 핍박받던 이들이 아니었다. 오히려 권력을 누리며 임금의 신망까지 받던 이들이며 연산군과 광해군의 실정에 같이 발 담그고 있던 이들이다. 중종반정의 핵심 인물인 영의정 성희안이 사망했을 때 사관은 이런 평을 했다.

박원종, 유순정 및 공성희안**이 계속해 죽으므로 사람들은 모두 당황하였는데, 이들은 모두 나라를 다스리는 원대한 지략에 어두웠으며 사치하고 의리**

를 버렸으며 사는 집은 그 사치를 극도로 하고 시첩侍妾은 그 곱고 아름다움을 극도로 하여 마음대로 방종하다가 생명을 잃는 데까지 이르렀으니, 어찌 좁은 국량으로 큰 공을 탐한 것이 스스로 분에 넘쳐 이와 같은 낭패를 일으킨 것이 아니겠는가!388

김류, 이귀, 김자점 등이 주도한 인조반정 때도 크게 다르지 않았다. 1625년인조 3, 백성들이 상시가傷時歌를 불렀다. 상시가란, '그릇된 시대상을 마음 아파하는 노래'이다.

아, 너희 훈신들아, 스스로 뽐내지 마라
그들의 집에 살면서, 그들의 땅을 차지하고
그들의 말을 타며, 또 그들의 일을 행하니
너희와 그들이 다를 게 뭐 있나?389

백성들이 상시가로 인조 조정에 물었다. 뭔가 대단한 걸 할 것처럼 반정 일으켜 들어선 조정아, 너희와 광해군 때 그들과 뭐가 다른 거냐? 창문 넘어 어렴풋이 상시가가 들려오는 것 같다.

헷갈리는 군호

폐위된 광해군의 '군君'은 왕자 수준의 대우를 의미하는 게 아니라 폐왕을 낮추어 부르는 호칭이라고 했다. 그런데 광해군은 왕자 시절에도 호칭이 광해군이었다. 연산군도 그랬을까? 세자 시절에도 연산군으로 불렸던 걸까? 아니면, 연산대군? 사실 이 부분이 좀 헷갈린다. 한번 정리해보자.

왕자들은 군호君號를 받고 그걸 이름처럼 쓴다. 왕비가 낳은 적자는 보통 '○○대군', 후궁 등이 낳은 서자는 '○○군'이 된다. 그런데 왕의 아들 모두가 군호를 받는 게 아니다. 왕비가 낳은 큰아들, 그러니까 적장자는 군호가 없다. 적장자는 원자로 불리다가 세자가 되고 또 즉위해서 왕이 된다. 적장자로 즉위한 임금이 의외로 적어서 문종, 단종, 연산군, 인종, 현종, 숙종, 순종뿐이라고 했는데 이 7명 임금에게는 왕자 군호가 내려지지 않은 것이다.

따라서 적장자인 연산군은 즉위 전에 연산대군으로 불리지 않았다. 그냥 원자였고 세자였다. 폐위되면서 새로 붙여진 폐왕의 호칭이 '연산군'인 것이다.

반면에 광해군은 적장자가 아니기에 왕자 시절에 이미 광해군이라는 군호를 받았다. 서자이기에 광해대군은 될 수 없었다. 폐위되면서 폐왕의 호칭으로 왕자 시절의 군호인 '광해군'을 그대로 쓰게 된 것이다. 그러니까 즉위 전 광해군의 '군'은 왕자를 의미하고 폐위된 광해군의 '군'은 폐왕을 의미하는 것이다.

'태종의 적장자인 양녕대군도 군호가 있잖아?' 싶을 수 있다. 하지만 양녕대군도 세자 시절에는 군호가 없었다. 태종이 셋째 아들 충녕대군으로 세자를 바꾸면서 비로소 폐세자에게 양녕대군이라는 군호를 내린 것이다. 『태종실록』은 해당 사건을 이렇게 적었다. '세자충녕대군에게 관교官敎, 임명장를 내려 주고, 세자빈 심씨를 봉하여 경빈으로 삼고, 제

禔를 강봉降封하여 양녕대군으로 삼고…'[390] 제禔는 이제李禔, 양녕대군의 이름이다.

영창대군은 선조의 적장자이니 군호가 없어야 하지 않나 하는 의문도 들 수 있다. 그러나 선조 당시에 영창대군이라는 군호는 없었다. 광해군이 즉위하고 이의를 영창대군으로 삼았다. 광해군이 이의에게 영창대군이라는 군호를 내린 건, '너는 왕자일 뿐, 선조의 적장자는 아니다'라는 의미를 담은 것일 수도 있겠다.

이를 통해 노산군도 언제부터 노산군일지 짐작이 될 것이다. 단종이 즉위하던 날, 『단종실록』은 '노산군魯山君이 근정문에서 즉위'[391]했다고 썼다. 얼핏 왕자 시절부터 노산군이었던 것처럼 보일 수 있다. 그러나 '노산군'이라는 호칭은 단종이 왕위에서 쫓겨난 뒤에 붙여진 것이다. 『단종실록』은 세조 이후 예종 때쯤 편찬되었다.

문종의 적장자인 단종은 세종 때 세손으로 책봉되고 문종 때 세자가 되었기에 군호가 없다. 있을 이유가 없다. 1457년세조 3에 세조가 '상왕을 노산군으로 강봉降封하고 궁에서 내보내 영월에 거주'[392]하게 하라고 지시했다. 이때부터 노산군이다.

1681년숙종 7, 숙종은 노산군을 노산대군으로 올린다. 군호 부여 원칙에서 벗어난 예외적인 경우이다. 대大 자 하나 더 넣은 것인데 의미가 완전히 바뀌었다.

'노산군'에는 죄인이라는 의미가 살짝 스며있다. 하지만 '노산대군'에는 죄인의 의미가 전혀 없다. 그냥 왕비가 낳은 아들이라는 뜻이 된다. 1698년숙종 24에 정식으로 '단종'이 될 때까지 18년간 노산군의 공식 호칭은, 억지스럽기는 해도, 노산대군이었다.

금수의 나라?

위태위태, 아슬아슬, 왕이 됐으나 자신보다 정통성에서 앞서는 친형 임해군이 있다. 동생 영창대군도 있다. 그들을 죽이라고 신하들이 부추긴다. 광해군은 왕권에 위협이 되는 두 사람을 죽게 했다. 잘한 일이 아니나 이해할만한 부분도 없지 않다. 만약 임해군이나 영창대군이 왕이 됐다면, 그들에게는 광해군이 왕권을 위협하는 존재가 된다. 왕자로서 광해군이 아무리 근신한다고 해도 죽임을 당할 가능성이 있다. 권력은 그렇게 비정하다. 그런데 비정한 권력은 바른 권력이 아니다. 도덕과 인륜이 포기되지 않는 권력, 그런 권력이 진짜 힘센 권력이다. 짐승이 아니라 사람을 다스리는 게 정치다. 사람을 버리면 권력도 버림받는다.

성종도 정통성에 문제가 있었다. 광해군보다 더 열악한 처지였다고 할 수 있다. 성종이 즉위할 때 왕위계승권자 자격이 앞서는 예종의 아들 제안대군과 친형 월산대군이 있었다. 비교하자면, 제안대군은 영창대군과 비슷한 위치였고 월산대군은 임해군 같은 위치였다.

그래도 성종은 그 둘을 해코지하지 않았다. 제안대군1466~1525은 중종 때까지 살다가 60세에 세상을 떠났다. 월산대군1454~1488은 성종때 35세로 생을 마감했다. 병사病死였다. 아마도 마음의 병이 컸을 것이다. 제안과 월산이 죽임을 당하지 않은 것은 그만큼 근신하고 처신을 잘한 결과이겠지만, 그들을 지키려는 성종의 마음 씀이 더 중요했을 것이다.

궁궐 건설에 보인 광해군의 애씀은 집착이었다. 궁궐이 필요했다.

———————— 연산 광해 강화

당연히 지어야 했다. 그런데 너무 많이 지었다. 조정이 고단했고 백성은 괴로웠다. 나라 재정은 엉망이 됐고 특히 국가 안보는 구호에 머물렀다. 국방력 강화를 주문하는 광해군은 스스로 모순에 빠졌다.

인사 문제도 아쉽다. 조선은 시스템이 잘 갖춰진 나라다. 임금이 사람 쓰는 것만 신경 써서 제대로 하면 큰 문제 없이 굴러간다. 그런데 광해군은 자신의 인사권을 스스로 가볍게 만들었다. 척신 세력과 궁궐 여인들이 왕이 할 일을 대신하기도 했다. 탐관오리가 넘쳐났다. 피해는 고스란히 백성의 몫이었다.

한 나라의 군주로서 의욕이 잘 보이지 않는다. 자신이 원하는 특정 현안에만 매달렸다. 재위 기간 뭔가 딴생각에 빠져 있던 것은 아닐까 하는 생각마저 든다. 나랏일을 귀찮아한 것도 같다.

18세에 어렵게 세자가 되어 살얼음판을 살다가 34세에 겨우 왕이 되었다. 즉위했을 때 이미 심신이 지쳐버린 것일까. 무사히 즉위했다는 안도가 오히려 기운을 빠지게 한 것일까. 파릇한 20세쯤에 임금이 되었다면 광해군은 어떤 모습을 보여주었을까.

명에 사대하되, 맹목적이지 않았다. 조정의 압박을 견뎌내며 병력 파견을 거부한 것은 잘한 일이다. 융통성을 발휘한 '중립외교'는 후금의 침략을 방지하는 효과가 있었다. 후금과 연결된 끈을 끊어내지 않음으로써 오히려 명나라가 조선을 함부로 여기지 못하게 하는 효과까지 거두었다. 다만 국방력 강화에 대한 실질적인 노력과 성과는 미흡했다고 평해야 할 것이다.

광해군이 폐위된 결정적인 이유가 폐모살제 廢母殺弟 로 말해진다. 그런데 폐위된 진짜 결정적인 이유는 '중립외교'일 것이다. 인목대비가 광해군을 폐하는 교지에서 가장 길게 가장 힘주어 말한 것이 이 부분이었다.

"우리나라가 중국을 섬겨온 지 2백여 년이 지났으니 의리에서는 군신의 사이지만 은혜에서는 부자의 사이와 같았고, 임진년에 나라를 다시 일으켜준 은혜는 영원토록 잊을 수 없었던 것이다. 그런데 광해는 은덕을 저버리고 천자의 명을 두려워하지 않았으며 배반하는 마음을 품고 오랑캐와 화친하였다."

그래서 광해군이 조선을 '금수의 나라'로 만들었다고 비난했다. 이는 인목대비의 뜻이고 또 반정 세력의 뜻이기도 하다. 인조는 즉위하고 말했다.

"금수禽獸, 짐승의 땅이 다시 사람의 세상이 되었으니, 뭐라 형언할 수 없다."[393]

중국에 소홀했다는 큰 '죄'로 폐위된 광해군의 뒷모습에 슬쩍 연산군의 그림자가 비친다. 연산군도 명에 대한 사대에 거부감을 느끼고 있었던 것 같다. 성리학 자체에 대한 반감도 있었다. 신하들의 관복 흉배에 독자성을 부여하고, 공자를 은근슬쩍 깎아내리고 성균관에서 술판을 벌이고…. 연산군과 광해군이 명나라에 대한 사대보다 조선의 자존감을 중시했다고 하면 견강부회일까?

그런데 '사람의 세상'을 만든 인조는 오랑캐 후금을 끊어내고 명에 대한 사대에 오로지했을까? 어느 정권이든 밖에 있을 땐 '이상理想'을 외치고 정권을 잡게 되면 비로소 '현실'의 무게감을 알게 된다. 인조 정권은 후금을 온전히 밀치지 못했고 제대로 배척하지도 못했다. 친명배금親明排金은 구호에 그쳤다. 흉내만 내고 어정쩡하게 대처하다가 침략을 당하게 된다. 그것도 두 번씩이나. 정묘호란과 병자호란이다. 광해군보다 확실히 떨어졌다. 광해군은 조선 내내 나쁜 임금으로 소화됐다. 지금은 좋은 임금이라는 평가가 우세한 것 같다. 광해군에 대한 긍정적인 인식이 생성된 것은 인조 때문이기도 하다.

인조 때 정묘호란과 병자호란이 일어나지 않았다면, 일어났어도 외적을 훌륭하게 격퇴했다면, 광해군은 지금도 그냥 그저 그런 임금 가운데 하나였을 것이다. 그의 '중립외교'도 별달리 주목받지 못했을 것이다. 인조 조정에 대한 실망이 광해군을, 특히 광해군의 외교정책을 애정하는 방향으로 나타났다고 볼 수 있다.

명나라의 반응은

명나라 조정은 인조반정을 어떻게 받아들였을까? '명나라를 거역한 죄인'을 폐위했으니, 잘했다고 했을 것 같다. 말 안 듣는 광해군보다 말 잘 듣는 인조가 명에는 훨씬 좋은 거 아닌가? 그런데, 그렇지가 않았다. 어쨌든 광해군은 명 황제가 조선의 국왕으로 책봉하여 공인한 존재다. 그런 광해군을 인조가 멋대로 폐위시켰다. 이는 명의 권위에 대한 도전행위라 하여 몹시 불쾌해했다. 명 조정에서 광해군을 복위시켜야 한다는 주장도 나왔다. 인조를 조선 국왕으로 책봉하지 않았다.

정변을 통해 즉위한 인조는 정통성이 취약하다. 그런데 명의 책봉도 받지 못해 애가 탔다. 그럴수록 더 명에 매달렸다. 명은 인조가 즉위하고 거의 2년이 지나서야 인조를 조선의 국왕으로 승인했다.

인조를 말하고 보니 중종이 궁금해진다. 연산군을 폐한 중종반정을 당시 명 조정은 어떻게 인식했나? 인조의 경우를 보니 중종도 명나라의 공인을 받기가 힘들었겠다는 짐작이 간다. 실제로도 그랬다. 중종 조정은 명나라에 반정의 경위를 제대로 알리지 않았다. 연산군의 폭정을 말하지 않고 연산군이 병이 심해서 스스로 중종에게 왕위를 넘겨주었다는 식으로 고하고 책봉 받고자 했다.

그랬을 때 말이 안 되는 게 있다. 연산군이 군주 역할을 할 수 없을 만큼 중병이라면 세자에게 양위해야지, 왜 이복동생에게 하나? 그래서 중종 조정은 명에 사신 보내기에 앞서 '각본'을 짰다.

- 전왕前王은 지금 별궁에 있다.

폐왕이라고 하지 않고 전왕이라고 했다. 연산군을 교동에 가뒀으면서 별궁에 있다고 했다.

- 세자는 역질에 걸려 요절했고 남은 자식은 나이 어린 딸 하나뿐이다.

이렇게 보고하려는 계획을 세워놓고 세자를 비롯한 연산군의 아들들을 서둘러 죽였다. 구차하다. 이 밖에 명 조정의 예상 질문에 대한 모범 답안도 만들었다. 만약에 명 조정에서 연산군의 건강 상태를 물으면, '어릴 때부터 풍현증風眩症이 있었는데, 세자가 죽은 뒤 애통과 상심이 정도를 지나쳐서 전의 증세가 다시 도져 심신이 불안정하고 공연히 놀라고 가슴이 두근거리며 어지러워서 방안에 깊이 거처하면서 창문도 열지 않는다고 대답한다.'394

사신을 보내 '각본'대로 고하고 책봉을 청했으나 명은 중종반정을 인정하지 않았다. 연산군이 사망한 뒤에나 중종의 왕위계승을 인정할 수 있다고도 했다. 1508년중종 3에 가서야 중종은 조선 국왕으로 책봉을

연산 광해 강화

받게 된다. 그래서인가, 연산군이 독살됐다는 풍문이 여전히 떠돈다.

내둘리다

옛 정포(강화군 내가면)

후금군이 쳐들어왔다. 1627년_{인조 5} 정묘년 정월. 이를 정묘호란이라고 한다. 인조는 급히 강화도로 조정을 옮긴다. 인조 조정이 강화도로 가는 일정이다.

1월 19일, 인조가 강화도로 파천할 것을 선언한다.
1월 20일, 광해군을 강화도에서 교동도로 옮겨 가둔다.
1월 21일, 인목대비 등이 강화도로 출발한다.
1월 26일, 인조가 강화도로 출발한다.

인목대비가 궁을 나서기 전에 광해군을 교동도로 먼저 보냈다. 인목대비에게 광해군은 철천지원수다. 작은 강화부성 안에 원수와 함께 있다는 게 용납되지 않았을 것이다. 인조가 인목대비의 뜻에 따라 광해군을 교동으로 옮긴 것 같다.

사실 인조 자신도 인목대비와 생각이 같았을 것이다. 곧 강화성으로 들어간다. 성안에 자기가 몰아낸 전 왕 광해군이 있다. "날 쫓아내더니, 네가 도망 왔구나" 그러는 것 같아 좀 겸연쩍다. 더구나 후금군이 광해군을 복위시키려고 할지도 모르기에 그냥 두기에 이래저래 찜찜했다.

유배지를 옮긴다는 소리를 들었을 때, 광해군은 아마 '또냐?' 그랬을 것이다. 이번이 처음이 아니었다. 이괄의 난 때 이미 강화도에서 호서 지방으로 이배移配된 적이 있었다.[395]

평안도 영변에서 반란한 이괄이 한때 한양 궁궐까지 점령할 정도로 맹위를 떨쳤다그때 인조는 충청도 공주로 피란 갔었다. 혹시라도 이괄이 광해군을 다시 왕으로 세우려고 하면 큰일이다. 그래서 급히 남쪽 호서로 광해군을 옮겼던 것이다.

실록에는 호서 지방으로 나오는데 『연려실기술』에 그 장소를 태안이라고 밝혔다. 반란이 진압된 후 광해군은 강화도로 돌아왔는데 또 이배다. 인목대비와 인조에 밀려서 교동으로 옮겨가 갇히게 된 것이다.

광해군은 교동에 오래 있지 않았다. 얼마 후 다시 강화도로 옮겨졌는데 원래 안치됐던 강화부성지금 강화군 강화읍이 아니라 정포井浦였다. 정포는 지금 강화군 내가면 외포리 지역이다.

비국이 아뢰기를 "정포는 본부에서 조금 먼 거리에 있으니 회가回駕 하신 뒤에는 도로 본부로 옮기는 것이 마땅할 것 같습니다."

1627년인조 5 4월 8일, 강화도 조정 비국비변사은 인조가 한양 궁궐로 돌아가면 정포에 임시 안치한 광해군을 본부 즉 강화도호부성 원래 있던 곳으로 옮기자고 청했다. 정묘호란은 3월 3일에 끝났다. 그런데 정묘호란 끝나고 한 달 넘도록 인조는 강화도에 머물렀다. 인조와 조정이 강화도를 떠나는 것은 4월 10일이다. 그런데 인조는 비변사의 요청을 수용했을까?

"자전慈殿, 인목대비께서 환도하기 전에 성안으로 옮기는 것은 온당하지 않은 일인 듯하니 그대로 정포에 머물게 하라."[396]

거절했다. 역시 인목대비 때문이다. 인목대비는 인조가 한양으로 갈 때 함께 가지 않았다. 강화도에 거의 한 달 더 있다가 5월에 한양 궁궐로 갔다. 광해군은 인조 떠나고 인목대비까지 떠난 후에야 강화부성 안으로 돌아올 수 있었다.

강화도 땅이 꽤 넓은데 하필 정포에 광해군을 안치한 이유는 뭘까. 당시 정포에 수군 만호가 이끄는 규모 큰 부대가 있었다. 군 시설이 있으니 읍내 강화도호부처럼 광해군을 가두어 감시하고 관리하기가 수월했다.

교동도에서 연산군이 유배 생활한 것은 2개월에 불과했다. 광해군은 연산군보다 교동에 더 오래 있었다. 그런데 교동에 연산군 유배지로 알려진 곳이 세 군데나 되는 데 비해 광해군 유배지로 알려진 곳은 없다. 전해지는 이야기도 잘 찾아지지 않으니 의아한 일이다.

강화도는 더하다. 광해군이 14년여 유배됐던 강화도이다. 그런데도 유배 장소로 전해지

강화산성 동문

는 곳도 없고 그와 관련된 이야기나 흔적도 찾기 어렵다. 연산군만큼 백성들 입에 오르내릴 만한 '흥미' 요소가 부족했기 때문일까? 아무튼, 그는 강화에서도 잊힌 인물이 되었다.

지금 강화읍은 북산과 남산 사이에 앉았다. 두 산을 빙 두른 성이 강화산성인데 길이가 7㎞ 조금 넘는다. 동문, 서문, 남문, 북문이 모두 있다. 지금도 주민들이 무시로 통행하는 살아있는 문이다.

광해군이 위리안치된 곳이 강화성 동문 안이라고 했다. 영창대군도 동문 안에 유배됐었으니 같은 동네다. 그런데 당시의 동문은 지금의 강화산성 동문이 아니고 강화도호부성의 동문이다. 광해군 때까지도 강

성공회 강화읍 성당

화산성은 없었다. 강화산성은 숙종 때인 1711년숙종 37쯤에 완공됐다.

광해군 유배 당시의 강화도호부성은 규모가 작았다. 둘레가 2㎞ 정도였던 것 같다. 강화읍내 동쪽과 서쪽으로 산이라고 하기에는 뭣한 길쭉한 둔덕이 있다. 동서 둔덕이 광해군 당시 강화도호부성의 동서쪽 경계였을 것이다. 거기쯤에 동문과 서문도 있었을 것이다.

『속수증보강도지』1932에 '경자庚子에 부내府內의 성고개城峴에 성전聖殿을 짓고'[397]라는 기록이 있다. 경자년은 1900년이다. 읍내 동쪽 둔덕을 성현, 즉 성고개라고 불렀다. 성城이 있던 고개라는 뜻이다. 성전은 성공회 강화읍 성당이다. 1899년에 성고개를 평평하게 다듬고 성공회 성당을 짓기 시작해서 1900년에 완공했다.

따라서 광해군 유배 당시 강화도호부성 동문이 성공회 성당 뒤편 쯤에 있었을 것으로 추정할 수 있다. 현 강화산성 동문에서 약 200m 안쪽이다. 그렇다면, 성공회 성당 뒤 북쪽 마을에 광해군 갇혀 있던 집이 있었다고 결론할 수 있겠다.

『연려실기술』에 이런 이야기가 나온다.

연미정(강화읍)

한강이 바다와 만나는 지점에 선 정자다. 대몽항쟁기에 고려 고종이, 정묘호란 때 조선 인조가 연미정을 방문했다는 기록이 있다. 연미정 아래 황형의 집이 있었다고 한다.

공황형의 시골집이 강화도 연미정에 있었는데, 일찍이 소나무 수천 그루를 심었다. 사람들이 묻기를, "공은 이미 늙었는데 무엇하러 그렇게 많이 심으시오?" 하니, 공은, "후세에 당연히 알 것이다" 하였다. 선조 임진년에 김천일·최원이 들어와서 강도를 보전하는데, 무릇 배와 기계를 이 나무로 만들어 쓰고도 남았다. 사람들이 비로소 공의 식견에 탄복하였다.

중종반정 때 박원종이 손바닥에 쓴 '국유대사공가소유 國有大事公可少留'를 내보이며 끌어들이려고 했던 그 황형의 이야기다. 황형이 은퇴하고 고향 강화에 내려와서 앞날을 내다보고 소나무를 심었다고 했다. 그로부터 약 칠십 년 세월이 흘렀다. 소나무가 꽤 실하게 자랐다. 1592년선조 25에 임진왜란이 터졌다. 김천일 등이 그 나무를 베어 전선을 만들었다.

임진왜란 그때 왜군이 전국을 휩쓸 때, 강화도는 어땠을까? 안전했

강화유수부 동헌(강화읍 고려궁지)

건평돈대(강화군 양도면)

정포보에 소속된 해안 경계 초소이다. 1679년(숙종 5)에 쌓았다.

다. 왜군이 얼씬하지도 못했다. 강화가 섬이고 주변 물살이 세고 갯벌이 넓어서 왜군이 상륙하지 못했다고 말하는 것은 그르다.

왜군은 몽골이나 여진 같은 유목민족과 다르다. 배를 잘 부린다. 고려 말에 왜구가 교동도, 강화도를 맘껏 유린했었다. 왜군이 강화도를 공격하지 못한 것은 우선 이순신 덕분이다. 바다에서 왜군을 격퇴하여 그들이 서해를 타고 올라오지 못하게 막았다. 그리고 강화에 많은 병력이 주둔하고 있었기에 육지 쪽 왜군이 함부로 덤비지 못했다.

1593년선조 26 1월 당시, 강화도에 '전라도 절도사 최원의 군사 4천

명, 경기도 순찰사 권징의 군사 4백 명, 창의사 김천일의 군사 3천 명, 의병장 우성전의 군사 2천 명'[398]이 주둔하고 있었다. 모두 9,400명이다. 여기에 강화도 자체 병력과 주민, 피난민들이 방어전에 투입된다면, 그 인원은 훨씬 더 많아질 것이다.

임진왜란 당시 강화도는 단순 피란처가 아니라 한양 탈환을 위한 전초기지였다. 전라도에서 올라온 의병장 김천일 등은 황형이 심었다고 전하는 소나무로 배를 만들어 수시로 뭍으로 나가 왜군을 공격했다.

그때 강화도는 사람 몸으로 치면 온몸에 피를 돌게 하는 심장 구실을 했다. 조정과 충청, 전라 지역 등을 연결하는 다리였다. 선조 조정과 광해군 분조의 뜻이 강화도를 통해 전국으로 전달됐다. 광해군은 강화의 김천일과 연락을 주고받고 있었다.

강화는 대몽항쟁기인 1232년고종 19부터 1270년원종 11까지 39년 동안 고려의 수도였다. 1290년충렬왕 16에는 충렬왕과 고려 조정이 다시 강화도로 옮겨왔다. 원나라 반란군인 합단의 무리가 고려를 침공하자 피란 왔던 것이다. 그때 1년 넘게 강화는 고려의 도읍 역할을 또 해냈었다.

임진왜란 때도 선조가 강화로 갈 뻔했다. 1592년선조 25 10월, 의주까지 피란 간 조정. 선조와 신하들의 대책 회의 상황이다.[399]

윤두수: "박충간이 '대가가 강화도로 이주하면 회복할 희망이 있다'고 했습니다."
선조: "적군이 전선을 많이 만들어 쳐들어오면 어떻게 하겠는가?"
윤두수: "요해지에 웅거하면 지킬 수 있습니다."
이항복: "천연적인 요새도 자주 빼앗긴 적이 있습니다. 그러나 형세

로 말한다면 강화도가 제일 요해처要害處, 우리에게 유리하고 적에게
불리한 곳입니다."

이산보: "바로 강화도로 향해야 합니다."

이희득: "강화도는 수로가 사방으로 통하여 위급한 환난이 닥치더
라도 다른 곳으로 옮겨갈 수가 있습니다."

선조: "왜적들의 장기는 수전水戰인데 어쩌려고 그러는가?"

윤두수: "아군도 수전에 능합니다."

이항복: "아군도 수륙水陸의 싸움에서의 우열을 논한다면 수전이 조
금 낫습니다."

선조: "이같이 목전의 안일만을 탐하다가 수길秀吉이 1만여의 군사를
이끌고 그리로 쳐들어온다면 반드시 지탱하지 못할 것이다."

신점 : "하늘이 우리를 망하게 하려 한다면 모르겠지만, 어찌 그럴
리가 있겠습니까."

신하들이 강화도로 들어가자고 간청했으나 선조가 미더워하지 않았
고 들어가지 않았다. 선조는 그저 명나라 땅으로 가고 싶어 했다. 아무
튼, 강화는 나라가 어려울 때마다 참 큰일을 했다. 강화도의 김천일 등
과 교신하며 분조를 이끌던 광해군은 새삼 강화도의 중요성을 인식했
다. 즉위하고 나서 강화도 방어 전략 마련에 부심한다.

조선 건국 초 강화도는 고려 말 이래 부사가 다스리는 강화부江華府
였다. 1413년태종 13에 강화부의 명칭이 강화도호부로 바뀌었다. 이때
수령을 도호부사종3품라고 했다.

광해군은 1618년광해 10에 강화도호부의 수령을 도호부사에서 종2

품인 부윤으로 올린다. 한편 강화도호부가 강화유수부로 변경되는 것은 정묘호란 직후인 1627년인조 5이다. 이때부터 강화의 수령을 부윤에서 유수로 바꿔 부르게 된다.

광해군은 '강도江都, 강화도는 곧 보장의 땅이므로 미리 보완하지 않을 수 없다'[400]고 하면서 여러 차례 사람을 보내 강화의 지형 등을 살피게 했다. 광해군이 검찰사 심돈에게 지시했다.

"경이 지금 내려가서 형세를 살펴보고서 좋은 쪽으로 처치하는 것이 좋겠다. 또 강도가 비록 보장이라 하지만 군기·군량을 미리 조처하여 갖춘 연후에야 보장이라 할 수 있다. 축성하는 공력이 반드시 어려울 것이니 목책을 먼저 만들어 세워서 난리에 임하여 의귀依歸, 들어가 의지함할 곳으로 삼아야 한다."[401]

강화도 해안에 목책을 세우라는 지시였다. 하지만 광해군 당대에는 강화도의 방어 시설이 제대로 구비되지 않았다. 병자호란 이후인 효종 1649~1659 때 진과 보가 설치되기 시작했고 숙종1674~1720 때 돈대, 강화외성, 강화유수부성강화산성 등을 쌓게 된다.

광해군이 강화를 '보장의 땅'이라고 했다. '보장'은 보통 '보장처保障處'라고 쓴다. 보장처란 전쟁과 같은 위기 상황 때 임금과 조정이 도읍지에서 옮겨가서 의지하며 위기를 극복해 내는 곳을 의미한다.

종착역, 제주

연산군은 19세에 즉위해서 31세까지 13년간 재위했다. 폐위되어 교동 유배 2개월 만에 사망했다. 마지막까지 불꽃 같았다.

광해군은 34세에 임금이 되어 49세까지 햇수로 16년간 즉위했다. 폐위되고 시작된 유배 생활은 67세에 사망할 때까지 19년간 계속됐다. 재위 기간보다 유배 기간이 더 길다.

광해군의 귀양살이는 강화도에서 시작해 제주도에서 끝났다. 그 과정이 명확하게 드러나지 않지만, 대략적인 모습은 그려볼 수 있다.

1623년_{인조 1} 3월에 강화도로 귀양 가서 1636년_{인조 14} 12월에 교동으로 이배된다. 1637년_{인조 15} 4월 이후에 제주도로 다시 옮겨지고 그곳 제주에서 1641년_{인조 19}에 세상을 떠난다. 얼추 따져서 강화도 유배 기간은 14년여, 교동도 유배 기간은 수개월, 제주도 유배 기간은 4년

광해군 마지막 유배지, 제주

정도였다.

14년여 강화도 시기에 임시 유배지로 몇 번 옮겨지기도 했다. 이괄의 난 때 충청도 태안으로, 정묘호란 때는 교동도 거쳐 정포로 돌았다.

1636년인조 14에 교동으로 이배된 이유는 병자호란이다. 청나라 군대가 쳐내려오자 광해군은 다시 교동 가는 배에 올라야 했다. 정묘호란 때도 교동으로, 병자호란 때도 교동으로. 병자호란 끝난 뒤에 그대로 교동에 안치돼 있다가 그곳에서 제주도로 옮겨졌다.

그런데 병자호란 두 해 전인 1634년인조 12에 광해군의 유배지를 강화도에서 다른 곳으로 옮기자는 논의가 조정에서 꽤 강하게 일었다. 광해군이 바깥사람들과 은밀하게 연락을 주고받는 사건이 거듭 벌어져서 좀 더 먼 곳으로 보내야 한다는 필요성이 제기된 것이다.

1634년인조 12, 이 시기가 헷갈린다. 이때 광해군을 다른 곳으로 이배했는지 안 했는지 의견이 나뉜다. 결론부터 말하면, 추진만 했을 뿐, 이배하지 않았다. 광해군은 그대로 강화도에 갇혀 있었다. 그 과정을 짚어보자.

광해군을 옮길 유배지로 신하들이 제주도, 진도, 거제도, 교동도를 거론했고 최종 후보지는 제주와 교동이 되었다. 우의정 김류가 아뢰었다.

"신들이 교동과 제주로 상달했던 것은, 모두 환난을 염려하는 계책에서 나온 것입니다. 제주는 바다 밖의 아주 먼 지역이고 잡인들이 출입할 걱정이 없습니다. 교동은 가까운 곳이지만 강으로 단절되어 있습니다. 먼 곳으로 할 경우에는 제주이고 가까운 곳으로 할 경우에는 교동이 옳을 듯합니다."[402]

좌의정 오윤겸이 덧붙였다.

광해군 묘(경기 남양주)
아무리 폐왕의 무덤이라 해도, 지나치게 옹색하다. 살아서 가시 울타리 죽어서는 철조망 울타리
에, 광해군은 갇혀 있다. 여전히 위리안치 중이다.

"만약 가까운 곳에 안치하면 의외의 변란이 있더라도 방비할 수 있
으나, 먼 곳일 경우에는 방비하기가 더욱 곤란합니다."

오윤겸은 교동을 밀었다. 인조는 "광해군은 인륜에 죄를 얻어 인심을
잃은 지 오래되었으니, 그가 하는 대로 내버려 두어도 조금도 걱정할 것
이 없을 것이다. 그러나 의논이 이와 같으니 아뢴 대로 하라"[403]라고 했
었다. '그럴 필요까지는 없는데'라고 여겼지만, 광해군을 이배하자는 신
하들의 뜻에 따르겠다는, 소극적인 의사 표현이었다. 인조도 제주보다
는 교동을 원했다. 그래서 광해군을 강화도에서 교동으로 이배하기로
결정했다. 교동의 광해군 가둘 집에 대한 시설 공사가 시작됐다.

'안쪽 담장은 강화江華의 예에 따라 이미 다 쌓았는데, 위리의 높이와 폭
및 집안의 방과 기구에 대해서는 본부의 낭청이 내려오기를 기다렸다가 그
의 지시에 따라 설치하겠습니다.'[404]

광해군을 위리안치할 교동 집을 꾸미고 있다는 보고이다. 하지만 교동을 반대하는 목소리가 조정에서 여전했다. 양사는 다시, 광해군을 제주도로 보내야 한다고 주장했다. 이미 교동에 안치소를 준비하고 있는데 말이다. 인조는 좀 짜증이 났는지 이렇게 말했다.

"알았다. 제주도로 이송하는 것은 타당하지 않을 것 같으니, 교동으로 옮기는 것이 불가하다면 강화에 그대로 두는 것이 좋겠다."[405]

광해군을 강화에 그냥 두게 한 것이다. 1634년인조 12 이때 광해군을 교동으로 이배하지 않았다고 결론할 수 있는 근거는, 1636년인조 14 병자호란 당시 윤방이 강화도에서 겪었던 일을 아뢴 상소문에서 찾아진다. 영중추부사 윤방은 이렇게 보고했다. '또한, 광해군을 강화도에서 교동으로 옮겨 놓았습니다.'[406] 병자호란이 일어날 때까지 광해군은 강화도에 갇혀 있던 것이다.

1636년인조 14 말에 교동으로 이배된 광해군은 얼마 후 마지막 귀양지 제주도로 향하게 된다. 이번엔 인조가 원했다. 1637년인조 15 4월, 우의정 이성구가 광해군을 꼭 제주도로 보내야 하는지, 인조에게 물었다. 인조가 대답했다.

"나라가 10년 사이에 세 차례의 변란을 겪었으니, 광해 자신을 위해서도 제주로 옮기는 것이 편안할 것 같다."[407]

광해군을 제주로 이배할 때, 어디로 가는지 미리 말해주지 않았다. 제주에 도착해서야 여기는 제주라고 알렸다고 한다. 광해군이 놀라고 또 슬퍼하며 말했다.

"내가 어찌 여기 왔느냐. 내가 어찌 여기 왔느냐."

그러자 제주목사가 대답하였다.

"공자公子께서 임금으로 계실 때 간사하고 아첨하는 자를 물리쳐 멀리하고, 환관과 궁첩들로 하여금 조정 정사에 간여하지 못하게 하였더라면 어찌 이런 곳에 오셨겠습니까."[408]

광해군은 아무 말 못 하고 눈물만 뚝뚝 흘렸다. 제주도에서 계집종이 광해군 모시는데 성의가 없었다. 광해군이 계집종을 나무랐다. 그랬더니 계집종이 마구 퍼붓는다.

"영감께서 사직을 받들지 못하여 나라가 이 지경까지 이르게 해놓고, 이 섬에 들어와서는 도리어 나에게 모시지 않는다고 책망하니 속으로 부끄럽지 않소? 영감께서 왕위를 잃은 것은 스스로 취한 것이지마는 우리는 무슨 죄로 이 가시덩굴 속에 갇혀 있단 말이오?"[409]

'영감'으로 불린 광해군, 고개 숙이고 한마디 말도 하지 못했다.

1641년인조 19 7월 1일, 광해군이 제주도 위리안치된 곳에서 세상을 떠났다.[410] 67세였다. 연산군이 부인 신씨가 보고 싶다는 유언을 남겼고 광해군은 어머니 곁에 묻어달라는 마지막 말을 남겼다고 한다. 다행히 어머니 공빈김씨의 묘성묘와 멀지 않은 곳에 묻히기는 했다.

인조는 제주도가 유배 살기에 편안할 거라면서 신하들의 반대 속에서도 광해군을 교동에서 제주로 옮겼다. 광해군은 제주에서 편안했을까?

광해군이시여

광해군이시여 제주에서 편안하셨습니까.
위리안치에 편안이라니, 묻고 보니 멋쩍습니다.

'강권하는 신료들에 못 이기는 척
아우 목숨 끊어 놓고
대비까지 유폐한
어쩔 수 없는 죄
나도 아팠다
만백성 어버이인 내가
孝悌를 욕보이는 패륜을 범했으니
이 신세로 떨어진 걸 원망할 수 있겠느냐'[411]

이런 마음이시리라, 여깁니다.
그렇지요, 원망은 몸 병 마음 병만 키웁니다.
전쟁만은 막으려던 당신의 외교를
명의 은혜 핏대 세우며 막아섰던 신료들
그들도 더는 원망하지 마셔요.

임해도 영창도 내 형제인데, 내가 지켜야지
처음부터 의연하게 대처하셨더라면
당신은 지금의 당신이 아니었을 겁니다.

연산 광해 강화

그래서 아쉽습니다.

당신을 존경한다는 말은 올리지 못합니다.
훌륭한 군주였다, 말하지 않으렵니다.
그렇지만 이제 당신을 조금은 알 것 같습니다.
사람이 사람을 안다는 것은 얼마나 소중한 인연인가요.

다른 임금들처럼 '-종'이라 부르지 못해 유감입니다.
당신도 그게 여전히 한으로 남지 않을까 싶습니다.
어쩌겠습니까.
인조의 잘못이라기보다 당신의 잘못입니다.

외로우셨지요?
임금은 외롭기 마련일 테지만
당신은 유난히 외로움을 많이 탔을 것 같다는
생각이 듭니다.
"섣달 그믐밤, 그 쓸쓸함에 대해 논하라"
이런 파격적인 주제로
과거 시험 문제를 냈던 당신[412]
가슴속에서 낙엽 굴러가는 소리가 들립니다.

그래도 당신
당신 통치받던 백성들에게 미안해하셔야 합니다.

광해군 —————————— 313

백성의 뼈와 살로 궁궐을 짓고
백성의 피눈물로 단청을 입혔습니다.
그들은 불행했습니다. 당신으로 하여 더
외로웠습니다.

당신 유배와 십수 년 갇혔던
벽을 쓸며 통곡하시던 그 집
어언 400년, 훌쩍 간 작금에
여기쯤일까
아니, 여기쯤인 것 같아

오늘도 서성입니다.

연산 광해 강화

참고문헌

• 단행본

강화군청·인하대학교 박물관, 『강화 교동읍성 정밀 지표조사 보고서』, 2007.

강화문화원, 『강도의 민담과 전설』, 1994.

계승범, 『우리가 아는 선비는 없다』, 역사의아침, 2011.

고재형 저, 김형우·강신엽 역, 『역주 심도기행』, 인천대학교 인천학연구원, 2008.

규장각한국학연구원 엮음, 『조선 국왕의 일생』, 글항아리, 2014.

김문식·김정호, 『조선의 왕세자 교육』, 김영사, 2003.

김범, 『사화와 반정의 시대』, 역사의아침, 2015.

김범, 『연산군 그 인간과 시대의 내면』, 글항아리, 2014.

박시백, 『박시백의 조선왕조실록』7, 휴머니스트, 2009.

박영규, 『한권으로 읽는 조선왕실계보』, 웅진지식하우스, 2013.

박영규, 『한권으로 읽는 조선왕조실록』, 웅진지식하우스, 2014.

신명호, 『조선 왕실의 의례와 생활, 궁중문화』, 돌베개, 2002.

신병주, 『참모로 산다는 것』, 매경출판, 2019.

신봉승 편저·최동호 해설, 『시인 연산군』, 선, 2000.

오항녕, 『광해군 그 위험한 거울』, 너머북스, 2012.

오항녕, 『실록이란 무엇인가』, 역사비평사, 2018.

유몽인 지음, 신익철 등 옮김, 『어우야담』, 돌베개, 2020.

윤국일 옮김, 신서원 편집부 꾸밈, 『신편 경국대전』, 신서원, 2005.

이경수, 『강화도史』, 역사공간, 2016.

이경수, 『숙종, 강화를 품다』, 역사공간, 2014.

이경수, 『오군, 오군, 사아이거호』, 일조각, 2022.

이성무, 『조선왕조실록 어떤 책인가』, 동방미디어, 1999.

인천광역시, 『인천의 지명유래』, 1998.

인천광역시 역사자료관, 『역주 속수증보강도지(상)』, 2016.

장만, 『낙서집』, 장만장군기념사업회, 2018.

정민, 『목릉문단과 석주 권필』, 태학사, 1999.

한명기, 『광해군 탁월한 외교정책을 펼친 군주』, 역사비평사, 2008.

황규열, 『교동사』, 교동문화연구원, 1995.

홍순민, 『우리 궁궐 이야기』, 청년사, 1999.

• 논문, 신문

강문식, 「조선왕조실록 연구의 통설 재검토」, 『규장각』 49, 2016.

강보라, '동네의 발견, 경상북도 고령', 한국일보, 2021.11.20.

계승범, 「공빈 추숭 과정과 광해군의 모후 문제」, 『민족문화연구』 48, 고려대학교 민족문화연구원, 2008.

계승범, 「광해군, 두 개의 상반된 평가」, 『한국사학사학보』 32, 한국사학사학회, 2015.

곽재식·최서희, 「조선왕조실록 소재 괴물 이야기에 대한 연구」, 『인문콘텐츠』 52, 인문콘텐츠학회, 2019.

권은나, 「광해군대의 정국동향과 척신의 역할」, 경북대학교 대학원 석사학위논문, 2019.

권은나, 「광해군대 척신의 세력화와 상호갈등」, 『대구사학』 141, 대구사학회, 2020.

김경록, 「중종반정이후 승습외교와 조명관계」, 『한국문화』 40, 서울대학교 규장각 한국학연구원, 2007.

김무진, 「한강 정구의 현실인식과 경세관」, 『한국학논집』 48, 계명대학교 한국학연구원, 2012.

김성우, 「광해군 집권 3기(1618~1623) 국가재정 수요의 급증과 농민경제의 붕괴」, 『대구사학』 118, 대구사학회, 2015.

김정신, 「무오사화를 둘러싼 정치론의 갈등과 그 성격」, 『한국사연구』 168, 한국사연구회, 2015.

김준태, 「'승계계획'의 측면에서 본 조선시대 세자에 대한 연구」, 『한국학논집』78, 계명대학교 한국학연구원, 2020.

김중권, 「조선조 경연에서 연산군의 독서력에 관한 고찰」, 『서지학연구』37, 서지학회, 2007.

김창규, 「연산군의 슬픔과 분노」, 『한국인물사연구』19, 한국인물사연구소, 2013.

박욱규, 「석주 권필의 한시와 현실 대응 양상」, 『지역발전연구』18, 2012.

박종인, 「폭군은 충직한 내시 김처선을 배를 갈라 죽였다」, 조선일보, 2018.04.04.

방상근, 「폐비 윤씨 사건의 재검토: 성종을 위한 변명」, 『정치사상연구』26, 한국정치사상학회, 2020.

서혜진, 「연산군과 폐비 윤씨의 양극성 장애 가능성에 대한 정신의학적 고찰」, 울산대학교 대학원 박사학위논문, 2020.

손신영, 「광해군대 궁궐영건 재고」, 『강좌 미술사』33, 한국미술사연구소, 2009.

신병주, 「임진왜란 시기 광해군의 분조 활동과 그 사회통합적 영향」, 『문학치료연구』51, 한국문학치료학회, 2019.

송웅섭, 「연산군의 의례 및 가치 체계에 대한 파괴와 도덕적 권위로부터의 탈피」, 『사림』68, 수선사학회, 2019.

신병주, 「연산군과 광해군 최후와 장면」, 『문학치료연구』48, 한국문학치료학회, 2018.

오항녕, 「정구와 정온: 직언도 다 때가 있다」, 『인물과사상』233, 인물과사상사, 2017.

이근호, 「선조의 광해군 양위 과정」, 『한국불교사연구』10, 한국불교사학회, 2016.

이기대, 「문헌 기록에 나타난 연산군 형상의 전승 양상」, 『정신문화연구』127, 한국학중앙연구원, 2012.

이기환, 「광해군의 논술문제, '섣달그믐밤, 그 쓸쓸함에 대해 논하라'」, 『경향신문』, 2018.10.24.

이희환, 「광해군대의 정국과 이이첨」, 『전북사학』38, 전북사학회, 2011.

장성진, 「광해군 시대의 군사전략」, 『한국군사학논집』67, 육군사관학교, 2011.

장윤미, 「연산군 역사 허구물 연구」, 인하대학교 대학원 박사학위논문, 2018.

장정수, 「심하전역 당시 광해군의 '밀지'와 대후금 배후교섭의 변질」, 『사총』104, 고려대학교 역사연구소, 2021.

정상호, 「광해군의 세자책봉요청을 둘러싼 조선과 명의 외교 교섭」, 『사총』104, 고려대학교 역사연구소, 2021.

정연학, 「강화 교동도 '교동읍성' 내 부근당의 성격과 제의」, 『실천민속학연구』28, 실천민속학회, 2016.

정우택, 「광해군대 정치론의 분화와 개혁정책」, 경희대학교 대학원 박사학위 논문, 2009.

조인희·최윤오, 「임진왜란기 분조 구성원의 행적에 관한 고찰」, 『역사와 실학』73, 역사실학회, 2020.

한명기, 「광해군-외교의 '빛'과 내정의 '그림자'-」, 『한국사시민강좌』31, 일조각, 2002.

한상옥, 「적선동 종침교」, 동아일보, 1924.07.22.

한희숙, 「조선 초기 성종비 윤씨 폐비·폐출 논의 과정」, 『한국인물사연구』4, 한국인물사연구소, 2005.

한희숙, 「조선 성종대 폐비 윤씨 사사 사건」, 『한국인물사연구』6, 한국인물사연구소, 2006.

한희숙, 「연산군대 폐비 윤씨 추봉존숭 과정과 갑자사화」, 『한국인물사연구』10, 한국인물사연구소, 2008.

• 사진

곽영애

김종신

민성환

국립고궁박물관

국립중앙박물관

서울대학교 규장각 한국학연구원

• 인터넷 사이트

국립고궁박물관 https://www.gogung.go.kr

국립문화재연구소 문화유산연구지식포털 https://portal.nrich.go.kr

국립중앙박물관 https://www.museum.go.kr

국사편찬위원회 한국사데이터베이스 http://db.history.go.kr

국사편찬위원회 한국역사정보통합시스템 http://www.koreanhistory.or.kr

네이버 사전 https://dict.naver.com

다음 사전 https://dic.daum.net

서울대학교 규장각 한국학연구원 https://kyu.snu.ac.kr

위키백과 https://ko.wikipedia.org

한국고전번역원 한국고전종합DB http://db.itkc.or.kr

한국학중앙연구원 한국민족문화대백과사전 http://encykorea.aks.ac.kr

한국학중앙연구원 한국역대인물종합정보시스템 http://people.aks.ac.kr

주석

1 『성종실록』 4년(1473) 3월 19일

2 『성종실록』 13년(1482) 8월 11일

3 『성종실록』 7년(1476) 8월 9일

4 『성종실록』 8년(1477) 3월 29일

5 한희숙, 「조선 초기 성종비 윤씨 폐비·폐출 논의 과정」, 143~144쪽

6 서혜진, 「연산군과 폐비 윤씨의 양극성 장애 가능성에 대한 정신의학적 고찰」, 46쪽

7 『성종실록』 10년(1479) 6월 2일

8 『성종실록』 10년(1479) 6월 2일

9 『성종실록』 13년(1482) 8월 16일

10 『성종실록』 13년(1482) 8월 16일

11 『연려실기술』 성종조 고사본말

12 『연산군일기』 10년(1504) 3월 25일

13 『성종실록』 14년(1483) 2월 6일

14 『성종실록』 13년(1482) 9월 24일

15 『성종실록』 8년(1477) 11월 10일

16 『성종실록』 25년(1494) 3월 29일

17 『성종실록』 25년(1494) 12월 24일

18 『중종실록』 7년(1512) 6월 10일

19 『중종실록』 9년(1514) 6월 22일

20 『성종실록』 1년(1470) 6월 5일

21 『연려실기술』 성종조 고사본말

22 『연산군일기』 5년(1499) 1월 11일

23 『연산군일기』 12년(1506) 9월 2일

24 『성종실록』 14년(1483) 3월 18일

25 김중권, 「조선조 경연에서 연산군의 독서력에 관한 고찰」, 92쪽

26 『성종실록』 20년(1489) 4월 5일

27 『성종실록』 25년(1494) 2월 1일

28 『태종실록』 5년(1405) 10월 21일

29 『성종실록』 24년(1493) 11월 12일

30 『성종실록』 23년(1492) 1월 19일

31 『성종실록』 25년(1494) 7월 1일

32 『성종실록』 24년(1493) 12월 20일

33 『성종실록』 25년(1494) 7월 17일

34 『성종실록』 즉위년(1469) 11월 28일

35 『연려실기술』 성종조 고사본말

36 『성종실록』 19년(1488) 12월 24일

37 『성종실록』 13년(1482) 7월 8일

38 강보라, '동네의 발견, 경상북도 고령', 한국일보, 2021.11.20.

39 『연산군일기』 3년(1497) 7월 21일

40 『연산군일기』 3년(1497) 12월 25일

41 『연산군일기』 2년(1496) 3월 13일

42 『연산군일기』 3년(1497) 12월 16일

43 『연산군일기』 5년(1499) 1월 11일

44 『성종실록』 성종대왕 묘지문

45 『연산군일기』 1년(1495) 3월 16일

46 『연려실기술』 연산조 고사본말

47 『연산군일기』 3년(1479) 12월 9일

48 『연산군일기』 10년(1504) 3월 23일

49 『연산군일기』 2년(1496) 5월 6일

50 『연산군일기』 8년(1502) 8월 3일

51 『연산군일기』 8년(1502) 9월 5일

52 『성종실록』 20년(1489) 5월 20일

53 『성종실록』 20년(1489) 5월 16일

54 『연산군일기』 2년(1496) 7월 5일

55 『연산군일기』 2년(1496) 8월 29일

56 한희숙, 「연산군대 폐비 윤씨 추봉존
　숭 과정과 갑자사화」, 196쪽

57 『연산군일기』 4년(1498) 7월 29일

58 『연산군일기』 4년(1498) 7월 17일

59 『연산군일기』 4년(1498) 7월 29일

60 『연산군일기』 5년(1499) 12월 31일

61 『연산군일기』 4년(1498) 7월 17일

62 『연산군일기』 4년(1498) 7월 13일

63 『연산군일기』 9년(1503) 2월 8일

64 『연산군일기』 9년(1503) 11월 20일

65 『연산군일기』 8년(1502) 4월 20일

66 『연산군일기』 9년(1503) 3월 16일

67 『연산군일기』 9년(1503) 9월 16일

68 『연산군일기』 10년(1504) 3월 11일

69 『연산군일기』 10년(1504) 6월 16일

70 『연산군일기』 5년(1499) 9월 16일

71 『연산군일기』 8년(1502) 2월 5일

72 『연산군일기』 10년(1504) 4월 1일

73 『연산군일기』 10년(1504) 3월 24일

74 『연산군일기』 10년(1504) 4월 18일

75 『연산군일기』 10년(1504) 5월 7일

76 김범, 『사화와 반정의 시대』, 역사의아
　침, 2015, 152~153쪽

77 김범, 『사화와 반정의 시대』, 역사의아
　침, 2015, 116~117쪽

78 『성종실록』 13년(1482) 8월 11일

79 『연산군일기』 11년(1505) 3월 24일

80 『연산군일기』 10년(1504) 3월 20일

81 『연산군일기』 10년(1504) 3월 24일

82 『연산군일기』 10년(1504) 3월 25일

83 『연산군일기』 10년(1504) 4월 1일

84 『중종실록』 1년(1506) 9월 3일

85 『연산군일기』 12년(1506) 7월 30일

86 『연산군일기』 9년(1503) 11월 7일

87 규장각한국학연구원 엮음, 『조선 국왕
　의 일생』, 글항아리, 2014, 110쪽

88 『성종실록』 5년(1474) 2월 14일

89 『성종실록』 8년(1477) 8월 30일

90 『성종실록』 21년(1490) 1월 4일

91 『성종실록』 20년(1489) 4월 4일

92 『연산군일기』 1년(1495) 4월 20일

93 『연산군일기』 1년(1495) 4월 28일

94 『연산군일기』 2년(1496) 1월 19일

95 『연산군일기』 10년(1504) 4월 21일

96 『연산군일기』 10년(1504) 윤4월 9일

97 『연산군일기』 10년(1504) 윤4월 16일

98 『연산군일기』 10년(1504) 윤4월 28일

99 『중종실록』 2년(1507) 8월 19일

100 『연산군일기』 11년(1505) 12월 23일

101 『연려실기술』 연산조 고사본말

102 『연산군일기』 11년(1505) 10월 11일

103 『연산군일기』 6년(1500) 6월 9일

104 『연산군일기』 11년(1505) 1월 29일

105 『연산군일기』 11년(1505) 3월 9일

106 『선조실록』 5년(1572) 9월 28일

107 『연산군일기』 7년(1501) 1월 17일

108 『연산군일기』 1년(1495) 11월 5일

109 『연산군일기』 10년(1504) 8월 10일

110 『연산군일기』 11년(1505) 2월 18일

111 『연산군일기』 8년(1502) 6월 16일

112 『연산군일기』 11년(1505) 5월 16일

113 『성종실록』 25년(1494) 2월 14일

114 『성종실록』 25년(1494) 2월 14일

115 『성종실록』 25년(1494) 2월 14일

116 한상옥, '적선동 종침교', 동아일보,
     1924. 07.22.

117 『연산군일기』 10년(1504) 윤4월 23일

118 『연산군일기』 11년(1505) 9월 14일

119 『연산군일기』 12년(1506) 5월 23일

120 『연산군일기』 12년(1506) 8월 23일

121 『연산군일기』 12년(1506) 1월 27일

122 『연산군일기』 12년(1506) 9월 2일

123 『중종실록』 1년(1506) 9월 2일

124 『연산군일기』 12년(1506) 9월 2일

125 『연산군일기』 8년(1502) 11월 25일

126 『연산군일기』 10년(1504) 4월 25일

127 『연산군일기』 10년(1504) 6월 9일

128 『연산군일기』 11년(1505) 11월 7일

129 『연산군일기』 11년(1505) 12월 23일

130 『중종실록』 1년(1506) 9월 2일

131 장윤미, 「연산군 역사 허구물 연구」,
     104~105쪽

132 『연산군일기』 12년(1506) 7월 20일

133 『연려실기술』 연산조 고사본말

134 『연산군일기』 6년(1500) 10월 23일

135 『연산군일기』 5년(1499) 11월 4일

136 『중종실록』 5년(1510) 4월 17일

137 『연산군일기』 12년(1506) 7월 3일

138 『연산군일기』 12년(1506) 7월 13일

139 『중종실록』 1년(1506) 9월 2일

140 『연려실기술』 연산조 고사본말

141 『중종실록』 1년(1506) 9월 7일

142 『연산군일기』 2년(1496) 10월 26일

143 『중종실록』 1년(1506) 11월 8일

144 『연산군일기』 12년(1506) 9월 2일

145 『중종실록』 1년(1506) 9월 24일

146 『중종실록』 7년(1512) 12월 12일

147 『중종실록』 1년(1506) 11월 8일

148 『중종실록』 1년(1506) 12월 12일

149 『중종실록』 7년(1512) 11월 24일

150 이경수, 『오군, 오군, 사아이거호』, 일
조각, 2022, 42쪽.

151 『연산군일기』 10년(1504) 8월 19일

152 『중종실록』 1년(1506) 12월 9일

153 『연산군일기』 5년(1499) 4월 21일

154 『연려실기술』 연산조 고사본말

155 『연려실기술』 중종조 고사본말.

156 이경수, 『강화도史』, 역사공간, 2016,
225쪽.

157 『중종실록』 9년(1514) 1월 28일

158 『중종실록』 9년(1514) 1월 30일

159 『중종실록』 1년(1506) 9월 2일

160 『연산군일기』 11년(1505) 4월 1일

161 『연산군일기』 11년(1505) 6월 16일

162 『연산군일기』 11년(1505) 7월 19일

163 박종인, '폭군은 충직한 내시 김처선의
배를 갈라 죽였다', 조선일보, 2018.04.04.

164 이성무, 『조선왕조실록 어떤 책인가』,
동방미디어, 1999, 90쪽

165 『중종실록』 7년(1512) 12월 4일

166 『영조실록』 27년(1751) 2월 3일

167 『영조실록』 27년(1751) 2월 3일

168 정연학, 「강화 교동도 '교동읍성' 내
부근당의 성격과 제의」, 218쪽

169 정연학, 「강화 교동도 '교동읍성' 내
부근당의 성격과 제의」, 200쪽

170 『숙종실록』 30년(1704) 8월 5일

171 『중종실록』 2년(1507) 6월 17일

172 『연산군일기』 6년(1500) 5월 5일

173 『연산군일기』 12년(1506) 8월 6일

174 『중종실록』 2년(1507) 6월 17일

175 『태종실록』 4년(1404) 2월 8일

176 『태종실록』 2년(1402) 4월 1일

177 이기대, 「문헌 기록에 나타난 연산군
형상의 전승 양상」, 263쪽

178 『연산군일기』 3년(1497) 9월 3일

179 『연산군일기』 12년(1506) 8월 28일

180 『세종실록』 32년(1450) 윤1월 12일

181 『세종실록』 28년(1446) 1월 23일

182 『단종실록』 2년(1454) 12월 1일

183 『세조실록』 2년(1456) 2월 6일

184 『연산군일기』 11년(1505) 11월 23일

185 『성종실록』 21년(1490) 8월 22일

186 『세종실록』 18년(1436) 11월 1일

187 『성종실록』 21년(1490) 11월 18일

188 『성종실록』 21년(1490) 8월 22일

189 『성종실록』 21년(1490) 8월 22일

190 『연산군일기』 3년(1497) 3월 21일

191 『성종실록』 25년(1494) 9월 29일

192 『광해군일기』 15년(1623) 3월 23일

193 『인조실록』 1년(1623) 5월 22일

194 『인조실록』 1년(1623) 6월 25일

195 『인조실록』 1년(1623) 10월 8일

196 『인조실록』 1년(1623) 윤10월 29일

197 『인조실록』 3년(1625) 7월 20일

198 『인조실록』 6년(1628) 2월 11일

199 『광해군일기』 15년(1623) 3월 14일

200 『선조실록』 25년(1592) 4월 28일

201 『선조실록』 25년(1592) 4월 28일

202 『광해군일기』 2년(1610) 7월 15일

203 성혼, 『우계집』 제3권 장소

204 신병주, 「임진왜란 시기 광해군의 분조
    활동과 그 사회통합적 영향」, 248쪽

205 『연려실기술』 선조조 고사본말

206 『선조실록』 27년(1594) 1월 25일

207 『선조실록』 28년(1595) 10월 20일

208 정상호, 「광해군의 세자책봉요청을 둘
    러싼 조선과 명의 외교 교섭」, 218쪽

209 『선조실록』 26년(1593) 윤11월 14일

210 『태종실록』 7년(1407) 7월 10일

211 『선조실록』 33년(1600) 3월 30일

212 『선조실록』 37년(1604) 6월 25일

213 『선조실록』 41년(1608) 1월 22일

214 『광해군일기』 즉위년(1608) 2월 2일

215 『태조실록』 1년(1392) 7월 17일

216 『선조실록』 40년(1607) 10월 11일

217 『선조실록』 40년(1607) 11월 12일

218 『선조실록』 41년(1608) 1월 18일

219 『선조실록』 41년(1608) 1월 22일

220 『선조실록』 41년(1608) 1월 25일

221 『광해군일기』 즉위년(1608) 9월 5일

222 『선조수정실록』 25년(1592) 4월 14일

223 『선조실록』 26년(1593) 8월 13일

224 『광해군일기』 즉위년(1608) 2월 14일

225 『광해군일기』 즉위년(1608) 2월 14일

226 『광해군일기』 즉위년(1608) 6월 16일

227 『광해군일기』 즉위년(1608) 6월 20일

228 『광해군일기』 1년(1609) 4월 29일

229 『광해군일기』 즉위년(1608) 5월 20일

230 『연려실기술』 폐주 광해군 고사본말

231 정상호, 「광해군의 세자책봉요청을 둘
    러싼 조선과 명의 외교 교섭」, 238쪽.

232 『숙종실록』 5년(1679) 3월 18일

233 『인조실록』 1년(1623) 3월 19일

234 『광해군일기』 즉위년(1608) 2월 20일

235 권은나, 「광해군대 척신의 세력화와 상
    호갈등」, 12쪽

236 『광해군일기』 즉위년(1608) 2월 13일

237 『광해군일기』 즉위년(1608) 5월 2일

238 『인조실록』 11년(1633) 8월 10일

239 『광해군일기』 5년(1613) 12월 30일

240 『광해군일기』 6년(1614) 6월 5일

241 『광해군일기』 9년(1617) 1월 25일

242 『광해군일기』 9년(1617) 2월 22일

243 장만, 『낙서집』, 장만장군기념사업회, 2018, 168쪽

244 『광해군일기』 13년(1621) 7월 7일

245 『광해군일기』 9년(1617) 2월 22일

246 『광해군일기』 9년(1617) 12월 6일

247 『광해군일기』 5년(1613) 8월 11일

248 『광해군일기』 5년(1613) 5월 25일

249 『광해군일기』 15년(1623) 3월 14일

250 『선조실록』 17년(1584) 1월 16일

251 『선조수정실록』 17년(1584) 1월 1일

252 『선조실록』 32년(1599) 9월 20일

253 『선조수정실록』 32년(1599) 9월 1일

254 『선조실록』 34년(1601) 11월 8일

255 박욱규, 「석주 권필의 한시와 현실 대응 양상」, 25쪽.

256 『선조실록』 32년(1599) 9월 7일

257 『광해군일기』 4년(1612) 11월 15일

258 『광해군일기』 4년(1612) 11월 15일

259 『광해군일기』 5년(1613) 1월 3일

260 『광해군일기』 2년(1610) 2월 13일

261 『광해군일기』 5년(1613) 1월 1일

262 『광해군일기』 8년(1616) 8월 14일

263 『비변사등록』 광해군 9년(1617) 11월 2일

264 『광해군일기』 10년(1618) 10월 8일

265 『중종실록』 25년(1530) 7월 16일

266 『광해군일기』 11년(1619) 4월 14일

267 『광해군일기』 12년(1620) 9월 29일

268 『인조실록』 11년(1633) 8월 10일

269 이경수, 『오군, 오군, 사아이거호』, 일조각, 2022, 35~36쪽

270 『광해군일기』 11년(1619) 3월 17일

271 홍순민, 『우리 궁궐 이야기』, 청년사, 1999, 79쪽

272 『비변사등록』 인조 16년(1638) 4월 25일

273 『선조수정실록』 25년(1592) 5월 1일

274 홍순민, 『우리 궁궐 이야기』, 청년사, 1999, 70~71쪽

275 『광해군일기』 7년(1615) 11월 17일

276 손신영, 「광해군대 궁궐영건 재고」, 271쪽

277 『광해군일기』 7년(1615) 11월 17일

278 『광해군일기』 7년(1615) 윤8월 14일

279 『광해군일기』 7년(1615) 11월 19일

280 『광해군일기』 7년(1615) 11월 23일

281 『광해군일기』 7년(1615) 11월 24일

282 『광해군일기』 9년(1617) 7월 29일

283 『영조실록』 36년(1760) 2월 28일

284 『광해군일기』 3년(1611) 12월 26일

285 『광해군일기』 8년(1616) 8월 4일

286 『광해군일기』 5년(1613) 6월 1일

287 『광해군일기』 5년(1613) 6월 4일

288 『광해군일기』 5년(1613) 6월 21일

289 『광해군일기』 5년(1613) 8월 2일

290 『인조실록』 3년(1625) 3월 19일

291 『광해군일기』 6년(1614) 1월 13일

292 『광해군일기』 5년(1613) 8월 2일

293 『광해군일기』 6년(1614) 1월 13일

294 『광해군일기』 5년(1613) 8월 8일

295 『광해군일기』 5년(1613) 8월 8일

296 『광해군일기』 1년(1609) 9월 9일

297 『광해군일기』 5년(1613) 8월 10일

298 『선조실록』 6년(1573) 12월 22일

299 『선조수정실록』 13년(1580) 4월 1일

300 『선조실록』 16년(1583) 10월 22일

301 『광해군일기』 즉위년(1608) 3월 26일

302 『광해군일기』 즉위년(1608) 4월 24일

303 『광해군일기』 12년(1620) 1월 5일

304 『광해군일기』 5년(1613) 11월 10일

305 『광해군일기』 12년(1620) 1월 5일

306 『광해군일기』 5년(1613) 11월 10일

307 『광해군일기』 11년(1619) 6월 2일

308 『광해군일기』 6년(1614) 1월 13일

309 『광해군일기』 6년(1614) 2월 10일

310 『인조실록』 3년(1625) 3월 19일

311 『광해군일기』 6년(1614) 2월 10일

312 『광해군일기』 즉위년(1608) 2월 2일

313 『광해군일기』 즉위년(1608) 2월 2일

314 『광해군일기』 6년(1614) 1월 7일

315 『광해군일기』 9년(1617) 12월 11일

316 『광해군일기』 10년(1618) 1월 4일

317 『광해군일기』 10년(1618) 1월 4일

318 『광해군일기』 10년(1618) 1월 4일

319 『광해군일기』 10년(1618) 3월 19일

320 『광해군일기』 7년(1615) 2월 18일

321 『광해군일기』 10년(1618) 5월 5일

322 『광해군일기』 10년(1618) 5월 5일

323 『광해군일기』 10년(1618) 5월 5일

324 『광해군일기』 10년(1618) 6월 20일

325 『광해군일기』 11년(1619) 2월 3일

326 『광해군일기』 11년(1619) 4월 8일

327 『광해군일기』 14년(1622) 5월 18일

328 『광해군일기』 11년(1619) 4월 8일

329 『광해군일기』 11년(1619) 4월 3일

330 장정수, 「심하전역 당시 광해군의 '밀지'와 대후금 배후교섭의 변질」, 116쪽

331 장성진, 「광해군 시대의 군사전략」, 35쪽

332 『광해군일기』 11년(1619) 12월 22일

333 『광해군일기』 10년(1618) 윤4월 17일

334 『광해군일기』 11년(1619) 12월 22일

335 『광해군일기』 11년(1619) 12월 22일

336 『광해군일기』 11년(1619) 12월 22일

337 『광해군일기』 즉위년(1608) 11월 6일

338 『광해군일기』 1년(1609) 1월 10일

339 『광해군일기』 2년(1610) 3월 10일

340 『광해군일기』 2년(1610) 3월 10일

341 『광해군일기』 6년(1614) 12월 26일

342 『선조실록』 34년(1601) 2월 1일

343 『광해군일기』 즉위년(1608) 11월 6일

344 『광해군일기』 1년(1609) 8월 10일

345 『광해군일기』 1년(1609) 8월 10일

346 『광해군일기』 9년(1617) 2월 22일

347 『광해군일기』 7년(1615) 4월 2일

348 『광해군일기』 2년(1610) 2월 29일

349 계승범, 「공빈 추숭 과정과 광해군의 모후 문제」, 385쪽

350 『광해군일기』 2년(1610) 6월 6일

351 『광해군일기』 2년(1610) 6월 7일

352 『광해군일기』 7년(1615) 6월 18일

353 계승범, 「공빈 추숭 과정과 광해군의 모후 문제」, 397~398쪽

354 『광해군일기』 14년(1622) 2월 17일

355 『광해군일기』 15년(1623) 1월 5일

356 『광해군일기』 15년(1623) 3월 12일

357 『광해군일기』 15년(1623) 3월 13일

358 『인조실록』 1년(1623) 3월 14일

359 『선조수정실록』 25년(1592) 6월 1일

360 『선조실록』 25년(1592) 6월 29일

361 『광해군일기』 2년(1610) 윤3월 27일

362 『광해군일기』 5년(1613) 9월 25일

363 『인조실록』 6년(1628) 3월 4일

364 이성무, 『조선왕조실록 어떤 책인가』, 동방미디어, 1999, 98~99쪽

365 이경수, 『오군, 오군, 사아이거호』, 일조각, 2022, 255~257쪽

366 『광해군일기』 1년(1609) 9월 25일

367 『연산군일기』 11년(1505) 12월 29일

368 『광해군일기』 8년(1616) 2월 28일

369 『중종실록』 35년(1540) 2월 1일

370 『중종실록』 38년(1543) 2월 6일

371 『명종실록』 3년(1548) 10월 22일

372 『명종실록』 13년(1558) 11월 7일

373 『인조실록』 1년(1623) 3월 13일

374 『인조실록』 1년(1623) 3월 19일

375 『승정원일기』 인조 1년(1623) 3월 20일

376 『인조실록』 1년(1623) 3월 20일

377 『인조실록』 1년(1623) 3월 20일

378 『인조실록』 1년(1623) 3월 20일

379 『승정원일기』 인조 1년(1623) 3월 22일

380 『인조실록』 1년(1623) 9월 14일

381 『인조실록』 1년(1623) 3월 20일

382 『인조실록』 1년(1623) 3월 13일

383 『광해군일기』 5년(1613) 8월 11일

384 『광해군일기』 15년(1623) 1월 11일

385 『광해군일기』 11년(1619) 4월 24일

386 『광해군일기』 15년(1623) 3월 13일

387 『광해군일기』 5년(1613) 8월 11일

388 『중종실록』 8년(1513) 7월 27일

389 『인조실록』 3년(1625) 6월 19일

390 『태종실록』 18년(1418) 6월 5일

391 『단종실록』 즉위년(1452) 5월 18일

392 『세조실록』 3년(1457) 6월 21일

393 『인조실록』 1년(1623) 3월 17일

394 『중종실록』 1년(1506) 9월 21일

395 『인조실록』 5년(1627) 1월 20일

396 『인조실록』 5년(1627) 4월 8일

397 인천광역시 역사자료관, 『역주 속수 증보강도지(상)』, 2016, 264쪽

398 『선조실록』 26년(1593) 1월 11일

399 『선조실록』 25년(1592) 10월 4일

400 『비변사등록』 광해군 10년(1618) 5월 18일

401 『광해군일기』 10년(1618) 7월 2일

402 『인조실록』 12년(1634) 4월 3일

403 『비변사등록』 인조 12년(1634) 1월 12일

404 『승정원일기』 인조 12년(1634) 3월 10일

405 『비변사등록』 인조 12년(1634) 3월 22일

406 『인조실록』 15년(1637) 윤4월 13일

407 『인조실록』 15년(1637) 4월 17일

408 『연려실기술』 인조조 고사본말

409 『연려실기술』 인조조 고사본말

410 『인조실록』 19년(1641) 7월 10일

411 이경수, 『강화도史』, 역사공간, 2016, 217쪽

412 이기환, 「광해군의 논술문제, '섣달 그믐밤, 그 쓸쓸함에 대해 논하라'」, 경향신문, 2018.10.24.